TEMPO DE TRANSIÇÃO

JUVANIR BORGES DE SOUZA

TEMPO DE TRANSIÇÃO

FEDERAÇÃO ESPÍRITA BRASILEIRA
DEPARTAMENTO EDITORIAL E GRÁFICO
Rua Souza Valente, 17
20941-040 — Rio-RJ — Brasil

ISBN 85-7328-271-1

B.N. 45.388

3ª edição – *Do 21º ao 23º milheiro*

03-AA; 000.3-O; 5/2002

Capa de EQUIPE

Composição, fotolitos e impressão offset:
Departamento Gráfico da FEB – Rua Souza Valente, 17
20941-040 – Rio de Janeiro, RJ – Brasil
CNPJ nº 33.644.857/0002-84 *I.E. nº 81.600.503*

Pedidos de livros à FEB – Departamento Editorial: por carta, tel (0xx 21) 2589-6020, FAX: (0xx 21) 2589-6838 e *e-mail*: feb@febrasil.org.br

CIP-BRASIL. CATALOGAÇÃO-NA-FONTE
SINDICATO NACIONAL DOS EDITORES DE LIVROS, RJ.

S715t
3.ed.

Souza, Juvanir Borges de, 1916-
Tempo de Transição
/ Juvanir Borges de Souza. – 3. ed. – Rio de Janeiro: Federação Espírita Brasileira, 2002
320p.:

ISBN 85-7328-271-1

1. Espiritismo. 2. Espiritualidade. I. Título.

02-0452. CDD 133.9
CDU 133.7

27.03.02 01.04.02 000571

ÍNDICE

CAPÍTULOS

PREFÁCIO

> *"As grandes vozes do céu ressoam como sons de trombetas, e os cânticos dos anjos se lhes associam. Nós vos convidamos, a vós homens, para o divino concerto. Tomai da lira, fazei unissonas vossas vozes, e que, num hino sagrado, elas se estendam e repercutam de um extremo a outro do Universo."*
>
> O ESPÍRITO DE VERDADE

Convidado a prefaciar o livro de companheiro e amigo de lides cristãs-espíritas da Casa de Ismael, convite aceito com a alegria de quem identifica nova fonte de difusão do conhecimento espiritual sob a responsabilidade editorial da Federação Espírita Brasileira, nosso pensamento perlustrou a Introdução *de "Tempo de Transição", título escolhido por Juvanir Borges de Souza para a coletânea de parte de suas crônicas já estampadas em "Reformador".*

Depois de meditar, de reflexionar em torno da apresentação simples, mas madura, do objetivo primacial que o moveu na redação dos artigos ora enfeixados em significativo volume, detivemo-nos satisfeitos na afirmativa do Autor, de que "No Cristo de Deus e nos ensinos dos Espíritos Superiores estão as matrizes das quais se originam os pensamentos de todos os obreiros do Bem, em intercâmbio que se desdobra infinitamente, cada qual acrescentando apenas sua contribuição de entendimento e de forma".

Com efeito, o homem de letras, na Seara do Cristo, acessível aos seres de boa vontade e de comprovada fidelidade, é semelhante ao discípulo que compreende e assimila, lendo Bezerra de Menezes (Max) (1), que "A criação é invariável na essência e variadíssima na forma".

O apóstolo do Espiritismo no Brasil teve oportunidade de escrever a respeito dos seus próprios trabalhos na imprensa da época (pp. 9 e 10 do I volume):

> *"(...) o Espiritismo já conta hoje milhares de obras que podem ser ditas — complementares — das obras fundamentais de Allan Kardec, e que ainda oferece, e oferecerá sempre, amplo terreno para ser lavrado pelos pensadores que se dedicam à sua cultura."*

E em seguida diz-nos dos seus

> *"estudos sobre variados pontos da rica e esplêndida doutrina, que será, por lei da Eterna Sabedoria, o Evangelho das Futuras Gerações". (2)*

---

(1) "Espiritismo — Estudos Filosóficos". Vol. III, p. 226. 2ª ed. FEB, Rio de Janeiro, 1907. (Coletânea de artigos publicados em "O Paiz", de 1887 a 1894.)

(2) Destaques nossos.

Recordamos, também, diversos escritores que se revelaram pelas páginas de "Reformador" e tiveram seus livros acolhidos pelo Departamento Editorial da Casa-Máter do Espiritismo, no país. Seus estudos, suas análises sobre temas doutrinário-evangélicos e sobre a prática do Espiritismo no Movimento realizam tarefa semelhante àquela a que Paulo de Tarso se propôs efetuar sob intensa e viva inspiração de preposto de Jesus: as famosas epístolas que, ainda hoje, decorridos dezenove séculos, confortam, instruem e orientam os cristãos de várias escolas religiosas, sem faltarem os adeptos do Espiritismo Cristão.

"Tempo de Transição" traduz com simplicidade a época que vivemos e o quanto pode ser feito no campo imenso do jornal e do livro, no Espiritismo, quando os corações e as mentes buscam a sintonia e a obediência espontânea, de consciência e de fé raciocinada, com Jesus-Cristo, pois o Espiritismo é Doutrina sua a revivescer-lhe o Evangelho, ponto mais alto a ser buscado e atingido pela Humanidade às vésperas do III Milênio da Mensagem Cristã, na antevéspera, pois, da Nova Civilização do Espírito e do Mundo de Regeneração.

Não mais nos detendo no que ficou suficientemente esclarecido na Introdução, *quisemos ainda, no entanto, buscar em "O Evangelho segundo o Espiritismo", de Allan Kardec, a sucinta e vibrante página de seu prefácio, trasladando um de seus parágrafos, ditados pelo Espírito de Verdade.*

Suas palavras são o chamamento para a colaboração também dos homens, atendendo às grandes vozes do Céu que os incitam a trabalhar e estender uníssonas as vozes a fim de que repercutam pelos quatro cantos do mundo.

Ficamos por aqui, pois para o bom entendedor estas palavras já nos parecem suficientes.

Perlustrem, por sua vez, os leitores as páginas amigas e desataviadas deste livro e terão agradável sucessão de surpresas desvendando-lhes o conteúdo referto de ensinamentos abordados segundo critério didático bastante avançado e em consonância com o espírito do Espiritismo. Por isso mesmo, de acordo com o sinete do genuíno Evangelho do Cristo, sinônimo da Sabedoria e do Amor Universais.

Brasília, outubro de 1987.

FRANCISCO THIESEN
Presidente da Federação Espírita Brasileira

INTRODUÇÃO

Ao longo de muitos anos servindo à Casa de Ismael, em praticamente todos os seus setores de atividades, tivemos a oportunidade de conhecer grande número de companheiros de ideal, dentro e fora do território brasileiro.

Nessa convivência amiga e fraterna pudemos perceber, com íntima satisfação, que a imensa maioria dos espiritistas entende e aceita o Evangelho de Jesus, à luz do Consolador, como o grande roteiro da redenção humana, no esforço continuado de cada um para aumentar a capacidade de amar, servir e compreender.

Nossos humildes trabalhos para a centenária revista "Reformador" alinham-se nesse entendimento, refletindo orientação invariável, já que nos sentimos no dever de oferecer aos companheiros de jornada nossa contribuição, por menor que seja, à guisa de apoio ao ânimo de cada um, na luta incessante de todos nós em busca das conquistas interiores, as mais difíceis que o Espírito enfrenta.

Agora, a Federação Espírita Brasileira resolveu enfeixar em livro alguns dos artigos acolhidos nas colunas da revista febiana.

Neles são abordados os mais variados temas, fatos históricos e acontecimentos do cotidiano, analisados acertos e erros do comportamento individual e das instituições humanas, sempre objetivando uma melhor conscientização no bem, no labor permanente do homem contra as próprias inferioridades.

Já tendo as sociedades humanas reconhecido, de alguma forma, as limitações da ciência e das religiões tradicionais, na procura do conhecimento e da felicidade, cujos resultados mostram-se insatisfatórios, quando não decepcionantes, diante das reais necessidades e aspirações do homem, estamos convencidos de que é chegada a hora e a vez de conjugar os valores verdadeiros e aproveitáveis, acumulados na sua milenária trajetória terrena, com as verdades advindas com a Nova Revelação.

"Tempo de Transição", título escolhido para o novo lançamento da FEB, procura traduzir a realidade de que estamos vivendo, agora mais acentuadamente, esse longo período iniciado pelo Consolador no mundo, o qual se estenderá pelo terceiro milênio, prestes a chegar. Constitui-se esta obra em mais um apelo para que nos preparemos para os novos tempos.

Na variedade dos assuntos das despretensiosas crônicas ora reunidas neste volume o leitor identificará a idéia dominante, a preocupação constante com a renovação íntima e com a reeducação, tendo como parâmetro a mensagem eterna do Cristo, já que todos somos reeducandos.

Aprender a amar e servir é tarefa imprescindível a cada um e a toda a Humanidade, se se deseja a derrocada do império do egoísmo e do materialismo.

O conhecimento de verdades indiscutíveis, aliado à fé esclarecida pela razão, conduzirá o homem a uma nova civilização, com base na fraternidade.

Esse ideal, de que o Espiritismo se faz arauto, merece de cada adepto, obreiro ou simples simpatizante todo acatamento.

Dentro desse objetivo primacial não nos moveu a preocupação com a originalidade das idéias expressas. No Cristo de Deus e nos ensinos dos Espíritos Superiores estão as matrizes das quais se originam os pensamentos de todos os obreiros do Bem, em intercâmbio que se desdobra infinitamente, cada qual acrescentando apenas sua contribuição de entendimento e de forma.

Rio de Janeiro, setembro de 1987.

JUVANIR BORGES DE SOUZA

CAPÍTULO 1

NA EXPERIÊNCIA CRISTÃ

No ensino magistral de Kardec, a Revelação Espírita é, ao mesmo tempo, **divina,** pela sua origem e iniciativa dos Espíritos Superiores, e **científica,** por corresponder sua elaboração e apreciação ao trabalho do homem.

As revelações fundam-se na realldade dos fatos. Emanadas de Deus e dos executores de suas leis, sua característica essencial há de ser a verdade.

Tanto as verdades científicas quanto as verdades morais são fatores do progresso do Espírito.

Os enganos, os erros, os desvios, as falsidades que tisnam as revelações são de origem humana, ou provêm da espiritualidade inferior.

As revelações demonstram a solicitude de Deus para com os homens. Sujeitos à lei geral da evolução dos seres, os homens progridem por seus próprios esforços descobrindo pela inteligência os meios adequados para alcançar novos estágios. É a forma natural da evolução individual e coletiva, lenta e tarda. As revelações são formas de auxílio e despertamento das criaturas que, através do conhecimento de aspectos da verdade, funcionam como alavancas do progresso moral e intelectual. (V. "A Gênese", Allan Kardec, Cap. I, ed. FEB.)

Mostrando-nos o mundo invisível, sua natureza, os seres espirituais e sua hierarquia, as comunicações e o relacionamento entre os dois mundos, a vida futura após a morte, a Doutrina Espírita revela-nos aspectos científicos antes desconhecidos, ou apenas vislumbrados. É o intercâmbio entre a Espiritualidade e os homens, dele resultando a explicação de inúmeros fenômenos incompreendidos diante da visão parcial dos que se aferram somente à vida material.

Focalizando a fé religiosa, em sentido amplo, as leis morais, os interesses espirituais mais elevados, a evolução contínua dos seres e tantos outros aspectos transcendentes, o Espiritismo é Revelação Divina, não só por rememorar os ensinos do Cristo, o maior dos reveladores, mas por lhes dar interpretação atual e justa.

Os grandes gênios, os missionários, os messias, por sua superioridade em conhecimento e em moralidade, incumbem-se das missões de trazer aos homens verdades desconhecidas, permitindo-lhes surtos de progresso na ordem física e no campo moral-espiritual.

Apresenta-se, assim, o Espiritismo como doutrina revelada de forte conteúdo científico, já que tem conotações com todas as ciências cultivadas na Terra e com as ciências transcendentes do Espírito, estas em grande parte discriminadas pelo preconceito do mundo. Mas é também doutrina filosófica, religiosa e moral, sem a menor dúvida, malgrado a confusão lamentável de alguns adeptos descuidados.

Seu aspecto moral-religioso é até mesmo mais importante, nas atuais circunstâncias em que vive a Humanidade, que seu aspecto científico.

Basta que se atente no desequilíbrio entre o notável progresso científico e tecnológico, compreendendo as múltiplas atividades humanas dos habitantes do Planeta, e o relativo atraso moral de vastas camadas das populações de todas as latitudes terrestres para se concluir da necessidade do esforço concentrado no avanço moral dos indivíduos e grupos, visando a alcançar o desejável equilíbrio entre as duas vertentes do progresso.

Somente as verdades morais, tornadas conhecidas e praticadas, com toda a caudal de suas conseqüências, permitem aos indivíduos e coletividades uma marcha evolutiva harmoniosa, na qual o vasto conhecimento humano não se torne fator de insegurança e de ameaça, quando nas mãos dos maus, dos insensíveis e dos sequiosos de poder, a qualquer custo.

O papel do Espiritismo, nesse particular, é dos mais importantes, ao reviver a mais pura moral de que o mundo tem ciência, ensinada pelo Cristo e relembrada pelo Consolador. Essa moral inconfundível, conjugada ao princípio da responsabilidade intransferível pelas ações e omissões dos indivíduos, será sempre a garantia do equilíbrio das sociedades humanas, que terão nela a medida do justo e do injusto.

A vivência dos ensinos evangélicos encerra, de outra parte, na Nova Revelação, a retificação de muitos erros e desvios das religiões tradicionais, que se deixaram transviar sob as mais diferentes influências, no estabelecimento de dogmas impróprios e de falsas interpretações, constituindo sérias barreiras à evolução espiritual do homem.

Na nova fase da experiência cristã, coincidindo com a Era Espírita que se firma no mundo, toda ênfase deve ser dada à moral evangélica e à Religião dela resultante, cuja linha tem começo na figura incomparável do Cristo de Deus. Nenhuma revolução moral permanente e autêntica terá sentido sem se ligar à diretriz do Governador Espiritual da Terra.

Grandes lutas já se iniciaram e ainda serão travadas contra o materialismo, a indiferença, a descrença e os interesses religiosos apegados a tradições errôneas, amarras que entravam o progresso do Espírito.

O brilho das civilizações incompletas, hoje em evidência nas nações ávidas na busca de mais poder e de mais afirmação no campo científico e tecnológico, levará fatalmente ao caos e à destruição se não houver o peso equilibrante da reeducação moral dos governantes e das massas.

As instituições humanas, empolgadas pelo materialismo, iludem-se entre a ânsia do poder e a satisfação das necessidades materiais impostas ao homem, como objetivos máximos a serem alcançados.

Chegará um momento crítico em que ficará evidenciado o vazio da vida sem ideal maior, ao qual o progresso espiritual conduz fatalmente. O conhecimento da Doutrina Espírita mostra a insegurança do posicionamento do "homem econômico" e do "homem político" em contraposição à realidade permanente do "homem-espírito", o ser eterno que subsiste à transitoriedade dos dois primeiros.

Somente o despertamento para as realidades e necessidades do espírito, que transcendem o imediatismo do "homem econômico", tornará efetiva a marcha evolutiva do Planeta, esta vasta escola de aprendizagem variada para uma população que se aproxima dos cinco bilhões de seres encarnados.

A função do Espiritismo na revolução dos objetivos, dos métodos, das idéias, da educação e de tudo o que se relaciona com a era espírita pode ser sentida, desde logo, por sua própria índole e natureza.

Disseram os Espíritos reveladores a Kardec, para conhecimento de todos nós, que o Espiritismo

> **"se tornará crença geral e marcará nova era na história da Humanidade, porque está na natureza e chegou o tempo em que ocupará lugar entre os conhecimentos humanos. Terá, no entanto, que sustentar grandes lutas, mais contra o interesse, do que contra a convicção, porquanto não há como dissimular a existência de pessoas interessadas em combatê-lo, umas por amor-próprio, outras por causas inteiramente materiais".**

Torna-se evidente a influência do Espiritismo no mundo, desde que apareceu como doutrina transcendente. Sua força decorre de estar na natureza, retificando os artificialismos das criações humanas nas filosofias, nas religiões, nas ciências.

Lógico que as novas idéias não se implantam de imediato. Pelo contrário, encontram obstáculos e interesses assentes de difícil remoção.

Além disso, uma doutrina baseada no Evangelho de Jesus, no ensinamento dos Espíritos Superiores, nas liberdades de pensamento, de consciência, de difusão, de reunião e no respeito à ordem, na não-violência, no livre-exame, na autodisciplina e na auto-educação, não poderia instalar-se em um mundo atrasado a tal ponto que não admitia a existência e o desenvolvimento das idéias libertadoras.

Foi necessário para o advento da Doutrina, longo preparo do terreno, com a remoção dos entulhos do absolutismo, do obscurantismo, da fé cega, da imposição do poder temporal. Foi preciso opor à influência do materialismo na Ciência, nas Artes, na Política, na Economia, a concepção do homem na sua verdadeira natureza, essencialmente espiritual, dando-lhe a conhecer sua origem anterior ao nascimento, continuando sua trajetória após a morte do corpo, com suas sucessivas vindas à vida material, com todas as conseqüências decorrentes dessas realidades.

Após a implantação das noções fundamentais da Doutrina, fazia-se necessária a complementação moral imprescindível à compreensão das leis de Deus, nos ensinos evangélicos, sob a nova interpretação dos Espíritos.

Para que o terreno fosse aplainado, decorreram longos séculos de preparação.

O renascimento nas ciências, letras e artes, após toda a idade medieval; a invenção da imprensa e seu rápido desenvolvimento; a exumação dos Evangelhos, obra da Reforma; o racionalismo filosófico dos séculos XVII e XVIII e os enciclopedistas, preparando novos estágios do pensamento; as liberdades públicas e individuais decorrentes da Revolução Francesa foram acontecimentos históricos que produziram avanços e conflitos. Inegavelmente revolucionaram um mundo atrasado, trazendo-lhe progresso intelectual, libertação de fortes amarras e renovação nas idéias e nas instituições.

Em pleno século XIX, as condições culturais e sociais, especialmente na Europa e na América, já ofereciam possibilidades para a eclosão da Doutrina do Consolador.

Havia, entretanto, uma força negativa de poderosa influência em todas as atividades humanas: o materialismo. Seus bastiões infiltraram-se nas ciências e nas filosofias. Faltava teorizá-lo nos campos econômico e político.

Em 1848, dois pensadores alemães, Karl Marx e Engels, lançam o célebre "Manifesto Comunista", que haveria de influenciar poderosamente a história econômica e política da Humanidade, com base no materialismo histórico e dialético. Após alguns decênios de lutas, esse Manifesto transformar-se-ia na base da organização política, econômica e social de muitas nações do Planeta, já em pleno século XX.

Entretanto, existe uma singular "coincidência" naquele ano de 1848, que naturalmente não foge à percepção dos espíritas.

É que no mesmo ano do aparecimento do "Manifesto Comunista", o Mundo Espiritual desencadeia as manifestações dos fenômenos espíritas, começando pelos **raps** de Hydesville, em dezembro de 1847, na residência da família Fox, e culminando com os fenômenos de 31 de março seguinte, os quais em breve se espalharam por todo o mundo ocidental, chamando a atenção dos homens.

Na Europa, os fenômenos inabituais das mesas girantes tornaram-se atrações nos salões e nas residências na França, Inglaterra, Alemanha, Itália, Espanha e outros países, dando início, pela febril curiosidade, a uma "história sem fim", na expressão de Ismael G. Braga.

Ao que podemos perceber, enquanto os homens se preocupavam em colocar o materialismo na base de suas instituições, erigindo-o em sistema filosófico para o domínio das massas humanas, a Espiritualidade, após preparação secular, desencadeava uma revolução espiritual, de forma aparentemente simples, capaz entretanto de despertar a curiosidade humana para as coisas de ordem transcendental.

Seguir-se-ia, após a curiosidade, o aprofundamento, o estudo sério e a sistematização da Doutrina dos Espíritos, que se constitui na resposta do Alto aos cultores e seguidores do materialismo.

Estava lançado, nos tempos modernos, o grande desafio entre duas correntes de pensamento e de ação que se contrapõem por sua natureza. De um lado, o materialismo envolvente, apelando para o imediatismo da vida, para o bem-estar do corpo físico a qualquer custo, com o culto ao egoísmo de indivíduos e de nações, usando a violência e a luta de classes sociais como meio de atingir seus fins. É o culto da matéria, do gozo imediato, do poder e da razão impostos pela força. É o desconhecimento do Espírito.

De outro lado, o reconhecimento de todas as necessidades do homem, mas não somente no terreno material e transitório. Também no campo espiritual, já que ele é um ser espiritual por excelência.

Todo o ensino dos Espíritos então se desdobra, conjugando conhecimentos milenários com novos aspectos da eterna verdade e demonstrando que a matéria, sendo um dos elementos do Universo, precisa ser estudada e conhecida, mas não de forma exclusiva, com o desconhecimento do espírito, o outro elemento, presente no homem, subsistente independentemente da matéria. Sem a percepção do espírito, na dualidade universal, todo conhecimento torna-se incompleto, ilusório, divorciado das realidades imanentes da Criação.

O materialismo é, portanto, conceptualmente inepto, por não reconhecer "o princípio inteligente do Universo". Todas as doutrinas que nele se apóiam pecam pela base.

Daí o ensino insofismável dos Espíritos, respondendo à indagação de como o Espiritismo pode contribuir para o progresso:

> **"Destruindo o materialismo, que é uma das chagas da sociedade, ele (o Espiritismo) faz que os homens compreendam onde se encontram seus verdadeiros interesses." ("O Livro dos Espíritos", Questão nº 799.)**

Na experiência genuinamente cristã revivida na Doutrina Espírita, o grande combate é travado contra o erro, onde ele se encontre. O Cristianismo abriu caminho ao Espiritismo, destruindo grande parte dos erros do paganismo, opondo-se ao materialismo e oferecendo à novel Doutrina todo o seu suporte moral, inscrito nos Evangelhos.

CAPÍTULO **2**

VIGILÂNCIA

Léon Denis afirma, na **Introdução** de sua notável obra "No Invisível", que a regra por excelência nas relações entre o plano físico e o espiritual é a lei das afinidades e atrações.

Assim, quem procura as culminâncias e os altos objetivos da alma, cedo ou tarde os atinge; quem busca as sombras e baixios, com eles se encontra e se rebaixa.

O bom êxito na comunhão espiritual superior não o obtém o mais sábio, ou o mais inteligente, mas sim o verdadeiramente digno, paciente e moralizado.

Essa observação lógica e intuitiva deveria estar presente na consciência de todos os adeptos da Doutrina Espírita, como forma de alertamento permanente contra as influenciações inferiores que se insinuam nos pensamentos e ações de muitos espíritas, visando a perturbar a harmonia no seio do Movimento.

A dignidade da causa do Consolador, elevando-se acima das conveniências de ordem pessoal e das vaidades humanas incontroláveis, impõe aos espiritistas sinceros redobrada vigilância e reação contra os deturpadores, os críticos demolidores, os que só admitem um Espiritismo à sua feição, os que fazem da Doutrina, fraterna e cristã, campo de agitação e de desentendimento entre seus seguidores.

Onde estiver, cada consciência carrega consigo o fruto de suas inclinações e realizações. Dentro das fileiras espíritas existem os inadaptados, por não terem percebido ainda a verdadeira índole da Nova Revelação.

A vigilância e a reação a que nos referimos nada encerram de sentimentos antifraternos ou de intolerância contra quaisquer criaturas que porventura divirjam das idéias e convicções cristãs e espíritas. São formas naturais de auto-defesa, visando tão-somente, à maneira do dique solidamente construído, a deter as ondas, transformadas em modismos, renovados de tempos em tempos, de ataques aos valores incontestáveis da Doutrina dos Espíritos, no que tem ela de mais sublime e necessário à evolução humana: sua feição religiosa, moralizadora, libertadora do ser, fundamentada na individualidade incomparável do Cristo de Deus, na sua doutrina e na sua mensagem.

O que temos presenciado, com sincero pesar pelos inconseqüentes demolidores, é a preocupação indisfarçável, continuada, de retomada de velhas tentativas de diminuição do Cristo e de todas as figuras que fizeram parte de sua excepcional missão junto à Humanidade.

À sombra da doutrina cristã e humanitária, ressaltada por Kardec, procuram atingir todos aqueles que servem como instrumento junto aos homens para veicular a Doutrina do Amor e da Esperança, da Fé e da Concórdia. Nesse afã de demolir valores, não se detêm diante dos Guias Espirituais que se distinguem por sua sabedoria e dedicação à obra redentora e se apresentam ao Movimento Espírita através de elucidações educativas inatacáveis, verdadeiros discípulos do Cristo e divulgadores de seu Evangelho. Os médiuns comprovadamente missionários são ridicularizados, sem a menor sensibilidade e respeito. As Instituições dignificadas no serviço e devotamento à causa espírita, a começar pela Federação Espírita Brasileira, as Federações Estaduais, os Centros Espíritas, tudo, enfim, que se constitui em valores e instrumentos de trabalho construtivo não são poupados à crítica ácida, ao destempero, à intemperança.

Todo esse quadro deixa à mostra, iniludivelmente, um plano demolidor dos valores do bem, uma síndrome de ascendentes espirituais nos aborrecidos da Luz, contrariados nos seus objetivos pelas realizações positivas do Espiritismo no Brasil, a terra escolhida pelo Cristo para o retorno de seu Evangelho.

Esses ascendentes espirituais, imperando há longos séculos no mundo, opositores do Cristo, não se conformam com a projeção da Nova Luz. Querem a todo custo detê-la, se possível destruí-la, dispersar seus obreiros, levar o desânimo aos trabalhadores de boa vontade.

O que vemos e sentimos no próprio seio do Movimento Renovador, desde os tempos do Codificador, passando pelas crises dos Movimentos de diversas nações onde o Espiritismo iniciara sua obra, pelas lutas dos primórdios do Movimento no Brasil, pelas dissidências constantes e pelos ataques descobertos e francos da atualidade às construções positivas — conseguidas com tenacidade e sacrifício pelos idealistas espíritas de muitas décadas —, não deixa margem a dúvidas aos que estão atentos: os aborrecidos têm aqui, dentro do Movimento Espírita, suas colunas, suas "pontas de lança", preparadas intelectual e materialmente para levarem às hostes espíritas a dissidência, a desordem mental e o desânimo.

A vigilância requer de todos que adquiriram a responsabilidade do conhecimento espírita sem vínculos com as sombras, dos idealistas que identificaram o Consolador na Nova Revelação, que evitem o engano de agasalhar os que apregoam a concórdia mas agem prestigiando a rebelião, o dissídio e a divisão; os que falam de simpatia e fraternidade e acionam a injúria; os que usam seus instrumentos para destruir e não para construir o bem; os que procuram incutir o desânimo nos de boa vontade; os que exploram a inexperiência e o despreparo daqueles que ainda não assimilaram suficientemente a essência da generosa Doutrina.

Os fomentadores do divisionismo aproveitam-se de toda e qualquer eventual imperfeição dos grupos, dos indivíduos e das instituições para melhor atacarem a unidade da Doutrina e se instalarem como salvadores e orientadores. Nos grupos do Movimento Espírita são os que acreditam mais na astúcia e na destreza intelectual que na humildade e na honestidade de propósitos e na busca do bem comum. São os críticos impiedosos, falando de indulgência, os que fazem tábula rasa da bondade, aperfeiçoando-se na técnica de ferir.

Muitos deles têm grande atração pela fenomenologia espírita, outros inclinam-se à ciência, ou cultivam o aspecto filosófico do Espiritismo, mas, de forma geral, não mostram simpatia pelo aspecto religioso da Doutrina, nem pelos Evangelhos, porque o esforço para a renovação íntima exige maior aplicação, perseverança e renúncia, independentemente do saber, da agilidade mental e da inteligência, sempre muito preciosos quando a serviço do aperfeiçoamento moral.

Paulo, escrevendo a Timóteo, exortou:

> **"Tem cuidado de ti mesmo e da doutrina: persevera nestas coisas, porque, fazendo is-**

to, te salvarás, tanto a ti mesmo, quanto aos que te ouvem."

São enormes as dificuldades a serem superadas no mundo em que vivemos. Dentro do Movimento Espírita elas se acentuam, diante de um ideal elevado a ser atingido, no terreno individual e coletivo. Há necessidade de constante esforço para aprender e viver os princípios da Doutrina.

No desdobramento do continuado esforço a que se entregam as almas enobrecidas no ideal espírita sèrá imprescindível não descurar do cuidado consigo mesmo, vigiando o campo íntimo, resguardando a autodisciplina e os valores do coração. Com isso, cada qual ampliará a compreensão de si mesmo, respeitando todos os círculos evolutivos à sua volta, dilatando a esperança e o otimismo construtivo e renovador.

A vigilância interior não exclui o cuidado com o que procede do exterior. No contexto da Doutrina estão eles expressos, mas é preciso discernimento, bom senso, humildade, estudo e trabalho, para não se deixar conduzir pelo brilho dos "falsos profetas", que costumam produzir prodígios interpretativos, urdidos com sagacidade capaz de ludibriar os desatentos. Em todo caso, suas idéias e obras, escritos e palavras, embora possam confundir, sempre se traem, ora pelo prepotente personalismo, ora pelo orgulho ou vaidade, maldisfarçados. A medida para o exame seguro devem ser sempre os ensinos evangélicos, à luz da Doutrina dos Espíritos. Aí tem o estudioso espírita, ao seu alcance, a mais justa forma de aferição.

Dentro de nossos arraiais não teremos justificativas para deixar medrar o joio em prejuízo do trigo, como não podemos compactuar com o divisionismo, oculto em objetivos não confessados.

Teremos de resistir, sem ódio e rancores, aos que semeiam a discórdia, para implantação do "reino dividido" nas fileiras do Movimento, sob os mais diferentes pretextos. Se bem examinados, todos eles se resumem, no fundo, em oposição ao Evangelho.

As armas para a resistência, nessa pugna permanente, serão forjadas no aprendizado e na vivência da Doutrina, no uso da razão esclarecida e no cultivo dos sentimentos cristãos, associados de maneira equilibrada. Obtido o equilíbrio, não há que temer as arremetidas desagregadoras dos "revisores" do Espiritismo, eis que se tornam nítidos os valores verdadeiros, cuja fonte é invariável, não se deixando tisnar ao sabor dos interesses personalistas.

A dignidade da causa comum dos espíritas sinceros e esclarecidos impõe o dever de vigilância, serena mas eficaz, contra toda ordem de deturpação, de revisão suspeita, de negação, que se manifestam aqui e ali, já agora sem rebuços, não como inimigos declarados do Espiritismo, mas como seus adeptos.

É uma nova onda, novo processo, sutil e perigoso, na longa sucessão de meios de combate à Doutrina, que sempre teve seus opositores invisíveis, por trás dos combatentes ostensivos.

Se o mundo oculto inferior oferece as naturais dificuldades de identificação e avaliação aos que se encontram no campo físico, o mesmo não ocorre com seus agentes. Suas idéias os identificam. Ao combater concepções errôneas, mostrando as inconseqüências e inconformações com os ensinos espíritas e cristãos, automaticamente são atingidos os agentes ostensivos e a sustentação invisível.

A verdade não pode coexistir, nos domínios da Doutrina generosa e libertadora, com o erro e a insensatez. Poderá, sim, ser solapada e vilipendiada pelos poderes ocultos e pelos desvios interpretativos, mas somente enquanto os que são visados não despertam e não descobrem os valores autênticos, as verdadeiras consolações proporcionadas pela Nova Revelação, na plenitude de suas claridades.

Para discernir a verdade será mais apto o Espírito liberto de preconceitos, humilde de coração e desperto para o amor e menos capaz o portador de prevenções e dominado pelo orgulho, pressuposta semelhante capacidade intelectual.

Abraçando a Doutrina Espírita, o adepto aceita o compromisso de amá-la e respeitá-la, na sua unidade e integridade. Esse compromisso compreende o dever de estudá-la, aprofundando-a na medida do próprio discernimento. O espírita sincero está investido, assim, pelo conhecimento adquirido, na função de colaborador e participante de obra transcendente de esclarecimento e progresso sem limitações, abrindo novas vias para si e seus semelhantes, atraindo-os para o belo e o verdadeiro.

Daí seu dever de vigilância contra as mesclas e insinuações inferiores de encarnados e desencarnados. Cumpre-lhe atentar sempre para as fontes puras do Evangelho e da Codificação. Nas dúvidas porventura ocorrentes, existe vasta literatura consagrada por sua origem e pelo tempo, tratando dos desdobramentos doutrinários nos seus pormenores, análises e detalhamentos.

A Espiritualidade facilita, dessa forma, o esforço do adepto, orientando-o para que não seja induzido a erros e desvios, propostos, às vezes, sob formas sutis por inteligências a serviço dos opositores do Espiritismo e do Evangelho.

O Movimento Espírita no Brasil está repleto de lições muito claras a respeito dos rumos a seguir. Em horas cruciais, a Espiritualidade Maior jamais abandonou os trabalhadores sinceros, os que souberam manter os compromissos assumidos e se opuseram aos desvios de várias procedências. Incompreensões, instabilidades políticas, penúria econômica, agitações sociais, no decorrer de mais de um século, não conseguiram desviar e comprometer a admirável firmeza doutrinária de um Bezerra de Menezes, de um Guillon Ribeiro, de um Wantuil de Freitas ou de um Francisco Cândido Xavier, para só citar uns poucos. Foram e são exemplos de tenacidade e resistência contra todas as espécies de pressões e tentações na condução e sustentação de uma obra coletiva que levou o Espiritismo, no Brasil, ao estágio atual, expandindo-se sem comprometimentos indesejáveis.

Não queremos afirmar que tudo está perfeito, acabado, sem problemas no Movimento. A obra a realizar é imensa e permanente a possibilidade de aperfeiçoar-se, mas as diretrizes traçadas estão no rumo certo. Portanto, não há por que tergirversar, desviar, desanimar.

Como diz Emmanuel:

> **"Provocações e problemas, habitualmente, são testes de resistência, necessários à evolução e aprimoramento da própria vida."**

CAPÍTULO **3**

LIBERDADES E CONQUISTAS

Profundas transformações operam-se no seio das sociedades humanas modernas, após longos séculos de sujeição a princípios impostos pela autoridade implacável, "infalível", de velhas instituições.

Vastas populações aspiram à liberdade de pensamento e tentam conquistá-la, na procura de novos caminhos, sinal de que não se acham satisfeitas com suas tradições e concepções de vida.

São fatos históricos relativamente comuns às transformações políticas, sociais e religiosas em várias nações, que buscam novos rumos.

A conquista da liberdade de pensamento e de consciência, deixando de ser apanágio de pequenas minorias aristocráticas para tornar-se direito das grandes massas humanas, surge como responsável pelas modificações institucionais, de usos e de costumes.

Mas a liberdade pode embriagar e conduzir à degradação, com a exacerbação de instintos inferiores no homem. Somente o conhecimento da verdade, com a segurança da sabedoria e da moralidade, pode oferecer à liberdade campo propício às relações humanas justas e úteis.

O perigo está em ser ela utilizada por indivíduos ignorantes, corruptos, inescrupulosos e egoístas, transformando um bem inefável em terrível pesadelo para muitos, como instrumento da injustiça, da indisciplina, da contestação inconseqüente.

Por isso sentenciou o Cristo: "(...) a verdade vos libertará".

Não são livres os que ignoram, os que erram, os que se comprazem no mal. Pelo contrário, esses são escravos do pecado, como asseverava Paulo.

O homem sente a necessidade de esclarecimento, a sede de saber. A verdade de cada um, alimentada constantemente pela esperança de melhorar-se, de conhecer-se a si mesmo, é também forma de encontrar as realidades, expressões da Verdade.

Para tanto dispõe o homem de faculdades essenciais — a inteligência, a razão, a consciência, o sentimento —, as quais, quanto mais cultivadas e esclarecidas, mais liberta tornará a criatura.

Por isso o materialista, aquele que nega a si próprio como alma imortal, que usa seus atributos sem reconhecer-lhes a verdadeira natureza, que nega sua procedência de criatura de Deus, por não conceber a existência do Criador, não tem condições de libertar-se dos elos da ignorância, sem antes deparar-se com a realidade do Espírito. Enquanto procurar explicar os fenômenos da Vida que o cerca pelo simples acaso da agregação e desagregação da matéria orgânica permanecerá na condição de **morto** espiritual, vítima do grande erro, escravo do nada.

A idéia do que somos, do Universo e das leis que o regem, sobre a origem e o destino de tudo quanto se encontra ao alcance de nossa percepção, reveste-se de suma importância no direcionamento de nosso comportamento. De nossas crenças e certezas, descrenças e negações resultarão nossos próprios objetivos.

Que pode esperar do porvir a criatura incapaz de perceber a realidade do ser espiritual que somos todos nós, se ela somente admite a existência do corpo físico e perecível?

Essa terrível limitação materialista mata toda esperança de uma vida futura, sufoca a realidade consoladora da eternidade do Espírito, tornando o indivíduo um conformista, ou um indiferente quanto ao alvo a atingir, uma vez que o espera sempre o desaparecimento total, a morte sem opção, o nada absoluto.

Pobre criatura! Por mais livre que se julgue perante as leis humanas não se pode libertar de uma concepção fatalista e errônea, capaz de escravizá-la indefinidamente, até quando puder defrontar-se consigo mesma, com a palpitante beleza da alma liberta do cárcere da própria consciência conduzida ao niilismo.

Entretanto, quantas individualidades inclinadas ao bem, sensíveis ao amor, à justiça e à equidade se vêem cerceadas em seus anseios por nada aspirarem além do túmulo, limite de todas as suas esperanças!

Qualquer espiritualista pode imaginar o profundo sofrimento daquele incapacitado de esperar o futuro mais além, por concepção limitativa, carreando-lhe decepções e amarguras das quais não se pode libertar, pela cristalização de uma idéia cruel.

Se a morte fosse o fim de tudo, depararíamos com a injustiça como lei da vida. Não haveria distinção entre o velhaco e o honesto, o bom e o mau, o gozador e o sofredor. Toda sanção moral seria desnecessária, desde que tudo estaria suprimido definitivamente com a morte dos seres. As existências sacrificiais teriam o mesmo valor da dos aproveitadores, egoístas e insensíveis à dor alheia. Os miseráveis, presos a uma existência dolorosa, teriam o mesmo mérito dos que vivem na opulência e na ostentação, indiferentes e aparentemente felizes.

Não haveria constrangimento moral e os indivíduos somente obedeceriam às leis humanas que não pudessem burlar, uma vez que nada mais haveria a temer para além desta vida.

Eis a que ponto poderia levar o materialismo inconseqüente e obtuso, não fosse a presença no mundo, desde os albores da Humanidade, da assistência permanente da Espiritualidade, através de missionários a serviço do Cristo, a despertar consciências endividadas e decaídas, pervertidas pelo orgulho e pelo egoísmo, mas conservando no imo do ser certa intuição de Deus e de sua essência imortal.

Libertar-se significa também conhecer, beneficiar-se com a verdade.

Muito acima dos conceitos acanhados do materialismo, que conduz ao nada, paira uma realidade radiosa, a verdade límpida e fulgurante do Espírito. Sua natureza é independente da matéria. Sobrepõe-se a ela, domina-a, agita-a e dela se serve para o seu progresso.

O homem, ser dual, compõe-se de matéria e espírito, em ligação regida por leis sábias e eternas que somente pouco a pouco vão sendo percebidas.

O materialista só alcança a parte inferior, secundária do homem, numa visão deformada que o induz à grande ilusão da morte total e absoluta do ser com a desagregação do corpo físico.

Nos mundos materiais como a Terra todos os seres vivos subordinam-se a ciclos de transformação material, inclusive o homem. Tudo se rege por leis admiráveis. Não existe acaso na união espírito-matéria. Nem a matéria pode gerar forças inteligentes, desde que ela é apenas suporte físico do ser inteligente, racional, moral.

O materialista, incapaz de perceber a verdade elementar do domínio do Espírito e não da matéria organizada, assemelha-se ao cego que não quer ver, porque a evidência está diante de seus olhos: ele mesmo, materialista, na condição de homem é capaz de amar, odiar, sentir, raciocinar; mas quando se separa a parte dominante, pela morte, o que resta, o cadáver, somente matéria, será incapaz de qualquer manifestação da inteligência ou do sentimento, porque a matéria orgânica, sem o concurso do Espírito, é inerte.

Matéria e espírito têm uma origem. É inconcebível o aparecimento dos dois elementos formadores do Universo surgindo do nada, sem um criador. A concepção de Deus responde a essa velhíssima questão filosófica. Deus é a origem de tudo o que existe e para Ele tudo converge.

As filosofias e religiões do mundo partem sempre de determinada concepção de um Criador. Algumas O concebem de forma semelhante ao homem, como o Judaísmo, e as religiões ditas cristãs, baseadas no ensino bíblico de que o homem foi criado à semelhaança de Deus. A influência materialista tomou essa "semelhança" como referente ao corpo, à forma, a parte material do homem, quando muito mais lógico e sábio seria considerar-se a essência espiritual como ponto de referência para a semelhança, essa sim, capaz de representar, embora em mínima parcela, os atributos superiores: amor, inteligência, sabedoria, poder.

Por mais equivocadas se apresentem as idéias de Deus, aceitas pelas religiões, a realidade é que se trata de noções inatas, variando e ampliando-se à medida que o homem evolui, conquistando sabedoria e virtude.

A Revelação Espírita mostra Deus, o Criador, na magnitude de sua obra infinita, na impossibilidade de se conhecer sua natureza íntima. Já é um avanço gigantesco a superação dos preceitos e conceitos restritivos e acanhados, o abandono de práticas materiais e a rejeição de formas grosseiras sob as quais as religiões representaram a idéia e o culto do Ser Supremo.

Para a Doutrina Espírita, dentro do pressuposto de que qualquer definição seria restritiva do Ser Infinito, Deus é a causa primária de todas as coisas, a Inteligência Suprema, o Criador incriado. Toda a filosofia espírita assenta-se nesse princípio básico, essencial, do qual se tem de partir para todas as direções da especulação filosófica, do conhecimento e do comportamento moral-religioso.

Ora, esse princípio, ajustando-se a todas as realidades sentidas e percebidas pelo homem, respondendo a todas as indagações possíveis do gênero humano, por mais transcendentes que sejam, originando-se do pensamento de Seres Espirituais muito superiores à condição humana, à frente dos quais está o Cristo, o Guia de todas as humanidades terrenas, dá à Revelação uma dimensão de absoluta segurança para todos que a aceitam, tornando-se assim a antítese total do materialismo imperante no mundo. Por isso o Codificador declarou ser o Espiritismo o inimigo natural do materialismo, não por negar a matéria dentro das condições que lhe são próprias e da sua função na Criação, mas por dar ao Espírito a preponderância justa e natural.

Pela incapacidade de assimilar o princípio e a realidade do Criador, tal como foi Ele revelado pela Doutrina dos Espíritos, costumam os materialistas replicar, aparentemente triunfantes, com a pergunta: se Deus criou o Universo e tudo o que nele existe, quem criou Deus?

Essa questão mostra a insensatez do materialismo e a inassimilação da concepção de Deus, por seus seguidores.

Deus, como Ser Supremo, incriado, não está sujeito à cadeia da criação. Nada O limita. Não tem início nem fim. Por isso é infinito. Tempo, espaço, início e fim são limitações inerentes às criaturas, mas não ao Criador, que existe de toda a eternidade. Eternidade não tem começo nem fim e não se confunde com tempo, medida relativa. Portanto, o que se aplica à criação, à criatura, o começo, a origem, não se estende ao Criador. Ele simplesmente é. Indagar além disso seria cair no círculo da criação, comparar o Infinito com o limitado.

Mas todo aquele que, ao lado do raciocínio lógico, juntar boa dose de sentimento, despindo-se do orgulho humano na medida do possível, ao ingressar na senda da busca de Deus com humildade e boa vontade, sentirá Sua presença penetrando-lhe o ser muito mais pelo coração que pelo intelecto.

A verdadeira Religião que o Espiritismo encarna põe em evidência o conhecimento da vida e do homem e sua origem em Deus. Eis por que o sentimento religioso no Espiritismo, tomado no sentido do relacionamento do homem com seu Criador, e todo o esforço da criatura para alcançar uma condição intelectual e moral sempre melhor encerra importância superior aos fenômenos políticos, econômicos e sociais do mundo, todos eles transitórios, enquanto o sentimento religioso acompanha o Espírito, encarnado ou na erraticidade.

Esse fato explica por que o Cristianismo e o Espiritismo se ajustam e se completam, em substância. A Doutrina do Cristo e a Doutrina dos Espíritos, embora expostas em épocas distantes, preocupam-se antes de tudo com o Ser imortal, eterno, cujo aperfeiçoamento dentro do processo evolutivo precisa ser permanentemente cuidado, orientado, estimulado e conduzido por regras morais baseadas no amor e na justiça, enquanto todos os fenômenos da vida material têm importância transitória, durante a fase da reencarnação.

Na visão panorâmica da vida espiritual, não somente numa encarnação, mas na sucessividade das existências corporais e livres, tal como ensina o Espiritismo, torna-se evidente a preeminência do permanente — o progresso do Espírito em conhecimento e virtude — sobre o mutável e transitório.

Na escala de valores, não são desprezíveis os fatos sociais, econômicos e políticos.

O que acontece nas sociedades humanas é a inversão da escala. Dá-se ênfase à questão social, com tremendas lutas entre indivíduos e classes. O "homem econômico" é o objeto e a preocupação de teorias e sistemas materialistas e espiritualistas, tornando-se questão obsessiva e exclusiva para governantes e governados. As instituições políticas se propõem a solucionar todos os problemas institucionais e educacionais, sem nunca o conseguir, como testemunha a História da Humanidade. Por sua vez, as religiões esquecem muitas vezes seu compromisso com o espiritual para se entregar aos problemas temporais.

O Espiritismo vem colocar em seus devidos termos todas essas questões, equacionando-as diante da própria natureza do homem. Se há nele uma parte imortal e permanente, há que se dar tratamento preferencial a todas as questões que lhe dizem respeito, para que se acelere a redenção espiritual da Humanidade.

Concomitantemente, aproveitando-se o processo reeducativo do homem, com base em nova filosofia e nova concepção religiosa, nada obsta o aperfeiçoamento dos sistemas sociais, econômicos e políticos vigentes, organizando-se a sociedade menos egoisticamente, na qual a todos sejam assegurados os direitos fundamentais à vida, em toda a extensão de sua dignidade, às liberdades, à educação, ao trabalho, direitos que hoje constituem ideais ainda não convertidos em realidade.

Porque, como ensina Emmanuel ("Fonte Viva", págs. 326/7 da 13ª ed. FEB),

> **"O Mestre não se encontra tão-somente no serviço daqueles que ensinam a Revelação Divina, através da palavra acadêmica, instrutiva ou consoladora. Acompanha os que administram os bens do mundo e os que obedecem às ordenanças do caminho, concorrendo na edificação do futuro melhor, nas organizações materiais e espirituais. Permanece ao lado dos que revolvem o chão do Planeta, cooperando na estruturação da Terra Aperfeiçoada, como inspira os missionários da inteligência na evolução dos direitos humanos."**

Para toda ação no Bem é essencial a liberdade, a ser utilizada com a responsabilidade decorrente do conhecimento, da reeducação, da compreensão, do amor.

CAPÍTULO **4**

ESTÁGIOS DOUTRINÁRIOS

A Doutrina Espírita não transforma os caracteres de seus profitentes por processos mágicos. Para receber sua benéfica influência tornam-se necessárias duas iniciativas individuais intransferíveis: aceitá-la espontaneamente e praticá-la, na medida do possível.

Como ocorre nas diversas denominações religiosas, no seio das quais muitos se acolhem apenas nominalmente, mas poucos praticam seus mandamentos morais, também no Espiritismo grande número de criaturas se dizem espíritas pelo simples fato de aceitarem os fenômenos mediúnicos como realidades. Outros, em número considerável, admiram a beleza da filosofia e o realismo da ciência espírita, mas somente se esforçam por colocar em prática aquilo que não lhes exija determinados sacrifícios e renúncias, no que concerne às conseqüências moralizadoras da Doutrina, seu principal escopo.

Ora, a prática do Espiritismo tem seu fulcro essencial no esforço permanente do Espírito para melhorar-se, desenvolver-se, transformar-se intimamente, adquirir novos hábitos morais em substituição a outros inferiores, de que seja portador. Para isso concorrem de forma decisiva os conhecimentos trazidos pela Nova Revelação, proporcionando ao homem **conhecer-se a si mesmo,** buscar seu Criador, amar seu semelhante, identificar seu destino.

Toda a ação moralizadora da Doutrina reporta-se ao Evangelho de Jesus, como sua parte integrante, a ser exercitada na interação entre os homens, seja de indivíduo a indivíduo, seja de grupos ou coletividades entre si.

Portanro, duas situações distintas se apresentam a todos que se interessam pelo Espiritismo: a do seu conhecimento e aceitação, no seu tríplice aspecto, primeiro passo na penetração da Doutrima e formação dos adeptos; e a do esforço sincero e continuado para pôr em prática os preceitos morais evangélicos, que os espíritas cristãos aceitam como verdadeira religião, na interpretação dos Espíritos Superiores.

Numa doutrina vasta e abrangente como a espírita não há como fugir aos diversos estágios doutrinários em que se colocam seus adeptos, na dependência do que cada um aceita e pratica.

Não será difícil constatar que se situam no primeiro estágio os que se impressionam com a fenomenologia espírita (anímica e mediúnica). Muitos aí estacionam e permanecem, independentemente de suas possibilidades intelectuais, eis que não empregam nenhum esforço sério no aprofundamento do conhecimento, pelo estudo e observação.

Podemos distinguir outro numeroso grupo, dos que são propensos a alargar seus conhecimentos, embrenhando-se nos estudos científicos e filosóficos e nas pesquisas fenomênicas mais variadas. Embriagam-se com a beleza e vastidão desse patrimônio doutrinário, esquecendo-se, entretanto, de ir à frente. Esse grupo abrange indivíduos sinceros, aplicados ao estudo, intelectualizados ou não, combativos, defensores ardorosos do que julgam ser a verdade final. Apenas não chegam a perceber que toda a riqueza do conhecimento doutrinário, por mais vasto ou especializado que este seja, cai em vazio se não aplicado corretamente no objetivo final da vida individual, ou seja, o aperfeiçoamento **intelectual** e **moral** do Espírito.

Daí derivam subgrupos que impressionam pela aplicação da inteligência ao estudo, aprofundando questões científicas e filosóficas, com brilhantes conclusões nesses terrenos, mas que se tornam inócuas do ponto de vista de proveito individual e coletivo, justamente por lhes faltar o natural complemento do aperfeiçoamento moral.

Atraídos pelo brilho do intelectualismo, desenvolvido à sombra da abrangência da Doutrina, julgam que seu "espiritismo" pode tornar-se independente dos princípios que exsurgem da Codificação, cuja força está na unidade dos ensinos dos Espíritos, desaguando sempre nos ensinos de Jesus. Alguns vão ao ponto, em desvairado engano, de procurar uma nova moral **espiritizada**, em substituição à mais bela e sublime mensagem de fraternidade e de solidariedade que o Homem conhece. Esses enganos e ilusões conduzem a desvios, como ocorreu com o Cristianismo, no passado. Que se há de fazer, se cada um tem sua liberdade de escolher caminhos? Sempre há os que preferem as estradas tortuosas, desde que sejam construídas por eles.

Não é só dentro das fileiras espíritas que ocorre semelhante fenômeno. No decorrer dos séculos, têm aparecido pensadores diversos com o propósito de substituir a Doutrina do Cristo por outras, na orientação moral do homem.

As deturpações do Cristianismo não permitiram sua efetiva implantação entre os homens. Suas conseqüências morais nunca foram vivenciadas integralmente pelas civilizações que sucederam à vinda do Cristo. Somente criaturas isoladas, ou em pequenos grupos, em meio ao cipoal das interpretações e dos interesses de toda sorte, têm conseguido viver a mensagem amorosa do Filho de Deus.

Agora, com o Consolador, de volta ao Cristo com a mesma mensagem, sem os prejuízos dos desvios interpretativos do passado, enriquecida pelos novos aspectos da verdade postos em evidência pelo Mundo Espiritual, não haveriam de faltar os filhos do orgulho a deturpar mais uma vez o esforço da nova caminhada.

No entanto o Consolador prometido veio na época certa aclarar dúvidas e facilitar a prática cristã. Considerável parcela da Humanidade, pelo seu adiantamento moral e espiritual, está em condições de reviver o Cristianismo com a Revelação Nova.

Inconcebível e contraditória será a pretensão de opor o Espiritismo à Doutrina do Cristo, sob o pretexto de ser auto-suficiente a Doutrina dos Espíritos, ou de que o Cristianismo está ultrapassado pelo decurso de vinte séculos.

Verdades eternas não envelhecem pelo simples decurso do tempo, porque são intemporais. As percepções do homem é que se ampliam, em vários sentidos, alargando-se com o progresso incessante.

Além disso, o Espiritismo, restaurando o Cristianismo, dá-lhe interpretação atual, ampliando o entendimento de seu gênio.

São dois momentos da Verdade de todos os tempos que se acoplam e se complementam. Erro grave será qualquer tentativa de separação, de divisão de idéias, de conhecimentos e de forças que se ajustam numa unidade indivisível.

Não é por outro motivo que o Codificador, quase ao terminar sua edificante missão entre os homens, caracterizou o último estágio doutrinário, chegando à conclusão, clara e insofismável, de que os verdadeiros espíritas são os espíritas cristãos, vale dizer, os que aceitam os princípios da Doutrina, internam-se no vasto continente de seus conhecimentos, conjugando-os com os preceitos evangélicos, interpretados modernamente à luz dos ensinamentos da Espiritualidade Superior, fazendo de tudo isso o firme suporte de uma consciência digna e reta, capaz de orientar-lhes a redenção.

O pensamento do Codificador torna-se ainda mais evidente quando o complementa de forma a não deixar dúvida no tocante à causa final, essencial, da Doutrina dos Espíritos:

> **"Reconhece-se o verdadeiro espírita pela sua transformação moral e pelos esforços que emprega para domar suas inclinações más."** ("O Evangelho segundo o Espiritismo", Capítulo XVII, **Os bons espíritas**, pág. 288 da 92ª edição da FEB.)

Ora, **transformação moral** não se faz somente com conhecimento, com ilustração do Espírito, com a admiração da beleza e profundidade da Doutrina, com o encontro das realidades, com a distinção entre o bem e o mal.

Reiteradas vezes tem-se repetido que não basta admirar a figura do Cristo ou a solidez da Doutrina Espírita. Mas é absolutamente necessário seguir os exemplos do Mestre, assimilar as lições da Doutrina e vivenciá-las.

Transformação moral requer renúncia, obediência às leis de Deus, identificação das próprias inferioridades e esforço permanente para superá-las.

Sentimos, todos, por experiência, quão difícil é a transformação interior, o combate às paixões e vícios, dificuldades que se sobrepõem, sem sombra de dúvida, ao cultivo da inteligência e à aquisição de conhecimentos.

Por isso, é mais comum encontrar os conhecedores da Doutrina dos Espíritos e dos Evangelhos do que os praticantes da caridade, da humildade, do amor, da fraternidade, da solidariedade.

Não é por outra razão que a ênfase da mensagem do Cristo está nos ensinos morais, o mesmo ocorrendo com o Consolador, uma vez que a Humanidade, antes como agora, encontra dificuldades imensas não para aprender, mas para exemplificar o aprendizado do bem.

A inteligência cultivada, sem o controle moral superior, pode perverter-se em gênio do mal. Entre os inúmeros exemplos registrados pela história do pensamento humano, nas tentativas de substituir a essência moral do Cristianismo por outras doutrinas, de fundo niilista, materialista e utilitarista, encontra-se o do filósofo Nietzsche (1844-1900), cuja inteligência inegável deixou-se arrastar por incontrolável orgulho, pretensa superioridade racial e ausência de ética. Sua filosofia truculenta empolgou milhões de inteligências de sucessivas gerações. Suas teorias pseudocientíficas, procurando eliminar a influência dos princípios cristãos, aliadas a diferentes circunstâncias políticas e sociais da primeira metade do século XX, resultaram nos dois tremendos conflitos armados de âmbito mundial — as guerras de 1914-1918 e 1939-1945 —, cujas causas deitam raízes no orgulho racial e no egoísmo individual e coletivo, justamente dois cancros que dão origem a tantos males morais e minam os organismos das sociedades humanas desorientadas.

A Humanidade recebeu há dois milênios o Grande Roteiro de sua redenção espiritual-moral. Antes da mensagem do Cristo, outros missionários, a seu serviço, têm trazido a todos os povos e nações, de acordo com as necessidades de cada um e dentro das possibilidades de entendimento e condições evolutivas de cada coletividade, os conhecimentos da verdade.

É a permanente assistência do Governador do Planeta, o Cristo de Deus, a todos os seus tutelados.

A Nova Revelação assegura a continuidade do conhecimento, de forma gradativa. Mas é evidente sua vinculação aos ensinos do Cristo, os quais confirma e aclara, diante de um quadro histórico muito diferente de há dois mil anos, em um mundo que muito evoluiu sob determinados aspectos, mas que continua extremamente necessitado daqueles princípios sem os quais não conseguirá firmar-se moralmente.

A presença do Consolador prometido, sob a forma de uma doutrina luminosa e abrangente, não poderia jamais esquecer o Grande Roteiro, sua base e razão de ser, para que a Humanidade possa continuar vibrando com os ideais da fraternidade e da redenção moral.

Quebrar esse vínculo, como pretendem alguns descuidados adeptos, seria cometerem os espíritas o mais sério engano, o mais terrível desvirtuamento doutrinário, descaracterizando o Espiritismo como doutrina essencialmente cristã e favorecendo os inúmeros desvios e excessos que os homens têm praticado neste Planeta tão ensombrado, apesar das lantejoulas com seu brilho ilusório.

Não obstante as mazelas e iniqüidades do mundo, ao lado da ignorância e da maldade que campeiam entre as massas, da injustiça e da indiferença nas organizações sociais, tudo próprio de mundo atrasado e sofredor, existe também uma força superior de sustentação, de natureza moral, desconhecida da grande maioria dos homens, que lhes mantém a coesão social, tal como entre as moléculas da matéria. Essa força promana do Cristo de Deus, o Guia da Humanidade, e atua independentemente da rebeldia humana.

O Espiritismo, ao reviver os ensinos evangélicos, juntamente com os esclarecimentos novos, expande essa força, facilitando-lhe a atuação ao exortar os homens ao bem, à reforma íntima.

Pouco adiantariam os conhecimentos novos, a constatação da sobrevivência, o intercâmbio entre os dois mundos, a verificação das vidas sucessivas, sem transformar esses conhecimentos transcendentes em finalidade útil. Afinal, de que adiantariam tais conhecimentos, se fossem adquiridos apenas para ilustração do espírito? De que vale o cultivo das inteligências, a aplicação do intelecto no mais alto grau, se o direcionamento for para o mal, para a degradação moral, como ocorre com muitos Espíritos ávidos de poder, indiferentes ao amor? Todos sabemos das conseqüências da falta do roteiro do bem: a ilusão, o sofrimento, a perdição.

Por isso alertou-nos o Cristo: "Eu sou o caminho, a verdade e a vida. Ninguém vai ao Pai senão por mim."

Por mais que se transformem as condições econômicas e políticas nas sociedades; por mais brilhantes se apresentem os aspectos exteriores das civilizações de todos os tempos; por melhores que sejam os métodos de instrução do povo, todas essas coisas poderão resultar em notáveis efeitos na fisionomia das coletividades humanas, mas não atenderão às mais altas aspirações de cada Espírito, na sua busca permanente.

Somente Jesus, com seu exemplo e sua Doutrina, constitui-se na senda das aspirações mais altas de cada individualidade, ao oferecer em seu Evangelho os elementos essenciais e eficazes para a conquista da redenção e da felicidade.

E o Espiritismo esclarece e confirma que o "Reino de Deus" só poderá ser conquistado através desse roteiro.

CAPÍTULO 5

NECESSÁRIO E SUPÉRFLUO

A natureza dual do homem — corpo e espírito — impõe-lhe a necessidade de sustentação da vida no seu duplo aspecto.

Acontece que a maioria dos habitantes deste Planeta preocupa-se somente com a materialidade da vida, relegando e negligenciando, por ignorância ou indiferença, os interesses espirituais.

Entretanto, o Criador dotou todos os seres vivos, particularmente o homem, dos instintos e da inteligência apropriados à conservação da vida, facultando-lhes os meios para tanto.

A visão unilateral da vivência na Terra dificulta a solução dos problemas humanos, mesmo os de natureza material.

Tudo que o homem necessita para manutenção da vida encontra-se na Terra. É admirável a previdência e sabedoria divina, manifestada na Natureza, para o atendimento de todas as necessidades do homem, primitivo ou civilizado, em qualquer época.

De um lado, todos os recursos naturais, ao alcance da criatura, na atmosfera, no solo, nas águas e nas entranhas da Terra; de outro, a necessidade do esforço, do trabalho, da aplicação da inteligência, da luta contra os elementos, para fruição dos meios de manutenção.

Nessa interação gigantesca, abrangendo toda a Humanidade e seu **habitat,** cada Espírito entra em contacto com a matéria para a formação e sustentação do próprio corpo, instrumento de seu progresso. Com a vida, o Criador outorgou o instinto de conservação, a necessidade de viver e de aperfeiçoar-se, tudo em proveito do Espírito imortal. Esse processo desenvolve-se no indivíduo independentemente de sua conscientização, ou seja, de seu conhecimento pleno do papel que desempenha.

Com a Revelação Espírita tornou-se inteligível, perceptível, o curso da vida, em sua complexidade, objetivo, desenvolvimento. A Nova Luz ampliou o entendimento humano sobre a sabedoria divina, ao tornar conhecidas as leis imutáveis e eternas que regem a evolução de tudo quanto existe. Então, compreende-se melhor a ligação do Espírito à matéria, com os atrativos, as lutas, os prazeres, as dificuldades e as tentações próprios desse liame, tudo servindo ao desenvolvimento da inteligência, da razão e dos sentimentos de cada ser.

•

Todos os bens necessários à vida material provêm dos elementos da Terra, que é "a fonte primacial donde dimanam todos os outros recursos", conforme ensina "O Livro dos Espíritos".

Realmente, não somente os produtos primários da terra, das águas e do ar, mas toda a imensurável variedade da produção industrial constitui-se em simples transformações e composições de elementos provenientes dos reinos mineral, vegetal e animal.

Surge naturalmente a indagação de ser, ou não, a Terra capaz de fornecer a toda sua população os meios de sustentação, especialmente tendo-se em vista a explosão demográfica da atualidade, com áreas geográficas cujos habitantes vivem em extrema dificuldade, com parcos recursos para a sobrevivência. São muitos os exemplos de regiões carentes, de nações inteiras lutando contra a fome, a falta de água e toda sorte de problemas daí resultantes, até mesmo no campo da saúde, da higiene, da instrução e da educação.

Na África, na Ásia e na América—no Brasil, especialmente parte do Nordeste —, existem regiões sujeitas a calamidades quase permanentes, a desafiar a argúcia dos governos e o sentimento de solidariedade dos homens, na solução de seus problemas. Suas populações sofredoras oferecem chocante contraste com outras, onde há superprodução, superabundância de bens, desperdício, fantasias e abusos com o supérfluo.

No seio das populações bem dotadas de bens materiais existem também os bolsões carentes, dos marginalizados, nas favelas e mocambos que se espalham pelo mundo inteiro.

O contraste mostra um mundo atrasado, dominado pelo egoísmo, pobre de solidariedade e compreensão, e sobretudo necessitado de educação, de fraternidade, de amor.

•

Em fins do século XVIII e início do século XIX, o fenômeno do aumento da população em desproporção com o aumento dos bens de consumo foi objeto de estudo pelo economista e sacerdote ligado à Igreja Anglicana,

Thomaz R. Malthus, que, baseado em observações feitas na Inglaterra, Noruega, Suécia, Finlândia, norte da Rússia, França e Suíça, formulou célebre teoria, segundo a qual o aumento da população é necessariamente limitado pelos meios de subsistência disponíveis. Enquanto a população tende a crescer segundo os termos de uma proporção geométrica, os meios de subsistência só podem crescer de acordo com os termos de uma progressão aritmética. Ao fim de determinado tempo estabelece-se o desequilíbrio entre a população e a quantidade de bens de consumo.

Preconizava Malthus, com a finalidade de restabelecer o equilíbrio, certos **obstáculos preventivos**, que reduzissem o número de nascimentos. Para isso aconselhava a abstenção do casamento às pessoas incapazes de procriar filhos sãos, ou de educá-los convenientemente. Esses obstáculos, ao lado das guerras, doenças e demais meios causadores da morte, constituiam-se instrumentos do almejado equilíbrio.

Diga-se de passagem que modernamente surgiu o neo-malthusianismo, com interpretação abusiva da teoria do economista inglês, visando à limitação da população pelo controle dos nascimentos, através de métodos diversos, que vão desde o denominado planejamento familiar até as mais degradantes formas de intervenção na vontade e no livre-arbítrio individuais.

Malthus e seus modernos simpatizantes cometeram sério equívoco na apreciação de tão grave problema.

Ao que parece, o economista, apesar de religioso, não acreditava muito na Providência Divina, que seria profundamente injusta se permitisse a proliferação do gênero humano sem o correspondente aumento dos meios de produção.

Entretanto, é manifesta a solicitude da Providência. Sua presença se faz sentir nas mais diversas circunstâncias, muitas vezes utilizando os missionários, ou o homem comum, na solução das grandes questões ou de problemas menores, de interesse de toda a Humanidade, ou de uma parte dela.

Assim foi que, na própria época de Malthus, iniciava-se, precisamente na Inglaterra, a grande revolução industrial no mundo, acontecimento de tal magnitude que iria transformar, com o tempo, as concepções econômicas, as práticas comerciais e agrícolas e a própria face do Orbe. Multiplicaram-se as possibilidades da produção de bens. A tecnologia criou e aperfeiçoou máquinas para a agricultura, a indústria, os transportes terrestres, marítimos e aéreos. A Ciência equipou-se com vasto instrumental, para todos os fins imagináveis. O vapor, a eletricidade e mais recentemente a eletrônica, ao lado de outros fatores, utilizados convenientemente, transformaram radicalmente a vida do homem na face da Terra, proporcionando-lhe meios de atender às necessidades de cerca de 4.500.000.000 de seres humanos, a atual população do Planeta.

Vemos, assim, que através da grande indústria, da Ciência e da Tecnologia, a Divina Providência, na hora certa, equilibrou o enorme aumento populacional com a produção de bens em larga escala, comprovando o que os Espíritos reveladores disseram a Kardec:

> "Não fora possível que Deus criasse para o homem a necessidade de viver, sem lhe dar os meios de consegui-lo."

O contínuo progresso do mundo, particularmente no campo material, levou o Codificador a observar o que segue, em comentário pessoal à Questão 707 de "O Livro dos Espíritos":

> "Se é certo que a Civilização multiplica as necessidades, também o é que multiplica as fontes de trabalho e os meios de viver. Forçoso, porém,

é convir em que, a tal respeito, muito ainda lhe resta por fazer.

Quando ela houver concluído a sua obra, ninguém deverá haver que possa queixar-se de lhe faltar o necessário, a não ser por sua própria culpa. A desgraça, para muitos, provém de enveredarem por uma senda diversa da que a Natureza lhes traça (...)

A Natureza não pode ser responsável pelos defeitos da organização social, nem pelas conseqüências da ambição e do amor-próprio."

Eis, na visão de Kardec, segura apreciação do que ocorria em seu tempo e que se estende às civilizações de nossos dias, uma vez que as organizações sociais de todos os matizes continuam deficientes e atrasadas, refletindo as condições morais do homem.

Aumentam as necessidades de uma população crescente, mas se desenvolvem também os meios de produção, em todos os setores da atividade humana. Em muitos países há excesso de produção, nem sempre aproveitado, como seria de desejar, quando em outros há carência. O egoísmo tem impedido trocas justas em nome da fraternidade.

O homem possui inteligência capaz de estabelecer formas de organização social que atendam às necessidades de todos. Prova disso são as complexas organizações políticas espalhadas pelo mundo. Falta, entretanto, sensibilidade moral, ainda não suficientemente desenvolvida; há deficiência de conhecimento a respeito da natureza do ser humano. É preciso aliar a inteligência cultivada aos conhecimentos de sua verdadeira natureza, essencialmente espiritual, conjugando-os com a educação moral-religiosa que o Espiritismo proporciona.

Ocorre, nas civilizações atuais, como nas do passado, profunda influência do orgulho e do egoísmo nas organizações sociais. Enquanto o progresso moral não se fizer presente nos indivíduos, as instituições humanas, por mais avançadas do ponto de vista material, refletirão o predomínio do egoísmo, da ambição, da cobiça, com todas as suas conseqüências.

A Terra ainda estagia na era das civilizações incompletas, transitórias.

Serão sempre utópicas as tentativas tantas vezes repetidas, no decorrer dos séculos, de alcançarem-se instituições justas e perfeitas, enquanto forem constituídas de indivíduos egoístas e ignorantes. O caminho terá de ser invertido, começando pela reeducação dos indivíduos para se chegar às instituições onde a liberdade não se contraponha à bondade, à generosidade, à compreensão e à boa-fé entre seus componentes.

A transformação do quadro dramático das civilizações que atingiram o ápice do progresso material e que se constituem em ameaça permanente a toda a Humanidade, pelo enorme poder de destruição que detêm em seus arsenais atômicos, só poderá ser atingida por uma obra de verdadeira educação, na qual a moralidade seja elevada pelo menos ao mesmo nível intelectual e científico alcançado pelos que conservam o poder de decisão.

O desequilíbrio entre o desenvolvimento intelectual e o progresso moral dos homens deixa de ser um problema individual para tornar-se questão gravíssima, de interesse de todas as coletividades e nações, pelo perigo que encerra para todos.

O egoísmo e o orgulho surgem como característicos de grandes conglomerados humanos, que enveredaram pelo materialismo e pela materialidade da vida, fazendo-os esquecer os deveres morais de solidariedade e fraternidade entre os povos.

Esperamos e confiamos que a Providência Divina, sempre presente, mais uma vez encontre no mundo os instrumentos que levem aos dirigentes e condutores de povos as luzes da compreensão de suas responsabilidades imensas.

•

Não é sem razão que a Doutrina dos Espíritos chegou ao mundo precedendo hora tão dramática, quando o senso moral se faz necessário para evitar a hecatombe da guerra total e as desigualdades provocadas pelo egoísmo arraigado nos indivíduos e pelo orgulho das nações.

A Doutrina do Consolador, relembrando e revivendo a mensagem eterna para a salvação da Humanidade, aponta ao homem a única saída capaz de evitar a perda, pela violência, dos valores reais acumulados pelas civilizações, indicando novos caminhos para se encontrar organizações sociais mais justas e solidárias.

Daí a necessidade de se difundir, por toda parte, a doutrina generosa do Cristo, revivida pelos Espíritos Reveladores, mostrando a todos, governantes e governados, ricos e pobres, homens e mulheres de todas as raças, de todas as línguas, de todas as condições sociais, que todos somos Espíritos eternos, transitoriamente revestidos de um corpo que nos impõe necessidades imediatas a serem atendidas na Terra, nosso **habitat**, nossa escola e nosso lar. Por isso mesmo temos de zelar por ela, amá-la, na sua natureza física e nos seres que a habitam, lembrando que ela é a Casa de todos e não de alguns somente. Solidariedade, fraternidade, compreensão, amor precisam ser cultivados por todos, ensinados pelos que sabem aos que não sabem, não como simples palavras, mas como ação.

Assim, não se justificam a violência, a guerra, a terra arrasada, senão como produtos da ignorância gerando a maldade e a irresponsabilidade.

Do mesmo modo, só a ignorância aliada à indiferença e à insensibilidade moral, sinais de atraso espiritual, justificariam a dissipação dos bens, os excessos e requintes de gozos, os açambarcamentos criminosos, a serviço do supérfluo, com prejuízo dos que não encontram o absolutamente necessário à sustentação da vida material. São atitudes e comportamentos que não se coadunam com a condição do homem verdadeiramente civilizado. São desvios próprios do homem material, que cumpre sejam corrigidos para o início da "era do Espírito".

A Doutrina Espírita, essencialmente educativa, está no mundo para a obra de retificação necessária.

CAPÍTULO 6

LIMITES DA LIBERDADE

Assenta-se a Doutrina dos Espíritos em princípios lógicos e incontestáveis, resumidos por Allan Kardec na monumental Introdução de "O Livro dos Espíritos".

No bojo da Codificação apresenta-se o Espiritismo como a religião do livre exame, entre outros diversos aspectos, permitindo a cada um a busca da verdade, de acordo com o próprio estágio evolutivo e as tendências individuais, pressuposto sejam obedecidos os postulados fundamentais da Doutrina. Todo adepto goza, portanto, de liberdade relativa. Essa liberdade não deve, entretanto, ultrapassar determinados limites, a ponto de permitir a mutilação ou o desvirtuamento dos princípios doutrinários.

Simples em seu contexto, mas profunda em sua abrangência, a Doutrina Espírita pode ser entendida e praticada pelos homens de inteligência comum. Para isso a Espiritualidade Superior fê-la sistematizada através de um missionário inteligente e lúcido, que a captou e a traduziu em linguagem clara e acessível a todos.

Para maior facilidade de seu entendimento, seus fundamentos, sintetizados na obra básica "O Livro dos Espíritos", foram desdobrados nos demais livros da Codificação.

Não obstante todas as facilidades proporcionadas pela Espiritualidade e pelo Codificador para a perfeita assimilação dos ensinos contidos na Nova Revelação, nem sempre os homens se têm apercebido de que a liberdade de exame está condicionada aos limites dos princípios em que se assenta a Doutrina e que a Revelação Espírita é uma nova etapa da Revelação Divina, que já se vem fazendo presente no mundo desde tempos imemoriais, abrangendo, conseqüentemente, antigas e novas verdades.

Alguns adeptos têm-se colocado na posição de contestadores da Doutrina, quando se fixam em um ou mais aspectos de seu contexto, esquecidos, todavia, de que é essencial a visão da unidade doutrinária, sem a qual se torna falho seu entendimento. Isso acontece quando se cultiva somente o aspecto científico, ou o filosófico, ou o moral-religioso, ou o fenomênico, prescindindo-se do conjunto que fortalece e equilibra a unidade.

O inefável bem da liberdade, que as almas guardam no recôndito da própria consciência, tanto pode conduzilas às mais belas construções interiores e exteriores, quanto aos abismos do mal.

Ao espírita consciente e esclarecido corresponde a grave responsabilidade de usar sua liberdade para o bem comum, incluindo o esclarecimento de seus semelhantes e o seu próprio aperfeiçoamento.

Ao reconhecer no homem a liberdade de pensar e de agir, em plenitude, dispositivo da Lei Divina, a Doutrina Espírita mostra-lhe, ao mesmo tempo, a responsabilidade imposta pela mesma lei na prática do mal, ainda que tal prática decorra de sugestões e arrastamentos, aos quais o espírita, especialmente, tem o dever de resistir, pelos conhecimentos que possui.

Ora, na vida de relação, o espiritista sabe que uma de suas grandes responsabilidades, ao pretender divulgar o Espiritismo, é a de transmitir aos seus semelhantes a verdade pura, tal como consta do ensino dos Espíritos, isenta das deturpações dos sistemas pessoais, geralmente resultantes do orgulho individual. Esse preceito insere-se perfeitamente no mandamento "amar ao próximo como a si mesmo", que se pode traduzir no processo introspectivo de "fazer aos outros o que gostaríamos que nos fizessem".

Entendida a liberdade individual em seus justos termos, não no sentido absoluto e perigoso capaz de conduzir o homem aos despenhadeiros da irresponsabilidade, mas de faculdade estreitamente vinculada à responsabilidade por pensamentos, ações e omissões, um dos máximos deveres de quem se propõe divulgar a verdade espírita é o amplo conhecimento da Doutrina, não de parte dela, ou do que ela não autoriza.

O conhecimento aprofundado evitará certamente pregações levianas, promovidas no seio do Movimento Espírita por grupos e indivíduos doutrinariamente despreparados ou imbuídos de idéias próprias, embora não o reconheçam e possam até estar agindo de boa-fé.

É evidente que o legítimo Movimento constituído pelos espíritas sinceros terá de aprender a conviver com os escolhos em seu próprio seio, munindo-se da paciência exemplificada pelo Cristo, já que o Espiritismo não permite imposições, não usa da violência, mas também não se rende à ignorância, à impostura e à presunção.

Particularmente os jovens, cujo idealismo marcante muitas vezes é aliciado e conduzido por falsas correntes de pensamento, precisam ser alertados para fugirem ao abismo dos excessos da liberdade, palavra que sobre eles exerce verdadeiro fascínio. Será obra de amor conduzi-los com paciência e fé ao estudo sério e à preparação para se transformarem nos orientadores das futuras gerações, com o conhecimento firme e libertador da Doutrina Espírita.

Todas essas razões indicam quão necessário e útil se torna o estudo sistematizado do Espiritismo, na atualidade e no futuro, para que ele permaneça íntegro na memória e na consciência das gerações futuras.

Em hora feliz lançou-se a Federação Espírita Brasileira, acompanhada pelas Federações e Uniões Estaduais, Centros Espíritas e instituições espíritas em geral, no esforço digno e edificante de tornar conhecidas as bases da Doutrina Espírita, por seus adeptos e seguidores, através do estudo organizado.

Depois do período da implantação e das lutas desbravadoras dos pioneiros, autodidatas por excelência, já era tempo de consolidar a posição do Espiritismo autêntico no mundo e, para isso, o passo decisivo é o de fortalecer suas bases, tornando firmes e esclarecidos seus adeptos, pelo estudo sério e metódico, prontos a praticá-lo e divulgá-lo, com a segurança e a fidelidade desejáveis.

Na realidade, não basta apreender intelectualmente os ensinos doutrinários. Estando a Doutrina profundamente vinculada à evangelização do homem, vale dizer, à sua reforma interior, o aprendizado doutrinário é o primeiro estágio, a ser complementado pelo constante aperfeiçoamento moral.

Como pontifica Emmanuel, no primeiro estágio bastarão leitura e conhecimento; no segundo será preciso sentir e vibrar com o Cristo, o Guia de toda a Humanidade, sob cuja direção se faz presente o Consolador entre nós.

O que tem ocorrido muitas vezes com intelectuais espíritas é se darem por satisfeitos no primeiro estágio, deslumbrando-se com as belezas, a lógica e o realismo da Doutrina dos Espíritos. Julgam-se realizados com o conhecimento adquirido, esquecendo-se da abrangência e da finalidade dos ensinos. Por vezes enveredam pelo **cientificismo**, por um **espiritismo independente**, como apontou Kardec em seu tempo, ou por sistemas pessoais sempre incompletos e perigosos.

O Movimento Espírita da atualidade, assim como ocorreu no passado, ressente-se desses escolhos, difíceis de ser evitados, uma vez que resultam do livre-arbítrio individual.

Existem os "espíritas" anti-religiosos, os negadores do Cristo e de toda a hierarquia espiritual, os criadores de sistemas pessoais e até os que imitam enganos individuais importados, desde que venham em reforço de seus pontos de vista.

Tudo isso é lastimável. Não devem, contudo, desanimar os adeptos esclarecidos e sinceros, porque as dificuldades fazem parte da seara, onde "o joio crescerá ao lado do trigo".

Cumpre aos verdadeiros espiritistas prepararem-se com afinco e trabalharem com entusiasmo tanto o campo íntimo quanto o relacionamento exterior, estribados na fé e na confiança no Alto.

•

Verdadeiros espíritas não são os que assim se intitulam, por mais convencidos estejam de suas verdades pessoais, quando aceitam apenas parcelas da Doutrina Espírita.

Verdadeiramente espíritas são os que aceitam o Espiritismo em toda a sua abrangência, procurando praticá-lo dentro de suas possibilidades e tendências.

Combater a Religião dos Espíritos, ou o aspecto religioso do Espiritismo, opor-se ao Cristo e ao que Ele representa para a Humanidade, desvincular a Doutrina dos Evangelhos, a pretexto de que ela se basta a si mesma é obra de negação da própria Codificação, cuja parte moral é toda baseada na moral cristã, como expressamente ensinaram os Espíritos Reveladores.

É um combate inglório, além de contraditório, por confundir os erros e desvios das religiões com o que há de mais sublime na permanente aspiração do homem de atingir a perfeição moral, cujo caminho é indicado pelo Cristo de Deus.

Não vemos contradição maior dentro das fileiras do Movimento Espírita que essa dos anti-religiosos, eis que, opondo-se ao Cristo e aos Evangelhos, colocam-se automaticamente em oposição à Codificação e a Kardec, mesmo que assim não o desejem.

Na missão do Espiritismo a preocupação constante é com a Verdade e as realidades, não com as meias-verdades, sinônimas dos desvios, das negações e das contestações.

Enveredar pelo cientificismo, impotente para regular a moral e a fé, será diminuir a Doutrina, apequená-la, torná-la seca e inerte, favorecer o materialismo.

A beleza da Nova Revelação está justamente em satisfazer à razão e ao sentimento, terminando com o velho conflito entre a Ciência e a Religião, já que ambas são forças de equilíbrio e harmonização da alma.

Nesse ministério inconfundível do Espiritismo no Mundo, obra revolucionária, não se pode admitir a decomposição de suas forças, baseadas no conhecimento e no sentimento.

Não bastará confundir o materialismo dissolvente, apontando-lhe as incongruências diante do espírito imortal. Será necessário vivificar a fé, unindo-a à razão esclarecida, tornando-a a grande propulsora da ascensão humana.

Toda as grandes verdades surgidas entre os homens são contraditadas, parcial ou totalmente, por aqueles que não as apreendem na sua significação transcendente. Ora por incapacidade de percepção, ora por interesse, vaidade e orgulho, são combatidas, ou deturpadas, ou ainda aceitas parcialmente. Foi o que ocorreu com a doutrina de Jesus.

Com o Espiritismo haveria de ocorrer o mesmo fenômeno. Seus inimigos combatem-no por ignorância e por interesse. Mas existem os que o aceitam apenas em parte, como ocorre com os que não admitem a doutrina da reencarnação e os que o deturpam através de interpretações pessoais, capazes de satisfazer-lhes determinadas idéias.

Tudo isso ocorre em nome e por conta da liberdade consagrada pela Doutrina, mal compreendida e mal utilizada pelos indivíduos.

A liberdade de consciência e a razão, aplicadas ao exame dos fatos e no conhecimento científico, são formas seguras de descobrimento da verdade. Quando aliadas à humildade e à simplicidade de coração, são fatores de progresso individual, mas, se se deixam contaminar pelo orgulho e pela vaidade, podem conduzir a falências e a difíceis recomeços.

É fácil destruir, negar, deturpar. Difícil é construir no bem e "estabelecer a harmonia das crenças".

CAPÍTULO 7

O MANDAMENTO MAIOR

A suprema Ciência há que abranger o conhecimento de nós mesmos. O estudo e o domínio das leis da matéria, por mais que se aprofundem e variem, sem considerarem o outro elemento do Universo, conduzirão sempre a conhecimentos parciais, incompletos, ilusórios.

Conhecer implica a pesquisa das causas. A Causa Primária de tudo o que existe é Deus, o Criador.

Conhecer-nos significa a busca de todos os potenciais de nosso ser, compreendendo o uso da razão e a conquista das virtudes, realizando o destino na luta permanente pelo auto-aperfeiçoamento.

Para bem dirigir esse esforço incessante de cada criatura, o Pai Celestial enviou à Humanidade seu Filho, o Mestre por excelência de cada um, o Cristo de Deus, que nos mostra como encontrar "o caminho, a verdade e a vida".

Quando os homens de ciência aceitarem essas verdades deixarão de se preocupar exclusivamente com a matéria e suas leis. Reconhecendo o Espírito imortal, todos os seus esforços serão conduzidos de forma a que não haja as profundas contradições atuais entre a Ciência e a Religião, entre o saber e a fé. Deixarão de prevalecer o orgulho e o preconceito, de vez que, quanto mais amplos os conhecimentos, mais humilde será o homem.

Todo homem é, em essência, um Espírito. Entretanto, essa verdade elementar, essa evidência palmar ainda sofre contestações. Muitos homens, cultos ou ignorantes, utilizando continuamente a própria inteligência, o raciocínio e os sentimentos, todos atributos da alma, não lhe reconhecem existência, no maior dos paradoxos humanos. Já é tempo de a Ciência terminar com essa profunda contradição, atentando para as teses socráticas do "conhece-te a ti mesmo" e da "sabedoria e virtude inseparáveis".

São muitos os que se recusam a admitir a existência de Deus. Toda a vastidão do Universo, todo o manifesto poder e inteligência, toda beleza e harmonia da Natureza, com seus profundos contrastes, tudo lhes é indiferente, uma vez que o **acaso** lhes basta para dirimir todas as dúvidas, responder a todas as indagações.

Se os sentidos físicos não os conduzem à percepção do Grande Foco criador do universo material, também seus sentimentos e intelecto encontram-se embotados, incapacitados para indentificar o Pai Celestial nas Suas manifestações de beleza, bondade e grandeza, a se irradiarem na alma humana de acordo com a capacidade de cada ser. Os nobres sentimentos, cuja fonte está no Criador, não podem desenvolver-se em plenitude na criatura, para retornar à sua fonte, se esta é negada, apagada da mente individual.

Por isso, todo crescimento espiritual terá de partir da crença, da convicção, da certeza da existência de Deus.

Cada criatura humana é uma irradiação da Força Divina, independentemente de seu estágio evolutivo. Mas para desenvolver-se a criatura precisa atender a leis imutáveis, elevar-se, buscando, em primeiro lugar, o seu Criador. A prece, que se exercita de múltiplas formas, através não somente de palavras, mas de pensamentos elevados, de trabalho no bem, de serviço digno ao semelhante, é a busca constante de Deus.

Daí ser o amor a Deus, em todas as revelações das leis divinas, o primeiro dos mandamentos, o que se sobrepõe a todos os demais, que lhe são corolários.

O Velho e o Novo Testamento tratam, antes de tudo, do Criador. Jesus deu-nos a mais bela imagem, na figura do Pai, para o entendimento e cumprimento da lei de adoração a Deus, que Ele considerou como a primeira e a mais importante.

O Espiritismo, seguindo a mesma trilha das Revelações anteriores, coloca no pórtico do edifício da Codificação, como primeira indagação — "Que é Deus?".

Há, portanto, nas Revelações, total coerência no que concerne à idéia de Deus, como causa primeira. É lógico, é curial, que o princípio maior, a causa de todas as coisas, tenha primazia ao se cogitar de todo sentimento nobre, de todo conhecimento interior e exterior, de toda ciência, de toda indagação filosófica.

Chegando à condição de alma humana, o ser consciente, com os atributos que seu Criador lhe outorga, tem como primeiro dever o de reconhecer a paternidade de Deus e o amor que lhe é devido.

No Judaísmo, no Cristianismo, no Catolicismo, nas Igrejas Reformadas e também no Espiritismo esse dever é reconhecido como primordial.

O que varia são as concepções de Deus, de conformidade com os fundamentos e princípios de cada religião ou filosofia. A concepção espírita, decorrente dos ensinos do Cristo e dos Espíritos Reveladores, é a mais ampla e perfeita de que dispõem os homens dentro do atual estágio evolutivo da Humanidade.

Entretanto, ignorando-se a si mesma, sua natureza, sua origem e seu destino, suas potencialidades e capacidades, negando seu Criador, por ignorância ou orgulho, a alma humana pode entregar-se a toda espécie de atividade dependente de seus sentidos físicos e de seus atributos de inteligência, mas, no que diz respeito ao primeiro dever de amar a Deus, ela se estiola por falta de conhecimento e de vontade, presa a desvio causador de incertezas e sofrimentos, que vai demandar, por vezes, longo tempo para o necessário despertamento.

O certo é que o negativista, o ateu, o materialista poderão deixar-se dominar pela matéria, mesmo em estado de libertação do corpo, mas um dia despertarão, passando do estado de dominados ao de dominadores dela, eis que sua natureza e sua condição de espírito imortal assim o exigem, mesmo à custa de correção dolorosa de rumos.

Enquanto a ciência do mundo, dominada pelo materialismo, se atém à matéria, o Espiritismo põe a descoberto um outro mundo paralelo, fluídico, interligado ao mundo físico, descortinando vasto horizonte para o desdobramento da vida, em escala infinita, tornando possível a solução de problemas diante dos quais os cientistas se calam e se confessam incapazes. Em face da realidade do espírito, o materialismo se aniquila e se contradiz, evidenciando à Ciência a insensatez de sua posição de indiferença ou de negação ante o Mundo Espiritual.

De outro lado, a Doutrina dos Espíritos, com suas verdades reveladoras a respeito da vida espiritual, da evolução contínua da alma, da concepção de Deus e sua Justiça, revoluciona e renova conceitos e idéias religiosas tradicionais, não obstante o caráter refratário das religiões estratificadas a qualquer forma de renovação e progresso.

O futuro pertencerá à Verdade levada pela Doutrina Espírita de geração a geração, mesmo que lentamente, uma vez que o preconceito científico-religioso dificilmente cede terreno às realidades, com base nas barreiras armadas pelo dogmatismo, aliado ao exclusivismo e ao obscurantismo. Entretanto, será questão de tempo a transformação do atual estágio evolutivo do Orbe.

Com o progresso científico e moral — fatalismo divino —, a Nova Revelação será compreendida como a luz capaz de iluminar o pensamento humano, tornando-o apto a perceber as riquezas encerradas nos ensinos do Cristo, verdades sepultadas nos transvios das interpretações humanas, nos dogmas absurdos e nos interesses dos dominadores de todos os tempos, a ressurgirem límpidas e puras como consolações e socorro enviados pelo Mestre, através de seus mensageiros devotados.

Já então implantada e aceita pelas massas humanas reeducadas dentro de novos princípios, reconhecida a verdadeira natureza do homem, ainda mesmo que diante de novas lutas regeneradoras, a Doutrina do Consolador terá cumprido parte de seu papel, permitindo a grande parcela da Humanidade proclamar, agradecida: Pai Nosso que estás nos céus! Teus filhos deste Orbe reconhecem tua glória, poder e misericórdia. Seja feita tua vontade soberana.

•

As sociedades humanas da atualidade vivem crises sobre crises, agravadas pela explosão populacional; pairam ameaças de destruição total das civilizações; imperam a descrença, o ódio entre indivíduos, entre raças e nações; o egoísmo parece não ter limites; o sofrimento está presente em toda parte. Neste fim de milênio a Terra vive dias tumultuosos, com inúmeros problemas atingindo a todas as nações, ricas e pobres. O homem está conhecendo o resultado de seus atos, o produto de seus pensamentos desviados dos deveres perante Deus e seus semelhantes. Todos estamos experimentando, por falta de amor, os miasmas e as tempestades produzidos por nós mesmos, no passado recente ou distante.

O Alto, entretanto, não deixou a Humanidade ao desamparo. O Consolador aí está para os despertos, os arrependidos de hoje e de ontem, os cansados das promessas irrealizáveis do materialismo, os de boa vontade, os que crêem no Bem, os que têm esperança, os que têm sede e fome de Justiça.

Em todos os despertos o Consolador faz renascer a fé nas promessas do Cristo, falando-lhes diretamente ao coração e à consciência, assegurando-lhes dias mais felizes, quando estiverem reinando o amor e a caridade como normas de viver.

Aos que aceitam suas verdades tudo se torna compreensível, mesmo as procelas da vida na Terra; os caminhos das provações transformam-se em formas de redenção; a dor transmuda-se na grande retificadora das almas comprometidas perante a Lei; renovam-se as oportunidades de serviço voluntário nas hostes do Bem.

Será justo que o Pai Misericordioso, que tudo nos tem doado, desde a vida até os meios de sustentá-la, na matéria e no espírito, que nos dotou de inteligência e de sentimento, aguarde dos homens o cultivo não só do intelecto, abrindo os pórticos do conhecimento ilimitado, mas também do coração, no ideal religioso e na fé, caminhos naturais do aperfeiçoamento moral pela prática das virtudes exemplificadas pelo Cristo.

A consciência e a crítica materialista, responsáveis até mesmo no seio das religiões pelo desconhecimento da natureza humana e pelo aniquilamento do sentimento instintivo da existência de Deus, abalaram profundamente muitas almas. Levaram-nas ao que se pode considerar a **morte espiritual**.

À Nova Revelação compete despertar essas consciências obscurecidas no niilismo incongruente, apontando-lhes os fatos que demonstram a realidade e a beleza da vida imortal, infinita do Espírito, irradiação de Deus, o Criador de tudo o que existe.

CAPÍTULO **8**

PESQUISAS E MÉTODOS

Nobre é a tarefa da investigação da verdade e sua divulgação, especialmente sob a inspiração do Evangelho de Jesus, à luz da Doutrina dos Espíritos.

Investigar e divulgar a verdade é, ao mesmo tempo, propagar o bem e elevar a melhores níveis a compreensão da vida.

É trabalho que reclama abnegação e responsabilidade.

Nobilíssima a missão do orador a transmitir conhecimentos, entusiasmando ouvintes pela palavra equilibrada e orientadora; a do escritor moralista e competente, que incita o leitor a aperfeiçoar-se, lutando contra as imperfeições; a do professor que, além do ensino curricular, transmite a seus alunos, pela palavra e pelo exemplo, as altas expressões da moral cristã; a do pai e da mãe, transmitindo aos filhos as primeiras noções de responsabilidade, de dever, de respeito e de trabalho útil; a do investigador das coisas transcendentes, das realidades ocultas às percepções comuns.

Todo trabalho digno, toda atividade útil é tarefa abençoada. Entretanto, aquelas que se prendem mais diretamente à orientação das almas, mostrando-lhes novos caminhos, descortinando-lhes novos horizontes e abrindo janelas para o desconhecido, são esforços nos quais se conjuga o idealismo humano com as inspirações do Alto.

Por isso mesmo, os que se colocam a serviço do Bem, os verdadeiros idealistas, não se deixam dominar por interesses rasteiros, pela remuneração do mundo. Nem mesmo os tropeços e dificuldades os abatem, porque a constância na realização do que elegem como sua tarefa ou missão granjeia-lhes o auxílio imponderável das Potências Superiores.

Particularizamos o trabalho do obreiro espírita. Mas a realidade do mundo oferece inúmeros exemplos de dedicações admiráveis por toda parte e não somente na seara espírita. A Espiritualidade Superior não se atém ao rótulo espírita. Onde houver boa vontade, dedicação, fraternidade, amor, caridade, aí estará a influenciação benéfica, sustentando focos luminosos na imensa treva humana, onde predominam o egoísmo e a ignorância.

Os bons propósitos e os bons sentimentos atraem das elevadas esferas os eflúvios e as ondas vibratórias benéficas que penetram a criatura disposta a servir seus semelhantes, fortalecendo-a em todos os sentidos. Mas é preciso não esquecer que nenhum bem se adquire sem esforço e trabalho e, por isso mesmo, ninguém deve esperar as correntes positivas de energia agindo em seu favor, sem que possa oferecer as bases e o receptáculo condigno a recebê-las, aproveitá-las e dividi-las com seus semelhantes.

Dentre as nobres tarefas acima referidas, vamos focalizar alguns aspectos relacionados com as investigações das coisas transcendentes, com as realidades ocultas aos sentidos físicos, pesquisas que muitos julgam devessem ficar a cargo e sob a supervisão dos cientistas e das ciências comuns na Terra.

Acontece, entretanto, que as ciências, dominadas pelo materialismo e pelo preconceito contra tudo que não pertence ao seu domínio, ainda não oferecem condições para uma pesquisa isenta e segura em questões que transcendem a matéria. As investigações da verdade, nesse terreno, não poderiam subordinar-se ao preconceito e à visão deturpada das realidades. Como admitir pesquisas sobre o Espírito, por parte de quem **a priori** não admite a sua existência?

Daí a necessidade de delimitar-se a competência da Ciência, de um lado, e do Espiritismo, de outro, pelo menos enquanto verdades e realidades evidentes e comprovadas não se tornarem aceitas e assentes para os dois campos.

Acreditando na evolução das ciências e, em conseqüência, no seu encontro com as realidades matéria-espírito, esperamos que no futuro o Espiritismo e a Ciência falem uma mesma linguagem – a da verdade – afastados para sempre os prejuízos do preconceito e da ignorância.

•

Notável pensador expressou, com toda razão, que "para achar a verdade é preciso procurá-la com o coração simples".

A Doutrina Espírita referenda a assertiva. Especialmente as verdades transcendentes, as que pairam acima da craveira do mundo material, não podem ser encontradas pelos preconceituosos, sejam eles sábios, em qualquer ramo da ciência humana, escravizados a métodos rotineiros, sejam simples investigadores imbuídos de idéias e teorias preconcebidas.

Homens inteligentes e de coração simples, dotados de espírito independente, de grande amor à verdade e de alto teor de bom senso compreendem — muito mais facilmente que aqueles outros mergulhados em vasta cultura especializada, mas dominados pelo terrível preconceito — que não se devem escravizar aos métodos das ciências da Terra, quando estão em causa os fatos e suas conseqüências relacionados com o Espírito, sua natureza e tudo que lhe diz respeito.

É muito lógico o princípio estabelecido de que, a elementos diferentes — matéria e espírito —, devem-se aplicar métodos de estudo e investigação de naturezas diferentes.

Allan Kardec foi claro e positivo ao distinguir a autoridade para julgar as questões pertinentes às ciências comuns e as que se referem aos conhecimentos da ciência espírita. São dois campos diferentes, com competência também distinta e inconfundível.

Vamos transcrever o que diz o Codificador no nº VII da **Introdução ao estudo da Doutrina Espírita** (*), peça notável por sua clareza e firme orientação a quantos, por seu amor à Ciência, julgam, equivocadamente, serem os cientistas do mundo as pessoas mais aptas a proferir a última palavra em matéria de Espiritismo:

> **"As ciências ordinárias assentam nas propriedades da matéria, que se pode experimentar e manipular livremente; os fenômenos espíritas repousam na ação de inteligências dotadas de vontade própria e que nos provam a cada instante não se acharem su-**

(*) "O Livro dos Espíritos", 63ª ed. FEB.

bordinadas aos nossos caprichos. As observações não podem, portanto, ser feitas da mesma forma; requerem condições especiais e outro ponto de partida. Querer submetê-las aos processos comuns de investigação é estabelecer analogias que não existem. A Ciência, propriamente dita, é, pois, como ciência, incompetente para se pronunciar na questão do Espiritismo: não tem que se ocupar com isso e qualquer que seja o seu julgamento, favorável ou não, nenhum peso poderá ter. O Espiritismo é o resultado de uma convicção pessoal, que os sábios, como indivíduos, podem adquirir, abstração feita da qualidade de sábios. Pretender deferir a questão à Ciência equivaleria a querer que a existência ou não da alma fosse decidida por uma assembléia de físicos ou de astrônomos. Com efeito, o Espiritismo está todo na existência da alma e no seu estado depois da morte. Ora, é soberanamente ilógico imaginar-se que um homem deva ser grande psicologista, porque é eminente matemático ou notável anatomista. Dissecando o corpo humano, o anatomista procura a alma e, porque não a encontra, debaixo do seu escalpelo, como encontra um nervo, ou porque não a vê evolar-se como um gás, conclui que ela não existe, colocado num ponto de vista exclusivamente material. Segue-se que tenha razão contra a opinião universal? Não. Vedes, portanto, que o Espiritismo não é da alçada da Ciência."

Eis aí as razões pelas quais o Espiritismo não tem que subordinar-se à Ciência, por mais avançado seja seu atual estágio. Ocorre ainda uma circunstância que não pode ser esquecida: a grande mutabilidade das verdades científicas, de tal sorte que muitas afirmações aceitas como verdadeiras em um século tornam-se superadas no outro, com o surgimento de novas verdades, ao passo que o Espiritismo, embora assente na evolução progressiva, fundamenta-se em verdades e princípios estáveis, uns revelados, outros deduzidos pela observação, todos confirmados paulatinamente pelos novos conhecimentos adquiridos.

Por desconhecimento desses princípios e por confusão de métodos, não tem procedência a pretensão de alguns setores espíritas de ajustar a Doutrina Espírita às conclusões da Ciência. É uma proposição infeliz que peca pelo desconhecimento da natureza e da índole da Doutrina dos Espíritos, que tem em si mesma os mecanismos necessários à retificação de quaisquer desvios, como pontificou o Codificador.

Ainda como conseqüência de confusões na aplicação de métodos, verificam-se choques e discussões, por exemplo, nas deduções da medicina terrena e nas ações da medicina espiritual, com intermináveis incompreensões a respeito de fatos e curas, quando o espírita atento e estudioso sabe que se trata de duas formas respeitáveis de tratamento, cada qual com seu método, seus princípios e seus conhecimentos específicos.

Semelhante incompreensão acontece também nas pesquisas psíquicas, quando o método estatístico não pode ter o valor e a expressão que se lhe quer emprestar, justamente porque o Espírito, o pensamento e a vontade não são forças mecânicas que se submetam inteiramente às experiências de laboratório.

Admissíveis, sem dúvida, serão os processos a serem utilizados visando a evitar as fraudes e embustes, tal como o fizeram os investigadores do passado e o fazem os da atualidade. Todavia, exigências naturais, prudência e cautela, necessárias ao controle das pesquisas, não devem ser confundidas com métodos científicos rígidos e inaplicáveis, por incompatíveis.

Frivolidades, fraudes, diversões, prestidigitação e toda sorte de passatempo devem ser permanentemente combatidos pelos espíritas sinceros, em face dos prejuízos que causam aos praticantes, atingindo, por via indireta, a seriedade com que deve ser praticada a Doutrina.

A generalidade dos sábios do mundo, ao lado das cautelas naturais que devem presidir o trato das questões atinentes ao Espiritismo, ainda não se aperceberam da extraordinária força do pensamento e do poder resultante das afinidades psíquicas, para só citar dois fatores essenciais nas experiências com o mundo invisível. Muitos deles ainda não entenderam que inteligências libertas do jugo da matéria não podem ser tratadas pelos mesmos sistemas aplicados a forças mecânicas, nem se subordinam passivamente a controles de laboratório.

Se não se levar em consideração seres livres, com vontade própria, mas sem o revestimento físico, capazes de determinar os rumos de fenômenos inabituais, tal como acontece nas intervenções dos Espíritos no mundo corporal, qualquer experiência ou investigação pode fracassar, ou levar a deduções falsas, por desconhecimento das leis naturais que regem as relações entre dois mundos diferentes em sua estrutura.

Daí os constantes insucessos nas pesquisas de sábios e especialistas sem o necessário lastro em matéria de ciência psíquica. A ignorância das causas e condições atuantes somada à insuficiência das regras aplicadas, inadequadas aos fins objetivados, determinam fracassos, erros e falsas deduções.

A suspeita permanente, a desconfiança indiscriminada, a inadequação de meios, a ignorância do que é o mundo espiritual são fatores que favorecem a manifestação freqüente de entidades inferiores interessadas em perturbar, em fortalecer convicções erradas, em simular e incentivar fraudes e mistificações nos sensitivos, visando a desacreditar experiências mal conduzidas, numa mescla de falso e verdadeiro, de difícil distinção.

O Mundo Espiritual, constituído por seres benfazejos e maléficos, só através do Espiritismo pode ser melhor conhecido. Sem as luzes da Doutrina, muitos podem tornar-se vítimas das potências inferiores capazes de conduzir os imprudentes e despreparados ao erro, à obcecação, às obsessões.

À medida que o observador atento e estudioso, moralizado e interessado na obra do Bem, isento de preconceitos e imbuído do desejo de servir penetra nos domínios do Invisível, pouco a pouco compreende a grandiosidade da obra do Criador do Universo, que não se restringe à ordem física mas se estende aos domínios do Espírito imperecível, muito mais vastos e complexos. Observará também que em toda parte se manifestam a ordem e a harmonia em tudo, embora, pelas nossas limitações, muitas vezes só chegamos a perceber o lado negativo das coisas.

CAPÍTULO **9**

ESFORÇO E VONTADE

Há na Doutrina dos Espíritos, entre outros, dois aspectos que se conjugam e se complementam, mas que podem ser percebidos isoladamente, por seus característicos e por seus efeitos.

Os estudiosos da Doutrina, os grandes pesquisadores, os que procuraram aprofundar todos os seus aspectos, sem se deixarem impressionar com primeiros resultados, por mais brilhantes e concludentes tenham sido as conseqüências deduzidas dos fatos constados, puderam perceber a multiplicidade de caracteres da Nova Revelação, sem prejuízo de sua unidade. (Ver "A Gênese", Cap. I, A. Kardec, 21ª ed. FEB.)

Focalizamos no primeiro aspecto tudo o que resulta dos fatos e das realidades espirituais, em interação com a matéria ou sem sujeição a ela.

A demonstração fática da existência do Espírito, sua natureza, a sobrevivência além do fenômeno da morte física, a constatação de sua imortalidade e comunicabilidade, o estudo das suas faculdades através da infinidade dos fenômenos anímicos e mediúnicos tudo isso constitui o vastíssimo campo da Ciência Espírita, da qual se têm ocupado os mais brilhantes e dedicados missionários, com as experimentações, estudos, demonstrações e investigações de toda ordem, lançando a luz do conhecimento sobre os mais diferentes aspectos da alma e do mundo invisível.

Mas o Espiritismo não se limita à revelação científica, à demonstração de suas verdades pela experimentação e pelos fatos.

Grave erro seria o da autolimitação dos espíritas e o da limitação da Doutrina a somente uma parte de sua abrangência, com a exclusão de outros componentes essenciais.

Será sempre útil alertar-se o adepto para outra realidade do Espiritismo, aquela que flui como permanente inspiração da Espiritualidade Superior. Independentemente da continuidade da revelação, novas verdades desveladas aos homens, segundo o critério das Altas Esferas Espirituais, um constante estímulo superior manifesta-se a todas as criaturas de boa vontade, aproveitando em cada uma todo esforço positivo para que possa progredir, melhorar-se, moralizar-se, utilizar-se de todo conhecimento útil na senda evolutiva.

A mensagem do Cristo a toda a Humanidade polariza esse caráter transcendente da Doutrina. Por isso mesmo, Evangelho e Espiritismo estão estreitamente vinculados.

É a forma de solidariedade entre os seres redimidos e evoluídos, que estão à frente, e todos nós da retaguarda, no imensurável carreiro evolutivo.

É evidente a importância de conhecer a verdade, perquiri-la, escoimá-la de toda ganga, confrontá-la com a razão, como induz a ciência e a filosofia espíritas.

Mas, uma vez apta a criatura a distinguir o bem do mal, o real do ilusório, não é lógico que permaneça estática, indiferente, como mera depositária de conhecimentos, sem deduzir-lhes as conseqüências e vivenciá-las.

Todo esse patrimônio acarreta ao Espírito a responsabilidade de agir corretamente diante da Lei. O espírita consciente não pode permanecer como simples detentor de conhecimentos que outras criaturas não possuem. Grave equívoco será jatanciar-se de conhecer, raciocinar, convencer-se de realidades reveladas e fazer de tudo isso puro prazer intelectual.

As conseqüências morais da Doutrina, compreendendo todo o roteiro evangélico, como está explícito no contexto da Codificação, constituem sua própria essência, a razão de ser do Consolador no mundo, para que possa haver avanço moral do homem.

Ao progresso científico alcançado pelo Espiritismo, através da dedicação de nobres investigadores, do qual todos nos beneficiamos e que continuará indefinidamente, precisa aliar-se a elevação moral de todos os adeptos.

A grande maioria dos seguidores da Doutrina não tem condições de dedicar-se à experimentação, às pesquisas científicas, mas todos podem beneficiar-se das conclusões dos vanguardeiros, das verdades novas reveladas, conjugando-as com os puros ensinamentos evangélicos, sob a nova inspiração e interpretação espíritas, forma eficiente de elevar o tônus espiritual das criaturas à harmonização com as leis divinas.

Houve época, não muito remota, em que o Espiritismo lutou por firmar-se, enfrentando adversários terríveis, interesses de várias ordens, a ignorância aliando-se à jatância, as zombarias e o ridículo usados com freqüência para atemorizar e desanimar os pesquisadores da verdade. Esse período estende-se desde os precursores, passa pelo Codificador e ainda se reflete em nossos dias.

Investigadores notáveis, cujos nomes ficaram indelevelmente gravados nos anais da história da Doutrina, incumbiram-se da resistência a todas as formas de ataques, opondo aos interesses preconceituosos do materialismo e do velho espiritualismo desnorteado o amor à verdade e à realidade.

Citaremos dois exemplos de verdadeiros missionários como símbolos de uma plêiade de físicos, químicos, matemáticos, fisiologistas, astrônomos, criminalistas etc. que honram o gênero humano pela posição que sustentaram, na luta pertinaz e destemida contra antigos e arraigados preconceitos, mesmo à custa de dissabores, inimizades, risos e ridículo, colocando acima de tudo o amor à verdade: William Crookes e César Lombroso.

As provas científicas da existência do Espírito, de sua natureza e sua comunicabilidade com o mundo das formas foram a chancela da Ciência, reclamada pelos cientistas, às revelações recebidas e sistematizadas por Allan Kardec no trabalho da Codificação.

A alma imortal deixou de ser vaga e indefinida entidade admitida pelas religiões e filosofias anciãs, para, diante das investigações e experimentações científicas, passar à condição de ser real, imaterial, ligado a uma forma perceptível e sutil.

Na atualidade, para espíritas convictos, já não se torna imperiosa a repetição de todas as demonstrações de que se ocuparam os investigadores do passado, já que não subsiste dúvida a respeito da realidade da alma e do Universo de que é parte.

Em meio às flutuações impostas pelo progresso incessante, o roteiro da verdade apresenta-se em fases diferentes para os homens. Enquanto muitos vão perlustrar as estradas abertas no passado pelos vanguardeiros, novas picadas vão sendo construídas, à custa de novas lutas, em renovação permanente.

Um aspecto, entretanto, apresenta-se estável ao espírito humano, como parte de seu destino: o imperativo da evolução. Para tanto, ele se empenha em destruir o que se torna insatisfatório e ultrapassado em si mesmo, reconstruindo sempre novas edificações interiores, renovando concepções apropriadas ao seu progresso. Esse progresso intelectual e moral, proporcionado pela Nova Revelação não cessa, é aspiração constante e tem fulcro na Lei de Deus, na intuição que flui das Altas Esferas.

No tocante a cada um de nós, a Doutrina reveste-se do importante papel de ensinar a conhecer-nos, a medir e exercitar a potencialidade que possuímos, apontando-nos o caminho de nossa elevação moral.

Nós mesmos construímos nosso estado psíquico, com mais ou com menos capacidade de expansão e de compreensão. Somos o resultado de nossos próprios esforços, ao longo de inúmeras existências na carne e nos mundos espirituais. Assim, criamos os estados de alegria ou tristeza, de esperança ou de pessimismo e de todas as tendências para o bem ou para o mal.

A manifestação da justiça superior se faz em nós como decorrência da lei de causa e efeito. Conseqüências agradáveis ou desagradáveis têm suas causas em nossos pensamentos e atos positivos ou negativos.

Para além do ambiente terrestre em que estão mergulhadas as mentes humanas, subsistem mananciais de vida espiritual, capazes de influir poderosamente sobre os honens.

Dadas as condições inferiores da maioria da população terrena, e em virtude da lei das afinidades, predominam as influenciações de ordem inferior. É o grande flagelo das obsessões, desde as mais sutis até as mais graves.

Muitas criaturas humanas, entretanto, através de constante esforço e adestramento, firme orientação das idéias e da vontade, conseguem superar os círculos de influenciação inferior e sintonizar com elevadas esferas de ondas e radiações de vida espiritual.

A Doutrina Espírita, bem compreendida e praticada, facilita a aquisição de valores morais por aqueles que já compreenderam a importância de se colocarem acima dos conflitos de ordem material, que os prendem aos interesses transitórios. A busca dos bens espirituais lhes outorga a inefável alegria íntima de comunicação com seres redimidos.

Adquirir essa condição é obra lenta e requer pertinácia, determinação, vontade firme. É necessário o despertamento para o bem e todo empenho na auto-educação dentro dos preceitos genuinamente cristãos.

Os grandes inspirados, os renovadores e missionários do bem são Espíritos redimidos que se educaram e prepararam, através de muitas experiências, para se tornarem dignos cooperadores do Cristo, nas mais diferentes missões. O Codificador foi um deles.

Cada um de nós pode, desde já, iniciar a aquisição das faculdades superiores. Essa aspiração não está vedada ao homem. Pelo contrário, todas as religiões e filosofias que visam ao aperfeiçoamento humano são meios preparatórios para tanto.

O Espiritismo, sendo a Terceira Revelação, reveste-se - por sua índole e finalidade, desvendando verdades novas, ao lado de toda a mensagem evangélica que ele interpreta e aclara - dos característicos de escola de iniciação superior da alma, sem mistérios, sem símbolos e sem milagres, apontando-lhe a senda para a ascensão através do esforço, da vontade, do serviço ao semelhante, da compreensão, da paciência, do cumprimento dos deveres, do amor.

A doutrina coloca todo um instrumental à disposição do adepto, convidando-o a utilizá-lo. A iniciativa cabe a cada um. Pela lei, não pode haver imposição. Respeita-se o livre-arbítrio da criatura. Entretanto, aceito o convite, havendo disposição para o trabalho, querendo melhorar-se, superar-se, até mesmo compreendendo muitas vezes a necessidade do sofrimento, como forma de quitar-se perante a lei, a ajuda do Alto faz-se presente, sob múltiplas formas, fortalecendo e iluminando o Espírito em seu esforço.

A vontade é elemento decisivo em todo empreendimento. Na ascensão da alma é imprescindível. Fortalece-se na esperança, na fé, na oração, na certeza de que, apesar de todas as dificuldades, haverá de atingir seus objetivos.

> "Podendo todo homem libertar-se das imperfeições por efeito da vontade, pode igualmente anular os males consecutivos e assegurar a futura felicidade.
>
> A cada um segundo as suas obras, no Céu como na Terra — tal é a lei da Justiça Divina."
>
> ("O Céu e o Inferno", 1ª Parte, Cap. VII, Item 33º, A. Kardec, 32ª ed. FEB.)

Nem se argumente que as solicitações da vida moderna, com suas complicações e exigências sociais, necessidades da família ou imposições de uma sociedade utilitarista e frívola, impedem a dedicação do Espírito às coisas de seu mais alto interesse.

O homem pode estar no mundo — isto é para ele uma necessidade —, "sem pertencer ao mundo".

Isto significa, em linguagem corrente, que o despertamento é a compreensão de que só somos escravos das solicitações do mundo porque aderimos a elas, sem exame, concordando com usos, costumes, consumismos e absurdos, por invigilância.

Quem está devidamente esclarecido pelo conhecimento espírita pode atender às necessidades da vida material, da família, da profissão, da sociedade, sem aderir aos exageros prejudiciais do egoísmo e dos "modismos".

Nem precisa fugir ao ruído das cidades, ou refugiar-se no silêncio dos conventos, para impor-se uma vida natural e simples, sem total renúncia às facilidades e confortos modernos, mas sem as futilidades e exageros que consomem o tempo e as energias físicas e espirituais.

É uma questão de método, de educação, mas sobretudo de auto-educação, perfeitamente assimiláveis, sob a inspiração dos ensinos morais de Jesus e da Doutrina dos Espíritos.

Pena é que nos habituamos e de tal forma aderimos a uma vivência fortemente influenciada pelo materialismo que acabamos por nos convencer da impraticabilidade de um viver diferente, onde predominem os valores da inteligência, da moralidade, do bem e do belo, dentro de uma atmosfera interior de paz e confiança.

Os que têm tentado formas adequadas ao auto-aperfeiçoamento individual, dando a suas vidas nova dimensão, comprovam que não se trata de utopia.

Se o fosse, o Cristo não teria exemplificado e ensinado aos homens "o caminho, a verdade e a vida".

CAPÍTULO **10**

O DOGMA E A DOGMÁTICA

Foi o Concílio de Nicéia, no ano de 325, a primeira assembléia da Igreja convocada especialmente para discutir e aprovar determinadas proposições, ou interpretações de interesse da Instituição. Com ele iniciava-se uma longa série de assembléias conciliares, através dos séculos, que iriam definir os rumos da trajetória da Igreja, até nossos dias.

Muitos historiadores referem-se às divergências de interpretação dos primeiros cristãos a respeito de várias passagens dos Evangelhos.

Os conhecimentos dos primitivos seguidores de Jesus foram adquiridos através das próprias palavras do Mestre, transmitidos oralmente, mesmo após a crucificação, nas aparições a Madalena e aos apóstolos.

Nos três primeiros séculos a tradição oral, as anotações dos Evangelistas e a mediunidade (profecia)—abundante fonte de inspiração utilizada desde os primeiros tempos — eram as formas que garantiam a transmissão da doutrina do Cristo às sucessivas gerações.

Fácil será imaginar as divergências interpretativas entre o sacerdócio nascente das diversas igrejas primitivas e as manifestações do Invisível, o que levou Paulo a afirmar:

> "(...) pois em parte conhecemos e em parte profetizamos; mas quando vier o que é perfeito. o que é em parte desaparecerá." (I Coríntios, 13:9-10.)
>
> "Porém aquele que profetiza, fala a homens para edificação, exortação e consolação." (I Coríntios, 14:3.)

A tradição oral dependia da maior ou menor fidelidade na transmissão dos conhecimentos apreendidos. É evidente que, se de um lado é fonte preciosa ao confirmar os fatos, as ações mais importantes e os ensinos indiscutíveis de Jesus, de outro pode ter contribuído com pequenos acréscimos, ou supressões de menor significação no conjunto da Grande Mensagem.

Restariam os Evangelhos como fontes autênticas do Cristianismo, como de fato o são, não obstante algumas interpolações hoje identificadas.

Sobre os Evangelhos, especialmente tendo-se em vista costumeiras objeções dos mal-intencionados e dos anticristãos, que neles só encontram contradições, convém seja feita desde logo a ressalva de que as pequenas divergências sobre detalhes, entre seus autores, em nada prejudica sua autenticidade, por serem concordes no essencial e na substância das narrativas.

É bom lembrar que foram escritos por dois apóstolos — Mateus e João — muitos anos após os dramáticos acontecimentos finais da passagem do Cristo pela Terra, no mínimo 25 anos depois da Crucificação, o de Mateus. João, o mais jovem dos apóstolos e o último a desencarnar, em avançada idade, teria escrito seu Evangelho entre os anos 98 e 110.

Marcos e Lucas, não tendo tido contacto direto com o Mestre, colheram as tradições com os discípulos, com a Mãe de Jesus e com Paulo, também considerado apóstolo, embora não tenha com Ele convivido.

Médiuns inspirados e historiadores, é natural que cada evangelista tenha imprimido à sua obra o cunho pessoal das narrativas, com pequenas divergências entre si, mas todos convergentes quanto ao substancial.

Léon Denis ("Cristianismo e Espiritismo", pág. 71 da 5ª ed. FEB) refere-se à oposição crescente do Mundo Invisível, através da Mediunidade, aos rumos tomados pela Igreja, desde muito cedo, no que diz respeito ao fausto excessivo dos bispos e à corrupção moral. Essa oposição tornou-se intolerável aos olhos dos dirigentes, levando-os a proscrever as práticas que hoje denominamos mediúnicas.

Com isso, a doutrina da reencarnação, por exemplo, sucessão das vidas do Espírito no homem, que Orígenes e muitos outros padres da Igreja aceitavam, por interpretação das escrituras e por inspiração espiritual, foi rejeitada pelos chefes da Instituição, visto não inspirar suficientemente o terror da morte, como o fazia a condenação eterna do pecador.

Após três séculos de convivência com o profetismo, como um dos meios de elucidação de muitas questões, desde os tempos dos apóstolos, a Igreja, cada vez mais inclinada à autoridade de seus chefes e aos interesses temporais, rompia os vínculos que a prendiam às manifestações da Espiritualidade.

Declarou-se a única autoridade. Tudo o que não fosse por ela aprovado deixava de ter valor. Por mais bela e elucidativa fosse a comunicação do Mundo Espiritual, estaria fatalmente proscrita e condenada, sem a chancela dos dirigentes. O que não fosse aceito pela Igreja era tido como obra do demônio.

Começa então o grande desvio. Travou-se, no seio da Igreja, surda luta. De um lado, os que se mantinham fiéis às tradições e ao convívio com o profetismo; de outro, os seguidores da autoridade terrena, autodenominando-se única possuidora da Revelação, através de seus bispos e padres.

Daí nasceram os Concílios, assembléias onde foram elaboradas doutrinas interpretativas das escrituras, que melhor atenderiam aos interesses da maioria dos detentores de autoridade dentro da secular Instituição.

Começaram a surgir os dogmas, alguns como expressões católicas resultantes das interpretações de uma eventual maioria conciliar, outros, criações estranhas aos Evangelhos, que neles não encontram a menor referência, como o da Santíssima Trindade.

Emerge, então, a vetusta construção romana, com raízes nos inigualáveis ensinos cristãos, deles se desviando, contudo, pela soma de erros seculares, pelos interesses materiais e humanos colocados acima dos interesses espirituais, tudo servido pelo orgulho e pela sede de poder dos homens.

Que é, afinal, o dogma?

Na sua acepção original grega e latina significava uma convicção, um pensamento firme.

Posteriormente a palavra passou a significar verdades indiscutíveis de uma doutrina religiosa.

O Dicionário Aurélio o define como "ponto fundamental e indiscutível duma doutrina religiosa, e, por extensão, de qualquer doutrina ou sistema".

A Enciclopédia e Dicionário Internacional W. M. Jackson caracteriza-o como "artigo de crença religiosa ensinado com autoridade e dado como sendo de uma certeza absoluta".

Dentro desses conceitos, a existência de Deus, o Criador incriado, a imortalidade e a comunicabilidade da alma, a reencarnação, a evolução dos seres e tantas outras verdades reveladas são dogmas, no sentido de pontos fundamentais doutrinários, verdades incontestes que nenhum espírita rejeita, sob pena de rejeitar a própria Doutrina.

> "O Espiritismo, pois, não estabelece como princípio absoluto senão o que se acha evidentemente demonstrado, ou o que ressalta logicamente da observação." ("A Gênese", A. Kardec, pág. 44 da 28ª ed. FEB.)

As verdades reveladas pelos Espíritos são, assim, princípios plenamente aceitos pela razão — como, por exemplo, a existência de Deus —, ou por resultarem da percepção de realidades permanentes, como a existência e manifestação do Espírito, no seu estado livre, independente do corpo físico.

Kardec aceita expressamente o dogma no Espiritismo, no sentido de princípio fundamental, quando, no Capítulo V da 2ª Parte de "O Livro dos Espíritos", assim se refere à reencarnação:

> "Não é novo, dizem alguns, **o dogma da reencarnação.**"
> "Portanto, ensinando **o dogma da pluralidade das existências corporais**, os Espíritos renovam uma doutrina que teve origem nas primeiras idades do mundo e que se conservou no íntimo de muitas pessoas, até aos nossos dias." (Grifamos.)

Diga-se de passagem que o Codificador, usando de critério pessoal prudente, apoiado pelos Guias Espirituais dos trabalhos da Codificação em todas as teorias advindas dos Espíritos reveladores, relutou em aceitar a doutrina reencarnacionista, só o fazendo após convencer-se de sua realidade. Portanto, fê-la passar pelo crivo da razão, como era seu método.

É o que ele diz na "Revista Espírita" de 1860, pág. 115 da tradução da Edicel:

> "Foi assim que procedemos com a doutrina da reencarnação, **que não adotamos**, embora vinda dos Espíritos, **senão depois de havermos reconhecido que ela só, e só ela, podia resolver aquilo que nenhuma filosofia jamais havia resolvido**, e isto abstração feita das provas materiais que diariamente dela são dadas, a nós e a muitos outros. Pouco nos importam, pois, os contraditores, ainda que fossem Espíritos." (Grifo nosso.)

Na Questão 171 de "O Livro dos Espíritos" está novamente expressa a referência ao **dogma da reencarnação**, assim como em várias passagens do Diálogo Terceiro, Cap. I, de "O que é o Espiritismo".

A conclusão lógica a que se chega é a de que o Espiritismo, por sua natureza e por seus princípios, não repele o dogma, entendido como princípio fundamental, verdade axiomática, universal, deduzido das revelações divinas, naquilo que não se contrapõe à razão, à lógica e aos fatos.

Mas a Doutrina Espírita não abusa do dogma, não o cria indefinidamente, antes o aceita em sentido estrito, sem se utilizar de autoridade humana, ou como justificativa de imposição de alguma opinião não fundamentada nas realidades permanentes.

Por isso os dogmas do Espiritismo, preferencialmente denominados princípios, ou postulados, fundamentam-se todos nas verdades reveladas progressivamente.

Daí a afimativa de que o Espiritismo não é doutrina dogmática, embora aceite a existência do dogma como verdade universal demonstrada.

O mesmo não ocorre com a doutrina da Igreja Católica Romana e a das Igrejas Reformadas.

Uma parte de seus dogmas tem fundamento nos Evangelhos e, nesses casos, as divergências com o Espiritismo estarão no terreno interpretativo, uma vez que a fonte original é comum.

Entretanto, no decorrer dos séculos, os Concílios, sob a autoridade da Igreja e do Papado, instituído no ano 607, proclamaram dogmas assim impropriamente denominados, baseando-se no seu "magistério infalível".

Para ela, à Igreja infalível cabe com exclusividade a interpretação da Revelação divina, cessada com o último dos apóstolos. Mas ela mesma se excede, ao proclamar dogmas não contemplados nas escrituras, como os da Santíssima Trindade e o da Infalibilidade Papal.

O grande desvio da Igreja não está propriamente na existência de dogmas autênticos, firmados nas escrituras, mas na criação de dogmas impróprios, produtos de opiniões individuais ou coletivas, levadas aos Concílios e daí proclamadas verdades universais pela autoridade "infalível", expressando os mais diferentes interesses.

É o império da dogmática, que se não confunde com o dogma autêntico. Dela têm cuidado os doutores da Igreja, através dos séculos, como parte da teologia.

Repelindo tanto o racionalismo quanto o criticismo, não admitindo as novas revelações ocorridas fora de seu seio, as quais ficaram delimitadas, em seu entender, pelos tempos apostólicos, numa franca oposição ao progresso e à evolução que apontam no sentido de novas verdades, advindas da mesma fonte superior da Espiritualidade, não é de admirar que a Igreja se aferre às armas que lhe garantem o prestígio no mundo. A maior dessas armas é, sem dúvida, a autoridade infalível que se arroga, proporcionando-lhe o domínio de milhões de mentes que lhe são fiéis, diante do estágio evolutivo em que se encontram, tanto no plano físico, quanto no invisível.

Qualquer modificação nesse quadro aparentemente estável, cristalizado no decurso de quase dois milênios, torna-se lenta e difícil.

A teologia dogmática cerca-se de uma exegese exclusivista, fechada, limitada pelo ensino da própria Igreja, uma vez que não admite revelações novas. O resultado foram os dogmas católicos — alguns dos quais absorvidos pela Reforma —, do Juízo Final, do Pecado Original, da Santíssima Trindade, do Inferno e do Purgatório, da Assunção de Nossa Senhora, da Infalibilidade Papal e de tantos outros.

Resumindo: o Espiritismo não é uma doutrina dogmática, embora admita o dogma no seu sentido legítimo e estrito, sem adjetivá-lo, tal como o fez o Codificador. Ao nos referirmos às verdades fundamentais da Doutrina Espírita, reveladas pelos Espíritos Instrutores, ou comprovadas pelos fatos, ou que ressaltam logicamente da observação, preferimos os termos **princípios** ou **postulados**, em lugar de **dogmas**, evitando assim confusões desnecessárias com a dogmática e o dogmatismo das Igrejas tradicionais.

CAPÍTULO 11

ERROS DE ONTEM E DE HOJE

Desde que o Cristianismo se descaracterizou, a partir do IV século, até o irrompimento da Reforma, no século XVI, a Igreja Romana dominou soberanamente as sociedades ocidentais.

Tornou-se detentora de todos os poderes no mundo cristão. Os reis e imperadores, os príncipes e a nobreza, as ciências e as instituições, as letras e as artes, o povo, tudo dela dependia e a ela se submetia. Sua autoridade era incontestável e sua dominação se fazia com mão de ferro, quando falhava a persuasão pela palavra de seus representantes.

O conluio dos poderosos com o sacerdócio organizado tornou-se avassalador, oprimindo o povo por toda a Europa.

A idade média, símbolo do domínio incontrastável por "uma noite de 1000 anos", ainda hoje é recordada pela Igreja como sua época áurea, quando o saber e o poder encerravam-se dentro dos muros das instituições eclesiásticas.

As massas humanas não tinham acesso às Escrituras, explicadas ao povo pelos representantes do clero, sob a forma de uma doutrina cada vez mais dogmática, sob a interpretação "infalível" do Catolicismo.

O zelo pelos fiéis seguidores não excluía a ação permanente visando à total obediência, através dos Tribunais do Santo Ofício, da Inquisição de triste memória, das excomunhões, dos confiscos de bens e das condenações aos sacrifícios corporais e à fogueira, tudo em nome de Deus e do Cristo.

Não obstante o obscurantismo dominante, vicejaram almas de escol, em pequeno número, voltadas para o Cristo e sua doutrina, dedicadas à caridade e à fé, luzes isoladas em meio às trevas espessas.

Os abusos e excessos repetidos no decorrer de séculos gerariam os terríveis males da revolta das consciências subjugadas, do ceticismo, da dúvida e da negação, dos quais ainda hoje parte da Humanidade sofre as conseqüências.

O ideal genuinamente cristão perdeu sua influência generosa sobre as massas, pelos exemplos negativos daqueles que se diziam representantes do Cristo na Terra.

Com o Renascimento, a invenção da Imprensa, os grandes descobrimentos marítimos e a Reforma, começou uma reação poderosa que iria modificar profundamente o vasto panorama de domínio absoluto da Igreja Romana.

A própria Igreja sentiu a necessidade da mudança de costumes. Diversas providências foram tomadas no sentido de combater o descontentamento geral e a revolta, buscando-se evitar a perda de poder. Inácio de Loyola, com a aprovação do Papa Paulo III, organizou, para tal fim, a Companhia de Jesus, passando os jesuítas a combater os opositores e reformistas, por toda parte, como verdadeira tropa de choque.

Entretanto, apesar de conservar parte de seu poder e prestígio, os tempos eram outros e a dominação absoluta terminara.

A partir do século XVI, observa-se a luta titânica das forças conservadoras, procurando reter o domínio e a imposição da Igreja, contra os reformadores, os materialistas, os livre-pensadores e todos aqueles que, aspirando a uma vida melhor neste mundo, ou cultivando a esperança na vida futura, não tinham como aceitar muitos dos dogmas absurdos emanados dos Concílios e dos Papas.

As forças opositoras originaram-se no seio da própria Igreja, como a Reforma, ou nasceram da revolta contra as imposições, os dogmas inaceitáveis, os desvios e os abusos de poder.

Elas promoveram a demolição, sem dúvida necessária, do que se tornara obsoleto, impróprio, verdadeiramente esdrúxulo diante de um mundo socialmente renovado pelo avanço das Ciências, das Artes e do pensamento filosófico.

Do entrechoque colossal restariam intactos, indestrutíveis, pela natureza e procedência, os ensinos do Cristo e a moral evangélica, valores transcendentes que resistem à ignorância e à incompetência dos homens.

Os reformistas incumbiram-se de restaurar a liberdade de exame, estudo e consulta das Escrituras, trazendo os Evangelhos à livre interpretação, desenvolvendo assim o entendimento e a instrução do povo.

Foi um serviço abençoado prestado à liberdade de consciência dos cristãos, subjugada por cerca de doze séculos, em nome da unidade da fé.

A doutrina pregada por Jesus, chegada até nós graças aos Evangelhos, repousa na liberdade de consciência. Sua moral não é imposta arbitrariamente, dependendo do raciocínio e da aceitação do aprendiz, cujo livre-arbítrio é respeitado.

"Onde há o espírito do Senhor, aí há liberdade." (II — Coríntios, 3-17.)

Embora falível, a razão humana se fortifica e se completa no contacto com a fonte divina das revelações.

Pena que os reformistas, retificando tantos desvios da Igreja Romana, incidissem em outros tantos erros teológicos, aceitando parte da bagagem dogmática vinda da Idade Medieval e criando outros dogmas inaceitáveis e deixando, assim, de acompanhar o progresso do pensamento humano e de satisfazer às necessidades e aspirações do homem da atualidade, as quais só com o Consolador prometido seriam atendidas, no meado do século XIX.

A perda do domínio absoluto da Igreja sobre as consciências resultou no fim da "unidade da fé", dividindo-se as sociedades ocidentais em campos opostos e inconciliáveis. De um lado, o Catolicismo, pugnando pela conservação e perpetuação de um passado obscurantista. De outro, uma oposição firme e demolidora, representada pelos reformistas, pelas correntes materialistas e pelas espiritualistas não comprometidas com o jugo de Roma.

Durante mais de três séculos o mundo ocidental assistiu à demolição de um sistema retrógrado, autocrata, contrário ao direito de pensar e de usar a razão.

Nesse longo período de transição, a derrubada de erros e vícios arraigados, na sua ânsia destruidora, deixaria de distinguir, muitas vezes, os valores eternos inconfundíveis. O materialismo nefasto, de múltiplas faces, é o grande responsável pela demolição indiscriminada. Aliando-se à Ciência, influenciou-a negativamente, tornando-a preconceituosa, incapaz de encarar o que está além da matéria.

Após a destruição urgia a reconstrução.

•

O nosso Orbe não se assemelha a um barco à deriva, como se tudo estivesse à matroca. Pelo contrário, existe uma planificação superior, perceptível dentro de uma visão panorâmica iluminada pelas verdades reveladas.

A marcha evolutiva da Humanidade é uma realidade inegável. O progresso material, científico e tecnológico está à vista de todos e resulta em maior parte do esforço intelectual. O progresso moral também é um fato, embora se faça mais lento para a grande maioria das criaturas.

Acontece que o mecanismo de que se utiliza a evolução é extremamente complexo, não dependendo somente do determinismo divino da lei, no sentido do aperfeiçoamento de tudo que existe. Nele interfere também o livre-arbítrio das criaturas, o que complica o processo evolutivo, tornando-o lento, repetitivo, no qual a reencarnação insere-se como um dos meios mais eficazes de retificações individuais e grupais.

À frente da marcha evolutiva da Humanidade terrena está seu Guia e Governador, o Cristo de Deus, executor da Vontade Suprema.

Muitas vezes torna-se necessária a destruição para a retomada da reconstrução, quando os homens, na sua rebeldia, enveredam por ínvios caminhos e persistem no erro e na ignorância, comprometendo o determinismo do progresso no Bem. Mesmo o mal engendrado pelos homens pode ser utilizado como meio eventual de retorno à normalidade e ao equilíbrio.

Léon Denis, referindo-se a S. Paulo, em justificativa aplicável a toda a Humanidade, nos processos educativos, assim se expressa:

"É assim que, em todos os meios, para a educação do homem e desenvolvimento da sua razão, a luz e a sombra, a verdade e o erro se misturam." ("Cristianismo e Espiritismo", pág. 60 da 7ª ed. FEB.)

Toda a reação que se desenvolveu e ainda subsiste contra a dominação exercida de forma autoritária e drástica pela instituição romana teve o mérito de demolir os alicerces de uma sociedade corrompida pelos abusos.

Diante da fé cega, da obediência passiva às regras fixadas, dos erros do sacerdócio, dos dogmas absurdos criados para servir a interesses escusos e de toda a sorte de imposições ao espírito humano, o materialismo encontrou campo fértil para impor-se e penetrar fundo em um organismo social corrompido e enfraquecido pelos enganos e engodos da religião dominante.

Por sua vez, Lutero, o iniciador da Reforma, conhecedor do lado interno da organização romana, apontou-lhe sem receios as fraquezas, a corrupção dos costumes e todas as mazelas do papado.

A Ciência, cerceada e estigmatizada, reagia por seu lado, mostrando o absurdo da negação da verdade, quando esta se mostrava evidente e comprovada por fatos.

Longe ficara o ideal cristão, a missão sublime do Cristianismo de difundir a doutrina do Cristo, como roteiro para a Humanidade na busca da própria felicidade.

Diante do acúmulo de descalabros, perdidos os controles, destruir não se tornou difícil.

Mas, nos Planos Superiores, já estava assinalado o tempo de reconstruir. Obra ingente, difícil, mas absolutamente necessária, eis que o mundo não poderia ficar entregue à dúvida, à negação, ao materialismo ateísta.

A alma humana, despojada da fé, desnorteia-se, desespera-se. Urgia recolocar em seu lugar a esperança no futuro, mostrar a razão de ser da vida, sob formas diferentes, essa vida eterna de que falava Jesus em suas prédicas, desdobrando-se para além da passagem pela Terra.

Chegara a hora de descerrar o grande véu lançado sobre muitos dos ensinos evangélicos, de interpretá-los corretamente, no seu sentido espiritual, de mostrar a grandeza de Deus, seu amor, bondade, justiça e misericórdia, de entender a personalidade de Jesus, o enviado do Pai.

Era também a hora de proclamar a excelência da moral cristã, o caminho para a ascensão e redenção humanas, que sempre pairou acima do emaranhado de preceitos e dogmas arbitrários.

Soara o prometido momento do Consolador, para a reafirmação das grandes verdades e a revelação de coisas novas sobre a natureza do homem, os objetivos da vida, a liberdade individual conjugada à responsabilidade, a pluralidade das existências terrenas e todo o cortejo de princípios e fundamentos de uma doutrina capaz de proporcionar ao homem o conhecimento de si mesmo e o relacionamento estreito entre o mundo das formas e o invisível.

O século do máximo domínio materialista foi justamente o escolhido para a revivência do Cristianismo, com muitos dos ensinos do Cristo retornando sob a nova interpretação dos Espíritos, formando um corpo doutrinário uno e abrangente no qual estão atendidas as reivindicações da verdadeira Ciência, as especulações filosóficas à luz da razão e as bases da religião universal com fulcro na moral evangélica.

Agora, quando as bases da reconstrução estão lançadas, englobando as verdades eternas conhecidas há milênios, conjugadas às novas revelações, formando um todo harmônico, é na mensagem intemporal do Cristo e na sua moral incomparável que repousa a fé raciocinada.

A fonte de onde surgiu o Evangelho continuará inspirando, hoje e no futuro, os mais alevantados ideais que engrandecem e libertam o espírito humano.

•

A Doutrina Espírita, na sua função libertadora e esclarecedora, mostra-nos os erros do passado, responsáveis pelo atraso de legiões de Espíritos que se comprometeram nos desvios dos interesses imediatistas e na indiferença pelos valores verdadeiros.

Entretanto, apesar da clareza de seus princípios, a Doutrina não pode evitar que dentro dos movimentos dela resultantes surjam os adeptos descuidados, que preferem enveredar por um Espiritismo pessoal, identificado na época de Kardec como "Espiritismo independente".

São descuidos nascidos da invigilância, ou do personalismo exagerado, servidos pelo conhecimento de aspectos parciais da Doutrina, mas não de toda a sua abrangência, daí resultando conclusões enganosas a que se aferram tais adeptos, os quais quase sempre se deixam dominar pelo orgulho e pela vaidade, esquecendo-se de cultivar a humildade, fonte de todas as virtudes e de toda elevação moral e intelectual.

Nesse panorama divisionista enquadram-se os esforços e tendências, aparentemente bem articulados, que procuram desvincular o Espiritismo do vero Cristianismo, sob as mais variadas justificativas. Todas as tentativas nesse sentido transformam-se em obra contestatória dos mais nobres ideais que a Humanidade conhece.

Existem exemplos típicos de divisionisno em quase todos os movimentos espiritistas, sendo notório o ocorrido na França, do qual resultou o desaparecimento da União Espírita Francesa e da "Revista Espírita", fundada por Allan Kardec.

Esse triste exemplo, infelizmente, teve eco em alguns movimentos nacionais, até mesmo no Brasil, com pretensões a uma originalidade discutível que extrapola o tríplice aspecto doutrinário.

Cultivar a Doutrina Espírita sem o Evangelho do Cristo será mutilá-la, enfraquecê-la, despi-la de sua força essencial e de sua finalística, afrouxando os laços de fraternidade e solidariedade entre os homens.

Preconizar a moral desvinculada do Evangelho, da Religião em seu sentido mais puro e transcendente, como a entendemos os espíritas-cristãos, será deixar as consciências à mercê das influências materialistas e ateístas, concorrentes com as doutrinas do Catolicismo, Protestantismo, Positivismo e tantas outras.

Alguns espiritistas avessos à idéia religiosa, mas sentindo a necessidade do freio moral norteador da Doutrina Espírita, procuram caracterizá-la como de cunho filosófico e científico tão-somente. Com isso evitam as referências à **Religião**, ao **Cristianismo**, ao **Evangelho**, ao **Cristo**, justificando-se como anticristãos, anti-religiosos etc.

Falam, entretanto, na **moral**, no **altruísmo**, semelhantemente ao posicionamento dos materialistas e positivistas, num vago plano de moralidade sem lógica e sem força persuasiva, desde que não cogitam do Espírito.

Será que, desvinculando-se da moral do Cristo, inserta em toda a obra da Codificação, não estarão esses companheiros dentro de um contexto enganoso que os separa da Doutrina Espírita e os aproxima da corrente materialista?

CAPÍTULO **12**

CRISTIANISMO REDIVIVO

Partindo da fonte pura dos ensinos do Cristo, preservada pelo conjunto dos Evangelhos e aclarada pelas verdades da Nova Revelação, podemos afirmar estar o Cristianismo revivido no Espiritismo.

Toda a força de uma realidade viva, representada na verdade inconfundível encontrada na mensagem do Mestre Incomparável, exsurge límpida e escoimada de qualquer contradição na obra esclarecedora e interpretativa transmitida aos homens pelo Espírito de Verdade e pelas Vozes Reveladoras.

Sentimos a grandeza e transcendência da doutrina de Jesus, cuja fortaleza tem fulcro no amor, na misericórdia, na justiça e no culto do bem, e que no entanto é exposta de forma simples, sem nenhum apelo à representação exterior, senão naquele mínimo necessário ao entendimento das inteligências comuns: a palavra, expressão do pensamento ao alcance do homem normal, mesmo quando recorre o Mestre às parábolas ilustrativas de uma lição mais profunda, ao lado da exemplificação, capaz de fixar o sentido esotérico dos ensinos.

Meditando sobre essa realidade, na qual se constata que a grandeza da idéia prescinde das exterioridades dispensáveis, somos logo conduzidos à comparação entre as coisas simples do Cristianismo primitivo, o pensamento e a pregação de Jesus e de seus primeiros discípulos, dirigidas diretamente às almas, e a complicada estrutura das Igrejas cristãs, complexas organizações humanas que se dizem representantes e sucessoras do Cristo.

Ao que tudo indica, entre as causas dessa antinomia flagrante, explicadas e justificadas de muitas maneiras, uma ressalta, por sua natureza e importância, estreitamente ligada ao ressurgimento da doutrina primitiva do Cristo no Consolador por Ele prometido para o futuro: o Espiritismo.

É que a Igreja Romana, adotando a pompa e o brilho do culto exterior, capaz de impressionar as almas menos exigentes e mais acomodadas às aparências, teria sido impelida pela própria impotência diante da necessidade de justificar, perante a razão humana, sua posição em face das coisas transcendentais.

Perdido o elo de ligação entre o mundo espiritual e os homens, sufocada a mediunidade largamente praticada pelos apóstolos e primeiros cristãos, a Igreja sentia a necessidade de substituir o poderoso instrumento do intercâmbio entre os dois mundos por outras práticas mais seguras, no entender de seus responsáveis.

Os resultados não se fizeram esperar. Pouco a pouco os fenômenos hoje denominados espíritas, de cujos dons o Pentecostes é símbolo inapagável, foram sendo proibidos, até sua total proscrição.

Em contraposição, um ritualismo crescente absorvia muitos dos cultos pagãos, recorrendo-se ao dogmatismo e ao milagre para explicar os mistérios da doutrina nascente.

O contrário ocorre com o Espiritismo. Revivendo muitos séculos depois o Cristianismo, o fenômeno mediúnico é praticado às claras, por ser o intercâmbio com o Invisível uma das leis da Natureza. Deixa de ser "miraculoso" o que está nas leis naturais. Mistério e milagre são palavras necessárias quando há abstração do raciocínio e quando as deduções e a lógica dos fatos levam a caminhos fechados ou a becos sem saídas.

A mensagem espiritual do Cristo, interpretada em espírito, graças ao socorro do Alto, retoma sua real dimensão. Aparecem, então, evidentes, as interpolações, os acréscimos e os desvirtuamentos das palavras do Mestre, numa construção secular eivada de erros acumulados.

Os fatos e fenômenos ocorridos na origem do Cristianismo, como base e reforço de seus ensinos, até mesmo a personalidade do Filho de Deus, são modernamente explicados não como miraculosos, mas como manifestações sujeitas a leis naturais, desconhecidas dos homens mas reveladas pela ciência espírita, gradativamente desenvolvida. Tudo se aclara e se encadeia graças à revelação dos Espíritos, de forma a satisfazer à razão, sem mais necessidade de recorrer-se ao sobrenatural.

Em conseqüência, a força da lógica da novel doutrina, com toda sua clareza e profundidade, dispensa o culto exterior, a representação pomposa de ordem material, os mitos e símbolos e os templos majestosos, para voltar ao império da simplicidade do Cristianismo do Cristo.

Dirigindo-se ao homem — Espírito imortal —, o Cristianismo redivivo procura orientá-lo no conhecimento de si mesmo, de sua natureza, de sua origem e destino, mostrando-lhe que o "reino dos Céus", a vida eterna, não são promessas vãs mas realidades verificáveis por nós mesmos, na sucessão e perenidade de nossas vidas, quando assumimos formas diferentes, sem perecimento de nossa essência.

Entretanto, afora a experiência pessoal a ser colhida fatalmente por cada indivíduo, enquanto permanecemos na vida carnal já poderemos examinar as provas cabais da imortalidade, na continuidade da vida espiritual, oferecendo-as o Espiritismo de forma tangível, sem deixar dúvidas, desde que os mais cépticos, os mais incrédulos, os zombadores e negadores renderam-se à evidência nas experiências memoráveis e convincentes de cientistas como William Crookes, Ernesto Bozzano, Gabriel Delanne, A. Aksakof, A. Erny, De Rochas, César Lombroso e centenas de outros nomes respeitáveis, experiências que hoje se repetem por toda parte, onde o homem não se deixe limitar pela miopia intelectual imposta pelo materialismo.

Assim, surge modernamente a Religião do Espírito, apoiando-se nas verdades de todos os tempos, nos ensinos do Cristo, o mais alto código moral da vida, como nas velhas doutrinas do Oriente sobre a reencarnação; no novo conceito de Deus, libertado dos prejuízos antropomórficos de filosofias e religiões limitativas de sua grandeza infinita, como nas verdades da imortalidade e comunicabilidade da alma, demonstradas cientificamente para quem o desejar; no progresso incessante, a que tudo se submete, e na necessidade do esforço individual no bem, como condição para alcançar a felicidade.

Sobre tais fundamentos, a Religião, bela, consoladora, esclarecedora e libertadora, não se sujeita ao dogmatismo aniquilador, uma vez que suas verdades se evidenciam na medida do esforço de cada um para esclarecer-se, fortalece a fé, assentada na razão e no conhecimento e responde às dúvidas do pensamento filosófico.

O império da Religião do Espírito, iniciando uma nova era, modificará, sem dúvida, o conceito de civilização.

Até aqui se têm considerado civilizados os povos que se distinguem por suas conquistas no campo material. As aventuras guerreiras engrandeceram os conquistadores; as imposições aos mais fracos enalteceram os fortes; o direito não subsiste sem a força. A grandeza material caracteriza as civilizações humanas, que não passam contudo de civilizações incompletas, estados transitórios sujeitos a períodos de progresso e de decadência.

A verdadeira civilização será reconhecida pelo progresso moral das criaturas. Não basta o progresso material, científico, o bem-estar e a riqueza individual e coletiva.

Como observa Kardec, de duas nações que tenham alcançado o ápice social, a mais civilizada será aquela cujos hábitos sejam mais intelectuais e morais que materiais; onde a liberdade seja cultivada para proveito das inteligências; onde haja mais bondade, boa-fé e generosidade nos corações; onde as leis não consagrem privilégios injustos; onde a justiça seja mais imparcial e equânime; onde o homem seja respeitado nas suas idéias e crenças; onde a cada um seja assegurado o amparo dos demais e a certeza de não lhe faltar o necessário à alimentação, à saúde, à educação e os meios de contribuir para o bem de todos. ("O Livro dos Espíritos", Questão 793.)

A futura civilização do Espírito aproveitará, por certo, todo o progresso das ciências aplicado na transformação material. Mas o que a distinguirá verdadeiramente será o cunho moral presidindo as instituições, servidas por criaturas transformadas pela educação, que não sejam dominadas pelas paixões oriundas do egoísmo e do orgulho.

Nessa obra ciclópica, a Doutrina dos Espíritos terá papel saliente e intransferível, primeiramente pelos novos conhecimentos a respeito do homem que traz à Humanidade, depois pela base moral que imprimirá nas relações humanas, fundamentada no Evangelho, na nova interpretação da Terceira Revelação e, finalmente, pela renovação das leis, dos costumes e de todo o sistema reeducativo, com reflexos em todas as instituições humanas.

Este fim de século e de milênio apresenta-se com todos os sinais característicos de fim de ciclo e transição para nova era. Usos e costumes sociais apresentam-se contundentes, no seu existencialismo sufocante, onde o objeto e o fim da existência são resumidos no gozo, prazeres e bem-estar através dos sentidos. Uma consciência materialista invade os domínios das religiões, neutralizando seus esforços no sentido de impor seus ensinos morais. Uma insensibilidade generalizada resulta nos crimes mais variados contra as pessoas e contra as instituições. A corrupção tornou-se comum nos organismos destinados a servir às sociedades humanas. A luta de classes sociais não respeita os limites impostos pelos direitos tradicionalmente consagrados. O crime organizado desafia os poderes constituídos, armando-se para as guerrilhas urbanas e os assaltos internacionais, sem o menor respeito à própria vida e à dos seus semelhantes.

Paira a indagação de todos nós, observadores perplexos diante de tanta insensibilidade, movida pelo egoísmo humano exacerbado atingindo às raias da loucura: até onde chegará essa imensa chaga que alcança todas as coletividades, essa imoralidade crescente envolvendo as próprias crianças e adolescentes, como protagonistas e vítimas?

Nosso refúgio é a Doutrina Espírita, que não só explica as razões de tantos sofrimentos e incompreensões, como aponta suas complexas causas, de origem individual e coletiva, já que a Terra é, a um só tempo, escola de aperfeiçoamento para uns e campo de expiações e provas para outros.

Quando a grande maioria aprender e entender que todos estamos subordinados a leis justas e equânimes e que ninguém foge às conseqüências de suas ações, que o homem é um Espírito eterno, continuando sua trajetória após o túmulo e voltando a viver neste mesmo mundo de aprendizado e resgates, onde os papéis individuais podem ser invertidos; quando entender, pela instrução e educação espíritas que toda injustiça e maldade praticadas contra os semelhantes deverão ser reparadas, à custa de sacrifícios, renúncias e dores, então haverá motivação e interesse em cada qual instruir-se e reeducar-se para a prática da fraternidade e da solidariedade, como caminho natural da felicidade individual e da paz social.

Estamos convencidos de que somente uma doutrina abrangente e generosa, como a Doutrina dos Espíritos, revivendo o Cristianismo, depois de tantas tentativas fracassadas de teorias sociais e de escolas filosóficas e religiosas de buscar a realização das aspirações e ideais humanos, será capaz de dar ao homem sofredor, renovado pela esperança, a visão de um mundo novo de justiça e de eqüidade, de amor e de compreensão, onde as instituições funcionem em prol do bem de todos, harmoniosamente, porque então a ignorância das verdades essenciais estará superada e o egoísmo estará sendo dominado.

Em determinadas esquinas da História da Humanidade, quando se agravam os sofrimentos humanos e se relaxam as virtudes individuais e coletivas, asfixiadas pela dissolução de costumes e pela decadência moral, o Alto vem em socorro, trazendo novas idéias generosas que promovem a renovação e revivem verdades relegadas ao esquecimento. Nunca se faz completa a noite no mundo. O fogo sagrado extingue-se aqui, mas reacende-se noutra parte.

Surgem então trabalhadores dispostos, Espíritos vanguardeiros a incentivar as massas desiludidas, fazendo desencadear movimentos renovadores e progressistas, reacendendo esperanças.

Temos exemplos desses surtos, quais vendavais irresistíveis, no surgimento do Cristianismo, na Renascença, na Revolução Francesa e na Codificação Espírita, para só citar alguns.

Aparecendo em momento particularmente difícil para a Humanidade, empolgada pelos movimentos de cunho materialista do século passado, dominantes nas ciências, na política, na economia e, conseqüentemente, em toda a organização social, a Doutrina Espírita aglutinou em esplêndida síntese velhas e novas verdades, ajustando-as em um corpo doutrinário unitário, granítico, esclarecedor e libertador, capaz de responder a todas as arremetidas da ignorância, do comodismo, do preconceito científico e religioso, do egoísmo e da maldade de todas as forças que retêm o homem na indiferença e no atraso.

É enorme a responsabilidade dos espíritas, diante desse extraordinário instrumental colocado em suas mãos.

CAPÍTULO **13**

INCREDULIDADE E CRENDICES

Há homens que confundem sua limitada ciência com os limites do conhecimento. Idéias novas ou fatos desconhecidos são repelidos para não perturbarem seus juízos e percepções. Para eles a inegável e contínua expansão da experiência do homem permanece à margem de suas cogitações, porque se agarram a um **status** aparentemente imutável.

A pesquisa da verdade e a revelação de coisas novas sempre contrariam e desagradam a muitas criaturas. Cumpre-nos, os de espírito aberto, os de boa-vontade, os otimistas, aprender a conviver com os eternos negativistas, incrédulos que não querem ver, aceitá-los como são e recomendá-los à Misericórdia Divina.

Mesmo sabendo-se que interesses cegos resistem ao progresso, na medida das paixões humanas, a luz da verdade avança sempre, iluminando celeremente os que não a temem e mais tardiamente os que lhe voltam as costas.

Embora com a aparência de paradoxo, muitos Espíritos perspicazes e cultos em determinados departamentos do saber na Terra são profundamente obtusos e ignorantes em questões de ordem transcendente, quando não é bastante a aplicação da inteligência, mas torna-se imprescindível certo amadurecimento espiritual.

Na história de todas as ciências cultivadas no mundo, encontramos exemplos negativistas daqueles que não admitem a existência senão do que conhecem, do que dominam, do que está assente em suas concepções. Negam as verdades novas pelo fato de estarem além do alcance de suas percepções. Negam os próprios fatos, preferindo explicações fantasiosas e supersticiosas à realidade evidente.

No que tange ao Espiritismo, desde a primeira clarinada do Mundo Invisível os negadores tomaram posição contrária a todas as evidências e demonstrações dos seres espirituais, à semelhança do que vem ocorrendo com a aceitação de todas as idéias novas.

Entretanto, não é de se estranhar a incompreensão e a má-vontade para com a novel Doutrina, quando a História relata que Sócrates foi condenado e obrigado a beber a cicuta, por oferecer a seus contemporâneos um novo pensamento a respeito do homem e da Divindade, resumido na divisa "Conhece-te a ti mesmo", em oposição às errôneas suposições de seu tempo; que Galileu Galilei foi perseguido por revelar nova verdade relativa ao Sol e ao nosso Planeta; que Lavoisier encontrou forte oposição na Academia das Ciências da França, ao anunciar a composição do ar; e Galvani foi ridicularizado por sábios e ignorantes, como o mestre da dança das rãs, quando revelou uma nova força natural; o mesmo aconteceu a Harvey, ao anunciar a circulação do sangue, sendo objeto de zombarias na Faculdade de Medicina de Paris. Poderíamos enumerar uma infinidade de exemplos semelhantes, mas preferimos nos valer da fina ironia com que Eugène Nus (*) se refere a todos os retardatários que, no presente e no futuro, procedem de forma semelhante diante das novas verdades, inscrevendo seus nomes entre os opositores do progresso.

Diz ele na dedicatória de sua obra "Choses de l'Autre Monde", transcrita por C. Flammarion em "O Desconhecido e os Problemas Psíquicos", vol. I, 3ª ed. FEB:

"Aos manes dos sábios, brevetados, patenteados, enfeitados, condecorados e enterrados que repeliram
a rotação da Terra,
os meteoritos,
o galvanismo,
a circulação do sangue,
a vacina,
a ondulação da luz,
o pára-raios,
a daguerreotipia,
o vapor
a hélice,
os paquetes,
os caminhos de ferro,
a iluminação a gás,
o magnetismo,
e o resto;
aos que, vivos e por nascer, fazem o mesmo, no presente
e o mesmo no futuro hão de fazer."

(*) Jean-Baptiste-Eugène Nus, escritor e filósofo, poeta e pioneiro espírita, contemporâneo de Allan Kardec, amigo de Camille Flammarion, falecido em janeiro de 1894, aos 78 anos de idade. (Ref. às págs. 25, 30, 208, 219, 220, 358 e 359 da obra "Allan Kardec", vol. III, de Z. Wantuil e F. Thiesen.)

Na referência sutil e verdadeira ficou registrado um dos fenômenos mais intrigantes que se passa no íntimo de determinadas criaturas, por vezes inteligentes e cultas, que se aferram a suas convicções, sem darem margem a que a própria razão possa indicar-lhes mudança de rumo, no sentido da verdade.

Com isso, o pensamento filosófico, o princípio novo aplicável à indústria ou às artes, o ensinamento transcendental, a revelação superior, qualquer idéia considerada nova, encontram barreira intransponível e são combatidos tenazmente por esses opositores, sem mesmo penetrar-lhes o conteúdo, a vantagem, o que apresentam de superior e belo.

O fenômeno é de todos os tempos porque está ligado a uma das faces da natureza humana, aquela que detesta as novidades capazes de colocar em risco o estável, o assente, o dominante.

Os equívocos e ambigüidades patrocinados pela ignorância daquilo que se discute e se condena, sem lhe penetrar a essência, são muito comuns, infelizmente.

Muitos adotam uma postura íntima de oposição a determinada idéia, doutrina ou princípio, sem a menor preocupação de estudá-los ou de compreendê-los devidamente, o que até poderia servir de base segura para sua posição. A preocupação predominante é a da oposição a qualquer título e a qualquer preço, usando-se qualquer método ao alcance.

Daí ser tão comum combater o que não se conhece, por puro interesse ou preconceito, ou ainda por espírito de imitação a terceiros opositores.

Esta é uma forma comum de desrespeito a si mesmo, de falta de fidelidade à própria consciência.

•

Com Augusto Comte, o fundador do Positivismo, a Ciência, já então profundamente influenciada pelo materialismo, foi induzida a só admitir o testemunho dos sentidos físicos, abstraindo-se das percepções extra-sensoriais. Para ele, não deve ser objeto de cogitação o que considera incognoscível.

Esse posicionamento, profundamente prejudicial aos interesses do Espírito, é responsável, em grande parte, pelo preconceito científico a respeito de tudo que não se insere no campo material e, conseqüentemente, pelo atraso do conhecimento científico sobre o Mundo Espiritual e seus desdobramentos, o que coloca a ciência da Terra fora da realidade imanente.

Muito lentamente e a contragosto da maioria dos cientistas, vai a Ciência superando a influência tradicional e perniciosa do materialismo e do Positivismo, premida pelas manifestações irrefreáveis da realidade espiritual, que estão além do domínio dos sentidos físicos.

O império dos sentidos físicos, por suas naturais limitações, é sumamente enganoso, uma vez que realidade e sensação são coisas distintas.

Daí não ser prudente nem realística a postura da filosofia positivista, nem confiável, ilimitadamente, o testemunho dos nossos sentidos.

Constitui erro grave, no qual incidiram grandes cientistas e homens de pensamento, reduzir o conhecimento humano a limite preconcebido, o que corresponde a determinar à Ciência a estreiteza de um círculo.

Ao revés, precisamos ter presente que as aquisições intelectuais têm as dimensões do Universo, são infinitas, restando ao Espírito sempre novas conquistas. O progresso é constante e infinito, embora, em nosso estágio evolutivo, nos seja difícil essa compreensão.

O incógnito de ontem é a verdade de hoje ou de amanhã. Quantas vezes o desconhecido se tem transformado em esplêndidas realidades!

Antes de Colombo, os continentes ocidentais eram os grandes desconhecidos.

Antes de Copérnico, entendia-se a Terra como o centro do Universo, com o Sol a mover-se ao seu redor.

Apesar de sua aparente insignificância histórica, o nascente Cristianismo marcou uma nova era para a Humanidade.

Somente com a Revelação Espírita desvenda-se o grande mistério da vida nos mundos espirituais.

Entretanto, antes de se firmarem essas novas verdades, como de resto todas as idéias novas, enormes dificuldades lhes foram opostas, por homens sábios e ignorantes, lutas inglórias foram travadas, perseguições se desencadearam.

No que concerne ao Espiritismo, crescem as dificuldades à sua aceitação, pela profunda inovação que traz à concepção da vida, contrariando interesses de antigas religiões e filosofias dominantes no mundo.

Na realidade constitui-se a Doutrina Espírita no maior adversário do materialismo envolvente das múltiplas atividades humanas e bastaria essa oposição para lhe granjear a mais tenaz resistência por parte de enorme contingente de criaturas dominadas pelos mais diferentes interesses de ordem material.

Mas, de outro lado, embora seja a Doutrina Espírita um aliado natural das doutrinas espiritualistas, pela valiosa contribuição que traz à elucidação de inúmeros problemas relacionados com a vida do Espírito, paradoxalmente é ela combatida pelas religiões tradicionais, por se verem ameaçadas em seus sistemas e interesses imediatistas, decorrentes de crendices, superstições, dogmas e culto exterior, apontados pela Nova Revelação como prejudiciais à verdadeira fé.

Apegando-se ao mistério e ao sobrenatural, muitas das doutinas espiritualistas combatem o Espiritismo por mostrar ele que o sobrenatural, o maravilhoso, o extraordinário são apenas fatos e fenômenos regidos pela lei natural, antes desconhecida.

Nem se dão conta algumas doutrinas cristãs, no seu exclusivismo dogmático, de que o Espiritismo assenta toda sua ética e doutrina moral nos Evangelhos, em interpretação lógica e condizente com a mensagem de vida eterna do Cristo, dirigida ao Espírito, escoimada das contradições decorrentes de erros humanos.

Assim, o progresso das luzes não se coaduna nem com a incredulidade sistemática, de que é paradigma o materialismo insensato e insustentável, nem com a credulidade desprovida de bom senso, razão e equilíbrio, agasalhando crendices e superstições, transformadas pela tradição em artigos de fé, como acontece no seio de diversas religiões.

Na sustentação da verdadeira fé, que se transforma em certeza, torna-se imperioso encontrar o necessário equilíbrio entre os extremos da fácil e ingênua credulidade e do negativismo falto de senso, o que somente as criaturas despertas, sem preconceitos, conseguem, através de estudo sério, exame acurado das questões, oração, trabalho e vigilância permanentes.

A nós, espíritas, cumpre mantermo-nos em guarda, cultivando a fé raciocinada, buscando a verdade permanentemente com espírito aberto, repelindo as crendices e puerilidades, os erros e mentiras, tão prejudiciais quanto a incredulidade absurda.

CAPÍTULO **14**

EXPIAÇÕES COLETIVAS

Sob o título **Questões e problemas,** em "Obras Póstumas", Primeira Parte, as expiações coletivas são questionadas pelo Codificador do Espiritismo, sob o argumento de que, diante da Doutrina dos Espíritos, são explicadas perfeitamente as causas dos sofrimentos individuais, como conseqüências das faltas cometidas no passado; mas, uma vez que cada um é responsável pelas próprias faltas, não se explicam satisfatoriamente as desgraças coletivas atingindo aglomerações de indivíduos, às vezes uma família inteira, toda uma cidade ou nação, abatendo-se tanto sobre os bons como sobre os maus, assim sobre inocentes como sobre culpados.

A resposta obtida do Espírito Clélia Duplantier é muito elucidativa, considerando-a Kardec como "uma idéia de certo modo nova e de grande importância" pela distinção que estabelece entre responsabilidade de faltas individuais e coletivas, decorrentes das da vida privada e da vida pública.

Está explícito na comunicação que o mesmo princípio aplicável a cada indivíduo estende-se às coletividades. Uma família, uma nação ou uma raça formam as individualidades coletivas.

A noção de pessoa, reconhecida pela ordem jurídica, facilita-nos o entendimento das responsabilidades individuais e coletivas. Não somente o homem é pessoa, no sentido jurídico, capaz de direitos e obrigações, como entidade física ou natural. Também são pessoas certas criações ou entidades sociais personalizadas, denominadas pessoas jurídicas, geralmente congregando número indeterminado de pessoas físicas.

Uma instituição, uma cidade, uma nação, entidades coletivas contraem responsabilidades agindo como individualidades coletivas, respondendo por seus atos e pelas conseqüencias deles.

Assim, não se torna difícil entender que as expiações coletivas são os resgates de ações anteriores praticadas em conjunto pelo grupo envolvido.

Talvez o mais difícil seja compreender os mecanismos das leis divinas através dos quais se manifesta sua Justiça, diferenciando as responsabilidades individuais das do grupo, como um todo. Pode haver resgates comuns, solidários, do ente coletivo, sem prejuízo das expiações simultâneas de faltas individuais.

•

Haverá procedência na observação de que as desgraças coletivas são injustas, por atingir culpados e inocentes?

Via de regra, nosso julgamento não é seguro, por quanto partimos de observações parciais, sem profundo conhecimento de causa.

Tomamos conhecimento dos fatos da vida atual de um homem, do seu caráter, da sua infância, dos seus afazeres e de sua conduta. Chegamos à conclusão de se tratar, por exemplo, de um bom cidadão, digno, trabalhador e cumpridor de seus deveres. Se esse indivíduo é vitima de um desastre coletivo, perecendo em circunstâncias dolorosas, junto com muitos outros, como ocorre comumente, pode ficar a impressão de que foi vítima inocente do destino ou do acaso. Entretanto, à luz da Doutrina Espírita, sabemos que a vida do Espírito não se resume na atual existência, que aquele indivíduo vem de inúmeras vidas pretéritas, no decorrer das quais construiu sua atual personalidade, com seus méritos e imperfeições, e que sua responsabilidade por algum desvio cometido no passado remoto não cessa enquanto não devidamente quitado.

Dentro dos princípios da Doutrina, especialmente com a chave da reencarnação e da lei de causa e efeito, conjugadas com o pressuposto de que a Justiça Divina é equânime, misericordiosa e infalível, a conclusão lógica será bem diversa, muito embora não tenhamos presentes os pormenores das vivências passadas de cada alma.

Ainda se pode acrescentar, como regra geral, conforme revelações dos Espíritos, que os grupos se reúnem na Terra para tarefas ou missões comuns, assim como são reunidos, em outras épocas e circunstâncias, para purgar faltas cometidas em conjunto, solidariamente. Assim, o inocente de hoje pode estar respondendo por seus atos de ontem, como culpado. A culpa, a falta, o débito podem corresponder ao indivíduo, isoladamente, ou ao grupo de que faça parte como membro de uma família, uma instituição, povo ou raça.

A Providência Divina tem meios e formas para determinar os reencontros, o reinício de tarefas, os resgates, tanto no plano individual quanto no coletivo, em processos complexos que nos escapam à percepção, nos seus múltiplos aspectos, deixando-nos perceber apenas algumas correlações.

•

Questão interessante consiste em saber se, dentro de certa coletividade, com objetivos determinados, dentre os quais se inserem transgressões à Lei Natural ou Divina, todos os seus componentes são responsáveis solidariamente ou se os que se opõem às transgressões são excluídos da responsabilidade coletiva.

É intuitivo que o mesmo princípio de justiça no plano individual vai determinar a exclusão da responsabilidade no plano coletivo. A Lei Divina possui meios de seleção e exclusão de responsabilidades, desde que, por sua natureza e definição, é um mecanismo perfeito, não deixando impunes as faltas, sem contudo exigir o indébito.

Vamos focalizar um exemplo vivo, para melhor entendimento da norma.

A escravatura negra foi, no Brasil, durante cerca de três séculos, uma instituição oficial, uma mancha social da qual resultaram efeitos morais e espirituais. A nação, como um todo, arca com as conseqüências da organização social do passado. Na colheita dos resultados haverá os mais culpados e os de menor culpa, de conformidade com os próprios atos individualmente praticados. A culpabilidade de um senhor de escravos desalmado e insensível será maior do que a de um outro que, embora aceitando a escravidão e dela tirando proveitos pessoais, tratava seus escravos com bondade e compreensão. O mal é sempre o mal, mas comporta gradações conforme os meios de que o homem dispõe para compreendê-lo. A culpabilidade é, pois, relativa.

Dentro desse mesmo raciocínio, torna-se evidente que nem tosos os habitantes do Brasil colonial e imperial foram responsáveis pela prática da escravatura, quando é sabido que muitos se opuseram a essa instituição milenar, e, por suas vontades, a situação social brasileira teria sido modificada muito antes da Lei Áurea.

Outro fato elucidativo que vamos buscar na História do Brasil é a Guerra do Paraguai, que acarretou conseqüências dolorosas nos dois países. A guerra, por mais justificável que seja no entender dos homens, produz sérios resultados materiais e espirituais a se refletirem no futuro dos povos e indivíduos nela empenhados.

O Paraguai, como país de menores recursos humanos e materiais, arcou com sofrimentos e dificuldades muito pesados para uma pequena nação, no século passado.

Mais de um século após aquele triste acontecimento, os governos dos dois antigos beligerantes uniram-se em um tratado que honra os dois povos, proporcionando a construção da maior usina hidroelétrica do mundo, que irá possibilitar enorme progresso às populações dos dois países, com considerável vantagem para o Paraguai, uma vez que o empreendimento foi custeado na sua quase totalidade pelo povo brasileiro.

Vemos no fato uma espécie de ressarcimento de débito do passado, sob a forma de compreensão, cooperação e realizações positivas e justas.

As ações coletivas, das quais as guerras são exemplos negativos, caracterizam-se pela solidariedade entre seus responsáveis. Delas resulta um laço social poderoso, unindo no presente, no passado e no futuro todos os seus co-responsáveis.

•

O renascimento dos indivíduos no mesmo meio, na mesma nação e na mesma raça, quer por simpatia, quer para continuação de trabalhos e estudos antes encetados, é, na opinião de Kardec, o fator capaz de explicar o caráter distintivo de cada povo ou raça.

Realmente, se a coletividade é a resultante da soma dos característicos individuais e se as individualidades são repetidas através das reencarnações sucessivas, a nação ou a raça acaba por fixar certos caracteres distintivos, o que se poderia denominar de matiz primário, transformável, sem dúvida, pela lei do progresso, mas muito lentamente.

O fenômeno pode ser observado, com relativa facilidade, no velho continente europeu, dividido em diversas nações e povos, cada qual com suas particularidades distintas inconfundíveis.

Para comprovação da influência do progresso também incidente, como lei geral, bastaria comparar os característicos do povo do Império Romano do Ocidente — os antigos romanos—com os do atual povo italiano, ambos ocupando o mesmo território, através de muitos séculos, sofrendo a influência poderosa do progresso, a ponto de transformar distintivos básicos coletivos.

•

E a lei de talião — "olho por olho, dente por dente" —aplicar-se-á somente aos indivíduos ou também às coletividades?

O velho princípio da justiça infalível, conhecido desde a era anterior ao Cristo, assim como a fórmula evangélica — "quem com ferro fere, com ferro será ferido" — aplica-se tanto aos indivíduos quanto às coletividades.

Os excessos praticados pela França de Napoleão Bonaparte, levando a guerra e a humilhação a outros povos, geraram a humilhação francesa de 1870, diante da Alemanha de Bismarck.

As conquistas romanas feitas a ferro e fogo desencadearam séculos depois as invasões dos chamados povos bárbaros, com a queda do colosso romano do Ocidente.

A História mostra inúmeros exemplos de expiações coletivas, fatos comuns em nosso mundo. E há lógica na constatação, desde que se atente na circunstância de que os mesmos personagens estão nas geratrizes dos acontecimentos e ações e posteriormente na colheita das conseqüências.

No tocante aos cenários terrestres dos acontecimentos, nem sempre são os mesmos na réplica. Visa a lei, antes de tudo, a que os Espíritos quitem suas faltas.

Relata Humberto de Campos (Espírito), em "Brasil, Coração do Mundo, Pátria do Evangelho", que Ismael, o Anjo Protetor do Brasil, autorizado pelo Cristo, fez uma visita a determinada região espiritual inferior, próxima à Terra, onde se grupavam muitas entidades sofredoras. Eram antigos batalhadores das Cruzadas, senhores feudais da Idade Média, inquisidores, Espíritos rebeldes e revoltados, enfim, uma coletividade sofredora oriunda de diferentes atividades em passadas encarnações que aspirava a nova oportunidade onde pudesse demonstrar seu arrependimento e desejo de trabalho.

Ismael acena-lhes com essa oportunidade, informando-os de que o Cristo ouvira-lhes as súplicas e lhes oferecia novo ensejo de labor e edificação. Fala-lhes de uma nova Terra, onde se deveria edificar o Evangelho. Todos os que desejassem purgar suas faltas poderiam inscrever-se sob o pálio de "Deus, Cristo e Caridade", onde encontrariam uma nova esperança, com trabalho e sacrifício.

Observou então que grandes levas, falanges imensas de Espíritos pobres de humildade, prepotentes de ontem, inscreveram-se para a reencarnação em nações africanas.

Esses seres reencarnados foram posteriormente transferidos ao Brasil colonial, enquanto muitos outros renasciam aqui mesmo, formando o grande contingente de escravos negros, que haveriam de constituir uma das forças da jovem nacionalidade.

Ao mesmo tempo que resgatavam faltas passadas, com sua abnegação, trabalho rude e constante, sofrimentos inenarráveis, contribuíram decisivamente para o progresso da Pátria do Cruzeiro.

Muitos se transformaram, através de novas reencarnações, em estadistas, escritores, médicos e artistas.

•

O estudo das expiações coletivas, como as entende o Espiritismo, não deve ser encarado como mera curiosidade doutrinária. É conhecimento importante, como todo conhecimento espírita, para que os homens, as nações e todas as entidades coletivas possam conscientizar-se da importância da solidariedade e da fraternidade.

Fraternidade e solidariedade não são simples deveres sociais imediatos, sem maiores conseqüências. Ao contrário, geram nas coletividades efeitos futuros benéficos, tanto quanto o egoísmo, o orgulho, a imprudência e seus consectários produzem responsabilidades, tudo em função de leis justas que se impõem cedo ou tarde.

Para o Espiritismo, as coletividades estão sujeitas a leis superiores, interligando passado, presente e futuro.

Por isso, a paz, a justiça, a harmonia e a solidariedade entre povos e nações devem ser preocupação permanente de todos.

Diante dessas colocações, preocupa-nos o fato de se ocuparem determinados setores da sociedade brasileira com a fabricação e exportação de armas para governos e povos estrangeiros.

O Brasil é suficientemente dotado de inúmeras riquezas naturais. Seu povo é de índole pacífica e seu destino é o da fraternização com todos os povos.

Insuflar a guerra, por qualquer forma, e até dela tirar vantagem momentânea, com a exportação de armas, é erro grave a gerar, sem dúvida, conseqüências dolorosas.

CAPÍTULO **15**

QUESTÕES SOCIAIS

A realidade do mundo em que vivemos mostra contrastes extremos, capazes de chocar corações altruístas.

As diferenças sociais entre as criaturas não são exclusivas de nossa época. Velhas civilizações conviveram com as castas. A escravidão humana foi um dos pilares dos mais florescentes impérios da Antiguidade.

Apesar de abomináveis tanto a divisão da sociedade em castas quanto a escravidão, os brasileiros, dentre outros povos, conviveram com a escravatura negra até há menos de um século, enquanto que os indianos continuam a tolerar uma organização social incompreensível à consciência Ocidental.

Países do chamado "terceiro mundo", em todas as latitudes do Planeta, apresentam quadros de miséria e de carências que estão à vista de todos. Mas também os países ricos têm seus problemas peculiares. Nestes, nem todos os indivíduos possuem facilidades econômicas, o problema do desemprego é constante, a organização social depara-se ora com o terrível preconceito racial, ora com a intolerância política ou religiosa.

Portanto, por toda parte é grande o cortejo de sofrimentos físicos e torturas morais.

Caberia então a pergunta: Qual o país cujo povo é verdadeiramente feliz, isento de problemas materiais ou espirituais?

Chegaríamos à conclusão de que cada nação, grupo ou indivíduo convive com suas dificuldades, independentemente da organização política e social, da maior ou menor capacidade econômica de cada qual.

Nesse ligeiro relance sentimos quanto segura e correta é a Doutrina dos Espíritos ao classificar a Terra como mundo de "expiações e provas".

De fato, a natureza do nosso mundo corresponde à necessidade de uma larga faixa de Espíritos imperfeitos passar por um estado expiatório, através de múltiplas experiências, das quais emergirão redimidos ou emigrarão para outros orbes de sofrimento.

A lei de causa e efeito, atuando sempre, queira ou não o homem, conheça-a ou não, vale-se das diferenças sociais como parte de um complexo mecanismo, apropriado à evolução dos seres.

O conhecimento da Doutrina Espírita permite-nos perceber o aproveitamento das organizações sociais humanas, pela Divina Providência, no processo evolutivo dos indivíduos e das coletividades. Seja qual for o sistema geopolítico, social e econômico dominante em qualquer parte do mundo, atualmente polarizado entre os regimes capitalistas e socialistas, o Espírito encarnado sempre encontra os meios e formas de realizar seu progresso, através de múltiplas experiências.

A Alta Direção do Planeta, diante das diferentes ordens sociais humanas, delas se vale para o cumprimento da Lei Divina do progresso individual e social.

Em princípio, não são as organizações sociais os obstáculos maiores à evolução individual e coletiva. O progresso do Espírito não se atém a um determinado aspecto. Deve realizar-se sob muitas faces e, nesse caso, as diferentes classes sociais, conjugadas às múltiplas existências na carne, proporcionam ao ser a passagem por provas e experiências as mais variadas, necessárias ao adiantamento espiritual.

É rica a literatura espírita em informações sobre a reencarnação, sabendo-se que em muitas situações o próprio reencarnante, quando já possui méritos suficientes, participa da escolha de seu futuro ambiente social, condições de seu futuro corpo físico, meio familiar, provas a vencer etc.

Em outras muitas hipóteses, talvez em maioria, a escolha deixa de ser feita pelo reencarnante, por falta de condições para tal, cabendo à Providência, através dos Executores das Leis Divinas, o suprimento da liberdade relativa de escolha, encaminhando grandes levas de Espíritos a vivências apropriadas às necessidades de cada um.

Almas de certo grau evolutivo, conscientes de suas necessidades espirituais, não se deixam dominar pela preocupação obsessiva com as diferenças sociais e com as aparentes injustiças delas resultantes, justamente por compreenderem que a Lei Maior é infalível e equânime. As situações individuais no mundo dos encarnados são sempre passageiras. Também a ordem social, por mais estável que pareça ser, nunca é definitiva, transformando-se e evoluindo no tempo.

Quantos Espíritos valorosos fizeram avanços notáveis, moral e intelectualmente, na condição de escravos?

Quantos outros se redimiram, labutando anonimamente nas mais diferentes e desfavorecidas classes sociais?

Que é feito do feudalismo medieval, do absolutismo dos reis e potentados?

Paulatinamente, após predomínio de séculos, o progresso inexorável dos indivíduos e das coletividades pôs fim a tais sistemas, transformados em fatos históricos, períodos de transição, tão-somente, na infindável caminhada da Humanidade.

•

Na atualidade, apesar do enorme progresso material, do avanço da Ciência e da Tecnologia, nosso Orbe continua na condição de mundo de provas e expiações. Ainda não houve suficiente progresso moral da maior parte de sua população que autorize mudança nessa classificação. A predominância do egoísmo e da ignorância, no que se refere às coisas espirituais, é o grande entrave na conquista de um novo estágio evolutivo, retendo-nos a todos nas dores materiais e morais do processo de crescimento.

Entrementes, multiplicou-se a população terrestre de encarnados, numa explosão vertiginosa. Problemas antes inexistentes são hoje desafios permanentes, ameaçando as gerações do futuro. Detemo-nos especialmente na questão ecológica, agravada pela irresponsabilidade e ignorância dos homens, e na constante ameaça de destruição da civilização terrestre, pela guerra total, obra do anticristo, a se valer do orgulho humano sem limites.

Poderíamos enumerar diversos outros desafios, que atingem as populações de diferentes regiões do Globo, tais a fome, a doença, a falta de habitações condignas, o terrorismo, o crescimento incontrolável das megalópoles, o desemprego, a violência física e espiritual, manifestando-se nos crimes contra a vida, desde antes do nascimento.

A generalidade dessa problemática atinge o homem, de alguma forma, independentemente de sua posição social. Uma boa condição econômica individual, por exemplo, pode proporcionar boa alimentação e bem-estar físico a seu detentor, mas como se sentirá uma alma sensível e fraterna, sabendo que, embora possa facilmente satisfazer suas necessidades e gostos pessoais, muitos irmãos seus, próximos ou distantes, não possuem o essencial para seu sustento?

Por isso, a Doutrina Espírita, antes de qualquer preocupação com a organização social no mundo, volta suas vistas, em primeiro lugar, para o homem, o Espírito eterno em marcha evolutiva, que aqui está para aperfeiçoar-se, o que vem fazendo através dos séculos e milênios, mesmo não tendo plena consciência dessa realidade e independentemente da classe social a que pertença.

O que pretende o Espiritismo, divulgando seus princípios, é conscientizar o homem de sua verdadeira natureza, criatura de Deus com um destino glorioso a ser construído pelo próprio esforço. Para isso tem à frente a eternidade, mas a felicidade será alcançada tanto mais depressa quanto maior seu desejo e aplicação.

A conquista da perfeição é obra de auto-educação, que a Doutrina procura incentivar em cada adepto.

Uma das conseqüências consoladoras naqueles que sinceramente aceitam os postulados espíritas consiste na libertação dos liames do materialismo multifário imperante no mundo. Uma das faces mais prejudiciais do materialismo, atingindo mesmo muitos que se julgam infensos a ele, por abraçarem teoricamente doutrinas espiritualistas, é a do utilitarismo e do imediatismo com relação às coisas do mundo.

O verdadeiro espírita não pode perder de vista a transitoriedade de sua passagem pela Terra. Suas convicções lhe dão senso e proporção de valores, de tal modo a, sem desprezar os bens transitórios, necessários à trajetória da vida na carne, não se prender a eles com prejuízo das conquistas definitivas do Espírito.

Diversas doutrinas têm-se ocupado com as questões sociais, umas procurando soluções para as profundas desigualdades humanas com fórmulas políticas e econômicas, outras pregando a subversão de valores pela imposição da maioria, através da luta de classes, das revoluções, da violência, das guerras.

Doutrinas materialistas ou espiritualistas, a serviço do socialismo ou do capitalismo, têm feito tentativas e opções buscando melhorar a situação das massas humanas, mas sempre partindo de premissas e pressupostos enganosos, por não considerarem o homem na sua verdadeira dimensão, e vendo apenas aspectos econômicos no imediatismo de uma só vida humana. Desprezam ou relegam a plano secundário o que há de relevante e eterno no ser humano: o Espírito, com seu passado e suas necessidades mais gritantes, que só a reeducação integral pode atender.

Mesmo a Igreja Católica, com sua moderna doutrina social e sua opção pelos pobres, continua cometendo erros evidentes por falha conceptual, primeiro por não considerar e não admitir a reencarnação e as vidas sucessivas e, em seguida, pela discriminação injustificável, de vez que não somente os economicamente desfavorecidos, os pobres de bens materiais, precisam de apoio e de esclarecimento, mas todos os componentes das sociedades humanas, sejam pobres ou ricos.

Não se estirpam males sem se operar sobre as causas geradoras.

Todas essas doutrinas verificam e estudam os fenômenos sociais e vêem nas instituições, nas leis humanas, nas formas de governo, nas disparidades econômicas as causa dos males que procuram corrigir, quando, na realidade, estão diante de conseqüencias. As causas estão no homem.

Até no seio do Movimento Espírita comete-se o engano de tomar as conseqüências como causas, apesar da excelência da Doutrina dos Espíritos, que se propõe revolucionar o mundo, não pela violência ou pela subversão das instituições humanas, mas pelo aperfeiçoamento de todas as estruturas sociais através da reeducação do homem.

O Espiritismo, como Consolador, está no mundo para esclarecer e moralizar o homem — célula da sociedade.

A reeducação da Humanidade, obra gigantesca, compreende o conhecimento não somente das coisas materiais, mas também das questões transcendentes do Espírito, da sua natureza, origem, trajetória e destino. A moralização tem por base o Evangelho do Cristo, sua interpretação em espírito, a necessidade de sua vivência. Dentro dessa síntese, surgem o amor entre as criaturas e a fraternidade entre todos os povos como base do relacionamento individual e coletivo.

As instituições humanas se aperfeiçoarão em decorrência da evolução do homem, sem necessidade de recorrer-se ao artifício de idealizar instituições perfeitas constituídas por elementos imperfeitos, como pretendem os utopistas de todos os matizes.

As questões sociais, na sua complexidade, envolvem carmas coletivos e individuais. Grande é a responsabilidade das autoridades governamentais e das populações, sem dúvida, no encaminhamento das soluções dos problemas.

É preciso reconhecer, entretanto, que o Espiritismo e seu Movimento não podem incidir nos erros de outras doutrinas e movimentos, reivindicando para si os poderes temporais transitórios.

O espírita, como cidadão, pode filiar-se a partidos, engajar-se em reivindicações que lhe pareçam justas e exercer os direitos que lhe competem.

O Espiritismo tem outro papel, muito mais profundo e importante.

Como pontificou o Codificador, o Espiritismo será preponderante pelas modificações que trará às idéias, às opiniões, aos caracteres, aos costumes e às relações sociais.

Não lhe compete interferir diretamente nas instituições, nos partidos, nos governos. Cumpre-lhe nortear as idéias, tornando-as generosas a altruístas, carregadas de justiça, de fraternidade, de solidariedade.

Assim estará afastando do relacionamento humano o egoísmo arraigado e o orgulho pernicioso e estulto. Essa a forma de exorcizar a tentação do poder temporal, sem descuidar das necessidades de atender ao que pertence a César.

CAPÍTULO 16

PROBLEMAS SOCIAIS

Pelo conhecimento espírita ficamos sabendo da interligação permanente entre os dois mundos, o visível e o invisível, com as idas e vindas dos seus habitantes. Torna-se lógico deduzir que os males, como as influências benéficas de um plano, repercutem fatalmente no outro.

O progresso geral resultará, portanto, da predominância crescente do bem sobre o mal.

O empenho amoroso do Cristo, como Salvador, consiste desde o princípio, por delegação do Pai Celestial, em transformar moral e intelectualmente toda a Humanidade, numa obra grandiosa e contínua, passando por muitas fases.

Por enquanto a Terra ainda é um orbe atrasado. Focos de miséria, de enfermidades, de crimes e de vícios influenciam encarnados e desencarnados, gerando problemas sociais de difícil etiologia.

Ao focalizar e relembrar tristes realidades, que explicam muitos dos fenômenos sociológicos de ontem e de hoje, como as guerras, a violência de toda ordem e as paixões desenfreadas, diante dos quais as sociedades humanas se estarrecem, vamo-nos valer de narrações de Yvonne Amaral Pereira, no excelente livro "Devassando o Invisível", como exemplos vivos de causas de desajustamentos entre os homens.

São de impressionante realismo os quadros descritos pela grande médium, freqüentemente desdobrada e levada por seus guias espirituais a verdadeiros antros trevosos, para serviços de esclarecimento a pobres entidades sofredoras e endurecidas.

De uma dessas incursões, apresenta-nos um grupo de criaturas apavoradas diante das conseqüências do longo percurso pelos canais do crime, desde remotas épocas servindo ao mal, tanto no estágio humano como no mundo invisível. De aspecto horripilante, vestidos de ampla túnica negra, deixavam transparecer fealdade, baixeza de sentimentos, grosseria, inferioridade, incapazes de impulsos voluntários para o bem. Eram cerca de dez entidades, aprisionadas em miserável compartimento, cuja porta permanecia aberta, em promiscuidade chocante. Haviam sido homens, quando encarnados, conservando os característicos masculinos. Suas vibrações mentais refletiam os crimes praticados: contendas, lutas corporais, roubos, assaltos, assassínios, seduções de menores, suicídios, cenas obscenas, sórdidas, vis, atrozes.

Agora, desesperados, medrosos, encobriam os olhos com as mãos ou com os trapos a seu alcance, na esperança de se furtar aos horrores das próprias ações no passado.

As condições ambientais eram horríveis: choro em meio a vozerio; promiscuidade repulsiva; gritos e uivos de revolta e horror, quais loucos em crise; os olhos em fogo, dilatados, como tocados de assombro; cabelos eriçados; as vestes negras, esfarrapadas, imundas, empapadas de sangue e lama; um fétido nauseabundo tresandava deles. No quintal do compartimento, pouco adiante, a visão de um tétrico cemitério, de solo lodoso, do qual emergiam cabeças humanas, mãos súplices, cadáveres estirados, numa visão dantesca. Essa visão macabra os apavorava e os impedia de sair do compartimento, embora permanecesse aberta a porta.

O suplício era permanente.

Quem foram aqueles irmãos sem paz e sem esperança cujos sofrimentos trágicos lembravam as cenas descritas por Dante, na "Divina Comédia"?

Foram obsessores habituados a criar sugestões infernais para atormentarem, sem tréguas.

Quando encarnados, assassinaram para roubar, sem piedade. Sabiam que seus crimes devastaram além das próprias vítimas: viúvas, filhos pequenos, órfãos que ficaram na miséria.

Hoje seu ambiente é a criação mental deles mesmos, dando origem a esse tétrico quadro, reflexo do passado gravado na memória e na consciência.

Para eles, a reencarnação será bênção e refrigério, diante do esquecimento que poderá começar mesmo antes da concepção de um novo corpo, em processo de longa hipnose terapêutica e de constrição do corpo espiritual, no refúgio da carne, para que seja possível o alívio da mente, com conquistas em nova direção.

Mas, certamente, como assinala um trabalhador do bem, renascendo na Terra, seus corpos carnais refletirão algo de suas mentes doentias. Serão auto-obsidiados desde o nascimento, uma vez que refletirão o mal causado a seus semelhantes. Infelizmente, acrescenta, a sociedade terrestre encontra-se repleta de Espíritos dessa natureza.

Que o Senhor nos ajude a todos a suportá-los, amá-los e servi-los, amparando-os no abençoado carreiro da reabilitação.

Essa reabilitação só será possível através da reeducação, desde a mais tenra idade. Será necessária a dedicação de pais responsáveis e esclarecidos em princípios que anulem, pelo amor, a impiedade, o egoísmo e a maldade dessas almas. Especialmente nos primeiros sete anos da vida terrena, pais e mestres podem modificar tendências inferiores, induzir novos hábitos, retificar inclinações infelizes. Depois, será preciso continuar a ajuda, sem desânimo, cumprindo uma das mais santas tarefas educativas na seara do bem.

•

Outro quadro focalizando locais e personagens onde a miséria moral e espiritual é a constante, com seu rastro de maldade, delinqüência e vício, relata-nos a médium em mais uma de suas visitas a regiões de sofrimento do mundo espiritual.

O ambiente descrito é o de uma sórdida taverna, onde entidades desencarnadas bebem, comem, fumam, jogam cartas e dados, brigam, discutem, insultam-se, esbofeteiam-se e mimoseiam-se com palavras de baixo calão. As individualidades aí presentes são vagabundos do plano astral, de baixa moral, algumas tendo sido personagens de altas camadas da sociedade terrena.

Esses indivíduos têm na infelicidade alheia seu espetáculo preferido. Por isso inspiram, sugerem e incitam, naqueles que lhes são afins e nos desprevenidos moral e espiritualmente, toda sorte de malefícios, como acidentes, sugestões inferiores, brigas, suicídios e homicídios, provocando atropelamentos, quedas, queimaduras, escândalos, confusões, assaltos etc.

Odeiam o bem e o belo e não entendem o significado do amor, da fraternidade, da piedade, da honestidade.

Não admitem a existência de Deus, nem querem saber de religião. Odeiam os homens e a sociedade, o que faziam mesmo antes da desencarnação, e sabem que podem agir sem ser pressentidos.

Assim vivem e atuam porque, quando encarnados, foram perseguidos pela sociedade, que nunca os protegeu contra os males com que tiveram de lutar: crianças abandonadas, que foram vítimas de doenças, fome, miséria, orfandade, falta de instrução, desemprego, delinqüência. Muitos foram criminosos perseguidos, maltratados, mortos, em vez de ajudados e reeducados.

Eis o resultado da maldade e da ignorância, somadas à incúria dos homens. Uma sociedade de desencarnados, em desequilíbrio, infestando e influenciando os encarnados da forma mais negativa que se possa imaginar.

Muitos viveram e morreram com sede de vingança, carregados de ódio, sem a menor noção das leis superiores que regem a vida do Espírito. Tornaram-se cruéis e desalmados, descarregando sua revolta, indiscriminadamente, sobre os homens que pudessem atingir.

O pior é que esse estado mental lastimável atravessa o tempo, cresce e forma verdadeiro abismo, sendo quase impossível qualquer doutrinação no bem, desde que nada compreendem, no seu estado de demência causada pelo ódio.

De fato, as sociedades humanas têm sido injustas, no passado e na atualidade. Sempre houve os injustiçados, os desprezados, os abandonados. Sua recuperação e reequilíbrio, uma vez adotados ínvios caminhos, tornam-se muito difíceis, seja no mundo invisível, seja como reencarnados. O egoísmo humano continua a cavar abismos entre as criaturas.

As sociedades modernas, embora tenham progredido em diversos sentidos, ainda não perceberam, por falta de conhecimento básico a respeito do homem, que não são suficientes as repressões policiais e as severas leis penais, desde os trabalhos forçados até a guilhotina, o fuzilamento, o garrote vil e a cadeira elétrica.

Estará na reeducação, com os pressupostos do conhecimento espírita, o caminho seguro para o reerguimento dos chamados "irrecuperáveis", que é obra de amor, de assistência desde a tenra infância, a irmãos fundamente atingidos pela revolta e pelo ódio.

A Providência Divina abençoa-os com o esquecimento temporário de seus crimes e desvios, mas na reencarnação será necessário aproveitar as condições de uma nova vida na carne, em novo ambiente, para retificar tendências e substituir velhos e perniciosos hábitos por outros melhores.

As organizações sociais da Terra, a começar pelos lares, têm enorme responsabilidade na reeducação das gerações novas. Isto já é sabido há muito, pelos educadores e pais. O que precisa ser introduzido nos métodos educativos é o conhecimento trazido pela Nova Revelação, a respeito do que é o homem, espírito imortal, essência em evolução que aqui moureja, volta à Espiritualidade e retorna à vida carnal sucessivas vezes.

Compete ao Espiritismo espalhar tão importante conhecimento e influir sobre as instituições humanas, não para intervir diretamente em suas organizações, transformando-se em poder temporal, como lembra o Codificador ("Obras Póstumas", pp. 220/221 da 21ª ed. FEB), mas indiretamente, reeducando o homem.

A diretriz é sempre o "amai-vos e instruí-vos", sintetizada pelo Espírito de Verdade. É o ensino básico do Evangelho de Jesus, em estreito vínculo com a Doutrina Espírita, tornando-se partes inseparáveis, em missão de amor e de esclarecimento.

A reorganização da vida social no Planeta, sonho de idealistas de todos os tempos, utopia para os pessimistas baseados nas observações sobre a natureza inferior do homem, é não só desejável, mas possível.

Todas as tentativas de transformação do mundo para melhor, com base em idéias políticas e econômicas, representando apenas aspectos de um complexo problema, partem de premissas falhas, desde que não levam em consideração a verdadeira natureza do homem e a necessidade de prepará-lo moral e espiritualmente para se tornar feliz.

O Espiritismo, diante de calamidades materiais, morais e espirituais permanentes, espelhadas nas realidades atuais e passadas, onde avultam sofrimentos, ignorância e maldade nas sociedades humanas — não raras vezes com matrizes no mundo invisível —, vem propor a obra de regeneração, não mais fundada em ideais político-econômicos tão-somente, mas na reeducação do Espírito imortal, fazendo-o conhecedor de sua origem e de seu destino, criatura de Deus, cuja vilegiatura na Terra se faz necessária para que se torne melhor.

O método e o conteúdo dessa reeducação fundamentam-se no Código deixado pelo Mestre Jesus, interpretado à luz do Consolador prometido — a Doutrina Espírita —, que se encontra à disposição da Humanidade.

Obra difícil, sem dúvida, a começar pela aceitação do plano, que logo depara com a rebeldia, o preconceito e a teimosia dos homens.

CAPÍTULO **17**

JUSTIÇA

A Divina luz da Justiça está em toda parte no Universo. Amor e Justiça se complementam e resumem toda a lei.

Na definição da Doutrina Espírita, a Justiça consiste em respeitar cada um os direitos dos demais. Não somente os direitos consagrados nas legislações humanas, mas todos os direitos naturais compreendidos no sentido amplo de Justiça.

Na regra áurea deixada pelo Cristo — queira cada um para os outros o que quereria para si mesmo — está impressa a norma justa, consciencial, sobre a forma de proceder, transcendendo a quaisquer preceitos humanos.

O ensino do Cristo toma o direito pessoal como base do direito alheio, corolário natural do amor ao próximo igual ao amor de si mesmo, do Mandamento Maior.

Não há fórmula mais sábia, mais geral e abrangente, nem mecanismo mais simples na aplicação imediata da justiça, tornando-se cada um juiz de suas ações e responsável pelas conseqüências delas decorrentes.

O sentimento de justiça varia nos indivíduos de conformidade com o grau evolutivo espiritual de cada um. Há uma estreita correlação entre o desenvolvimento dos sentimentos de justiça e os do amor, da compreensão, da fraternidade e de tudo o que se opõe ao egoísmo.

Nos primórdios de sua evolução, o homem, de inteligência pouco desenvolvida, subordina tudo à sua personalidade, à sua maneira de sentir e de apreciar as próprias conveniências. Nesse estágio de predominância egoística absoluta, no seu entender só é justo o que não contraria seus interesses, o que lhe agrada ou o que não o prejudica.

Largas faixas da Humanidade atual e de todos os tempos enquadram-se no estágio do egoísmo. Por isso sua noção de justiça mal desabrocha, aguardando formas superiores de manifestação, só possíveis diante da evolução individual e coletiva.

Torna-se possível observar a evolução da noção de justiça num mesmo indivíduo, comparando-se dois períodos de sua existência. Não raramente, uma criatura atrabiliária, violenta, egocêntrica ou indiferente, em sua mocidade, despertada de alguma forma por um conhecimento novo ou por um princípio moral elevado, em outra fase da vida, transforma-se interiormente movida por uma força espiritual capaz de dominar tendências inferiores anteriormente predominantes. É o renascimento em outra personalidade. Ao lado de renovações íntimas surgem a tolerância e a benevolência. Um novo sentimento de justiça impõe-se a si próprio, estendendo-se a seus semelhantes. Exemplo clássico de transformação individual claramente perceptível encontramos em Paulo de Tarso, antes e depois de sua conversão ao Cristianismo. Evidentemente, não ocorreu com ele nenhum milagre. O choque de um acontecimento insólito revelou a verdade de que estava divorciado aquele Espírito valoroso, despertando-o para uma nova visão, mudando o curso de sua vida, com reflexos em toda a comunidade dos seguidores do Cristo.

A transformação do sentimento de justiça traduz-se nas sucessivas etapas evolutivas da milenar trajetória humana sobre a Terra.

Em determinado momento histórico, o Guia e Governador da Humanidade resolveu trazer-lhe a exata noção de justiça necessária às relações humanas, já que, apesar dos esforços de muitos de seus emissários, continuavam os homens apegados à violência, ao poder da força e à impiedade, como bases fundamentais das civilizações e das organizações sociais.

A mensagem do Cristo representa uma nova era, uma concepção revolucionária a respeito dos valores que deveriam presidir o relacionamento humano, em substituição ao orgulho e ao egoísmo sustentados pela força. Aos velhos valores, o Mestre contrapõe a Justiça, o Amor, a Caridade, esplicando-lhes a significação e desdobrando seus componentes.

Com raras exceções, seus comtemporâneos não O entenderam. Os pósteros, mesmo aceitando sua doutrina, não conseguiram transformá-la em norma de vida, tal o poder dos velhos sentimentos.

As legiões romanas dominadoras do mundo não diferem muito, em seus métodos e finalidades, das que as precederam na História Antiga, nem das que as sucederam, empenhadas em conquistas e dominação das massas pela violência, até os nossos dias, quando ainda vivemos sob a ameaça da guerra total, pela rivalidade de poderes gigantescos apegados ao orgulho, indiferentes ao apelo da razão servida pela verdadeira Justiça.

Não pereceu a semente lançada pelo Cristo na Terra, mas não prosperou como seria de desejar.

É tão poderosa a idéia da justiça pessoal, sobrepondo-se à verdadeira justiça, que não surpreende o fato de, vencedores, instalados no poder ou com ele mancomunados, passarem os cristãos de perseguidos a perseguidores. Chefes de Estado, reis e imperadores, homens de armas, orientadores religiosos, em nome da justiça e do amor pregados e exemplificados por Jesus, impuseram sua **justiça** perseguindo e aniquilando, até o extermínio, coletividades inteiras que ousaram opor-se a seus interesses e convicções. As cruzadas, os sangrentos conflitos entre católicos e protestantes, o aniquilamento dos albigenses são exemplos de verdadeiros paradoxos, entre muitos outros registrados pela História, nos quais o justo e o injusto são medidos pelo agrado ou desagrado de quem detém o poder de decisão.

Quando se transgride a lei de amor, base da doutrina do Cristo, automaticamente se compromete o sentido de justiça, desde que amor e injustiça não se compatibilizam.

Na edificação do progresso das civilizações terrestres será sempre imprescindível a presença do sentimento de justiça, sob pena de transformarem-se as conquistas materiais em ilusões, por mais brilhantes se apresentem, na aparência.

Na complexidade da convivência nas sociedades humanas, caracterizadas pela heterogeneidade de seus elementos componentes, almas em fases evolutivas diferenciadas, estarão sempre mais próximas da Justiça Superior aquelas que mais elevarem seus sentimentos, suavizando-os ao contacto com os preceitos evangélicos.

O que tem faltado às civilizações humanas é esse humanismo de níveis diversos, no qual todos os indivíduos se elevem e se beneficiem pelo conhecimento e pela aplicação de princípios ético-morais de conteúdo superior, conduzindo todos e cada um para um progresso natural.

O Evangelho é o repositório das normas e regras necessárias ao progresso espiritual. O Consolador, confirmando a mensagem evangélica e ampliando seu entendimento está hoje a serviço das novas civilizações, que não poderão continuar a preocupar-se apenas, ou em maior parte, com o progresso material e intelectual dos homens. Seu relevante papel é o de dar a dimensão moral-espiritual que tem faltado ao progresso.

Daí a necessidade de, em uma primeira etapa, divulgar-se a Doutrina dos Espíritos. Seu conhecimento torna-se imprescindível para que possa influenciar, com seus princípios, a educação e reeducação das gerações que se sucedem. As transformações sociais serão decorrência da reeducação baseada em realidades e verdades hoje quase desconhecidas ou desprezadas pela grande maioria da população terrestre.

O Espiritismo, por sua índole e por suas finalidades, tem uma importância que transcende à percepção de muitos de seus adeptos, preocupados com aspectos particulares de seus amplos objetivos. De um lado estão os ensinamentos novos ou renovados que traz em sua doutrina, destinados a dar ao homem o conhecimento de si mesmo, de sua natureza, sua origem e seu destino. De outro, como conseqüência lógica e imediata dos novos conhecimentos, estão a obra de reeducação e as transformações sociais, com base e ênfase na reforma moral dos indivíduos, relegada a segundo plano pelas civilizações sob forte influência materialista.

Como se observa nesse delineamento, estamos diante de trabalho para sucessivas gerações. Os obreiros da primeira hora, deste século e possivelmente do seguinte, estão nas preliminares da obra grandiosa, abrindo picadas na densa floresta do atraso e da ignorância humanos, para que outros trabalhadores futuros possam lançar os fundamentos de uma nova civilização mais justa, no decorrer do próximo milênio.

Não devemos desanimar diante das dimensões gigantescas do que precisa ser realizado, por motivos bem conhecidos. Na direção suprema da regeneração do mundo encontra-se seu Governador e Guia — Jesus —, que superará todas as etapas; além dessa garantia e encorajamento permanentes, muitos serão os trabalhadores do futuro, multiplicados na medida das necessidades; e depois, a obra não tem prazo predeterminado, tendo vindo o Consolador para permanecer conosco, como prometeu o Cristo.

•

Em cada ser humano o senso de justiça evolve de forma diferente, lentamente, nunca bruscamente. No homem pouco evoluído o sentido do justo coincide com suas manifestações egoísticas. Para ele é justo tudo que lhe satisfaça as tendências, a compreensão, os gostos e prazeres.

À medida que vai evoluindo espiritualmente, expandindo seu amor a outras criaturas, o sentido de justiça também se amplia, acompanhando sua capacidade de amar e de melhor compreender seus semelhantes, até chegar a fases em que essa compreensão se torna elevada e pura, como podemos observar nos seres redimidos, capaz de sacrifícios e renúncias em favor dos menos evoluídos. Jesus é chamado o Justo, por encarnar em grau máximo o Amor e a Justiça, em exemplificação para toda a Humanidade.

No processo educativo preconizado pelo Espiritismo, como meio capaz de transformar o indivíduo para melhor, em esforço permanente que precisa contar com a adesão do educando, compreendendo instrução e adestramento não só no que se refere às aquisições intelectuais mas sobretudo às morais, o sentido de justiça é uma das pedras angulares. Dentro do conhecimento espírita não se pode conceituar a Justiça divorciada da Bondade e da Misericórdia divinas, como não se pode perder de vista a multiplicidade das existências, com a variedade imensa de experiências em cada uma, conjugando-se tudo com a lei de progresso, que a todos abrange. Somente com a compreensão desses conceitos fundamentais conseguem os homens, situados nos diferentes graus evolutivos, entender os intricados mecanismos de uma Justiça perfeita, infalível, inefável e equânime, que se desdobra no tempo e exigirá de cada um o pagamento de seu débito, respeitando-lhe a capacidade de resgate. Assim, de uns é aceito o arrependimento imediato, com ação no bem, enquanto a outros se impõe a espera no tempo, com sobrecargas de sofrimento. O que a lei visa não é o castigo, como finalidade, mas o reajustamento individual ao prumo da Justiça Misericordiosa.

Seja na aceitação voluntária do serviço no bem, seja na compulsória conseqüência de pesadas dores, o que quer a lei é sempre o reajustamento, a ascensão e o burilamento espiritual.

A importância do conhecimento espírita, que se faz decisivo em muitos aspectos de nossa vida, direcionando nossas opções e decisões, tem particular influência na aceitação das realidades presentes nas sociedades humanas. Sem esse conhecimento torna-se extremamente difícil aceitar as desigualdades individuais e sociais, sob o império da razão e de um raciocínio bem lastreado. Sem as luzes da doutrina da reencarnação e da lei de causa e efeito, conjugadas com o determinismo da evolução do ser, como fundamentar uma Justiça Perfeita, ao alcance de nossa compreensão?

Esse caráter da Nova Revelação é, portanto, ao mesmo tempo esclarecedor e consolador, uma vez que oferece base racional à fé no Criador, em sua Bondade, Amor e Justiça.

Dentro dos princípios espíritas ficam perfeitamente explicados os nascimentos em condições extremamente desiguais; a miséria imperando ao lado da riqueza e da ostentação; o sofrimento de crianças que já nascem em condições dolorosas, sem explicação plausível pelas religiões e filosofias do mundo; os casos teratológicos impressionantes e inexplicáveis à luz da Ciência; a imbecilidade em contraposição ao superdotado; e todas as desigualdades espalhadas em profusão pelas sociedades humanas.

Desapareceram, com o progresso, o direito absoluto dos poderosos sobre a vida dos fracos e vencidos; desapareceu a escravidão humana, degradante e injusta; caminhou muito a Humanidade da justiça brutal, egoísta, opressiva e insensível para as tentativas de uma justiça social, com melhor compreensão entre indivíduos e nações.

Entretanto, enquanto o sentimento de justiça não caminhar com o amor, enquanto houver escravização do Espírito ao erro, à ignorância e ao atraso moral, a justiça na Terra pode converter-se em instrumento da violência.

CAPÍTULO **18**

ESPIRITISMO — DOUTRINA DE EDUCAÇÃO

"Fora da educação, dessa educação que se transmuda em cada indivíduo em auto-educação, não há redenção possível."

PEDRO DE CAMARGO (Vinícius)

Pestalozzi considerava a educação como o desenvolvimento harmonioso de **todas** as faculdades do indivíduo.

Entendemos por educação, em sentido amplo, integral, o processo contínuo de aperfeiçoamento das faculdades do Espírito. É obra de redenção e de libertação do homem dos laços que o prendem à inferioridade.

Há perfeita identificação nos objetivos da Doutrina dos Espíritos com a educação, em sentido lato, como aqui é tomado.

Na linguagem comum, confunde-se educação com instrução. A instrução é parte da educação.

Ministrar conhecimentos sobre as diversas disciplinas dos currículos escolares constitui o objetivo e a preocupação dos cursos de todos os níveis. A escola procura instruir, mas não verdadeiramente educar.

Existe uma espécie de consenso, nas sociedades modernas, profundamente influenciadas pelo materialismo, visando a isolar a instrução, falsamente denominada **educação,** do ensino moral e espiritual, como se a aprendizagem das letras, das matemáticas, das artes e ofícios e das ciências em geral fosse mais importante e essencial do que a formação do caráter, a aquisição da bondade e do senso de justiça, o cultivo da verdade.

Estabeleceu-se uma linha divisória separando a aprendizagem puramente técnica e intelectual, a cargo das escolas e destinadas à preparação de cidadãos para o trabalho material e intelectual nas inúmeras atividades humanas, da aquisição de valores morais, deixada ao esforço dos lares e das religiões.

O grave erro da concepção educacional de tendência materialista não poderia deixar de refletir-se nas sociedades humanas. A conturbação do mundo é fruto da crise moral. Grande parte das mazelas de que nos queixamos provém dos sistemas educacionais em voga.

A criança, o jovem e, por vezes, o adulto são preparados para as profissões e ofícios, as artes e as ciências. Ganhar dinheiro, obter boa ou razoável situação social e econômica, eis o objetivo visado. Cuida-se da inteligência, do corpo físico, do bem-estar. Pouca importância se dá aos sentimentos nobres, ao desenvolvimento da solidariedade, do senso de justiça, da sensibilidade diante da necessidade alheia, da probidade como dever, menosprezando-se as virtudes e os valores morais como se fossem secundários. Em suma, invertem-se valores, dando-se ênfase ao transitório com prejuízo do permanente e definitivo, tal a conseqüência lógica de ser colocada a educação moral em plano secundário.

Como os lares nem sempre estão aptos a arcar com a grave missão de orientar os Espíritos neles acolhidos, e as religiões tradicionais incorrem em desvios e erros sérios, apesar do esforço empregado para minimizar os grandes males decorrentes do egoísmo e do orgulho, as duas chagas responsáveis, ao lado da ignorância, por todas as deformações morais da Humanidade, o desequilíbrio se instala nos indivíduos e nas coletividades.

Saber e virtude são conquistas que demandam aplicação e esforço. Tanto o patrimônio cultural e científico quanto o moral e espiritual são resultantes de cultivo e educação. Não são privilégios, nem graças, nem dádivas individuais. Dependem de trabalho, sacrifícios, renúncias. Assim como não se pode transformar um jovem estudante em consumado cientista, senão após longo aprendizado, também não se converte o iniciante na sementeira do bem senão com a persistência na prática da fraternidade, da bondade, da justiça.

O Cristo de Deus sabia e sabe da inclinação natural dos homens, de ontem e de hoje, para as coisas de interesse imediato no mundo, às quais aplicam todo o empenho da razão, do intelecto, da inteligência. Daí não se ter preocupado em recomendar e ensinar as ciências da Terra, porque sabia que os próprios homens se incumbiriam de desenvolvê-las e aplicá-las no progresso material.

Por isso sua mensagem cuida essencialmente da educação moral, que Ele sabia ser relegada, difícil para todos nós, mas imprescindível à ascensão do Espírito eterno.

Realmente, é muito mais difícil ao homem conquistar a humildade e vivenciar o amor do que tornar-se um sábio intelectualmente.

Jesus é o Mestre por excelência. Suas prédicas, todos os seus ensinos estão impregnados de sabedoria e de amor. Mestre foi o único título que aceitou de seus discípulos. Mestre é o que educa, despertando os talentos que dormitam no imo do ser.

No processo da educação será sempre necessário que o aprendiz, o educando, se disponha ao esforço da cooperação, com a espontaneidade e a boa-vontade daquele que quer aprender, enriquecer o Espírito.

Ao lado de preceitos morais inconfundíveis, indicou o Mestre Jesus realidades irrecusáveis, sob o véu da alegoria, que mais tarde seriam mostradas com toda clareza pelo Consolador prometido.

O Espiritismo — o Consolador — continua a obra do Mestre, dando ao seu Evangelho a significação espiritual que antes não fora percebida e descerrando o véu que ocultava o mundo das realidades espirituais.

Que obra de educação se compara a essa, ministrando os mais profundos ensinos morais que o mundo conhece, ao lado de verdades ocultas agora evidenciadas, aclarando os caminhos da ascensão humana?

Diante da Nova Luz à disposição da Humanidade, o terrível tripé da ignorância, da maldade e do preconceito já não mais dominará soberano, subjugando consciências servidas por inteligências cultivadas, mas baldas de sentimentos.

A maldade, fruto da ignorância, avassalando Espíritos encarnados e desencarnados, ávidos de poder e de dominação, por isso mesmo opondo-se ao Cristo e ao que Ele representa, perde o terreno em que finca seu domínio, minado pelas verdades e evidências da Nova Doutrina.

O preconceito, por sua vez, dominante nas religiões e nas ciências, será contido pelo próprio vazio em que se assenta, eis que a intolerância e as idéias preconcebidas tornam-se evidentes e ridículas diante de verdades irrecusáveis demonstradas por fatos.

Com a educação espírita os mortos-vivos, subjugados pelo egoísmo e pela negação de si mesmos, resultados da **educação** materialista, terão oportunidade de despertar de seus pesadelos intelectuais, no reencontro com os sentimentos soterrados pela indiferença em relação às coisas espirituais. Compreenderão, assim, a beleza da crença sincera, lastreada na fé e na certeza plena da realidade da vida após a morte.

Essa obra educativa não se baseia somente no cultivo da inteligência. Conhecer é importante, mas é apenas um dos termos da equação, que precisa ser completada pelo culto do sentimento, pela educação do coração.

Inteligências cultas desprovidas de senso moral são geralmente causas de graves males individuais geradores das usurpações, dos desrespeitos e das opressões nas sociedades humanas.

Planos maléficos de grandes proporções se desenvolvem entre encarnados e desencarnados, urdidos não por ignorantes mas por inteligências cultivadas, ávidas de poder e desprovidas de bondade, por isso mesmo indiferentes ao sofrimento alheio.

Daí a necessidade de se fazer acompanhar o desenvolvimento intelectual dos sentimentos de amor e fraternidade, com o culto da verdade e da justiça. Sem o equilíbrio entre o cérebro e o coração, entre a inteligência e o sentimento, não há verdadeira evolução, nem educação em sentido integral.

Educadores são os que, plenamente conscientes de seu papel, procuram despertar os poderes interiores das criaturas, sejam elas crianças, jovens ou adultos. Essas faculdades potenciais inserem-se tanto no campo intelectual quanto no moral. O verdadeiro educador sabe que o êxito de sua obra educativa dependerá de sua capacidade de estimular no educando a vontade, a adesão e a simpatia por todo o conjunto do ensino, o que não se consegue somente com palavras, mas sobretudo com sinceridade de propósitos e com sabedoria, traduzidas em exemplos vivos, tal como o fez o Cristo.

Já se afirmou, com razão, que educar é salvar. Esse significado da educação coincide com o papel do Espiritismo, que, bem entendido e praticado, salva o homem da ignorância, do mal, do egoísmo.

Educado o sentimento no bem, surge um novo ser, cuja preocupação permanente será a de ser útil a seus semelhantes, evitando todas as formas de relacionamento que contrariem as leis naturais.

A verdadeira educação constitui-se, pois, no problema maior da Humanidade. Quando solucionado, todos os demais estarão automaticamente equacionados e resolvidos.

Todos os males do Espírito, refletindo-se no mundo da matéria, são evidenciados no comportamento humano. É pela educação fundamentada na Doutrina Espírita que se tornará possível a alteração desse comportamento, instruindo-se, melhorando, fortalecendo, consolando e tornando mais feliz o educando.

O Espiritismo veio elucidar a Humanidade, tornando patentes realidades da Vida desconhecidas do homem. Através de sua obra educativa cada aprendiz pode autoeducar-se, transformar-se progressivamente, retocar-se, adquirindo novas idéias, abandonando velhos e perniciosos hábitos, aperfeiçoando sentimentos generosos, em vasto e profundo labor interior capaz de libertá-lo da inferioridade, da escravidão no erro e da morte.

CAPÍTULO **19**

NA HORA DA CRISE

Logo pela manhã, ao despertar, ligo o aparelho de televisão e as primeiras imagens refletem a crise política, a terrível situação econômica do País, mostrando quadros de miséria e de desemprego atingindo milhares de lares, nas grandes e pequenas cidades.

Horas depois, são os jornais a transmitir as notícias do dia, a repetição quase monótona do que se passa em toda parte, com destaques para as guerras no Oriente e no Ocidente, os conflitos verbais entre governos de grandes nações, a fome dizimando milhões de criaturas, os crimes hediondos contra a vida e contra a Natureza. É a crise mundial.

Num momento de meditação visualizo as multidões descontentes das cidades, nas lutas incessantes em busca de melhores condições de vida, cada indivíduo a braços com seus problemas, suas paixões, ódios e amores, vitórias ilusórias e sofrimentos, nos entrechoques permanentes em que todos estamos comprometidos de alguma forma.

Indago então: é este um período de crise transitória em todo o mundo, ou as dificuldades estão localizadas em determinados lugares?

Ilusoriamente, somos inclinados a considerar, especialmente os mais idosos, que a vida no Planeta, no passado de 50 ou 60 anos, era mais risonha e de melhor qualidade, sem as tremendas contradições da atualidade e que, no passado distante, tudo era melhor, sem as complicações do viver moderno.

A realidade é bem diferente. O mundo todo está se transformando tão rapidamente que nós, os seus concidadãos, nem temos tempo de perceber as profundas metamorfoses em nossas vidas, em nossas comunidades, com os reflexos que nos chegam de toda parte, numa interação contínua e atuante, gerando novas modificações.

Os meios de comunicação de massa acham-se tão aperfeiçoados que os acontecimentos importantes de qualquer lugar tornam-se conhecidos imediatamente das populações mais distantes. As notícias que levavam meses e anos para ser divulgadas, ou que se sepultavam nos próprios locais de origem, hoje são levadas facilmente a todo o Orbe, através de diversos meios de transmissão.

O grande mundo antigo transmudou-se, assim, na aldeia global em que todos sabem de tudo o que ali acontece.

Além disso, a revolução tecnológica de nossos dias coincide com o período de intensificação da transição por que passa a Terra.

É impressionante constatar que no último quarto de século, portanto a partir de 1960, a tecnologia, valendo-se dos diferentes ramos da Ciência, avançou mais do que em milhares de anos, compreendendo todo o período anterior da trajetória da Humanidade, e que, no último século, a partir de 1880, a vida do homem transformou-se completamente, do ponto de vista material, diante das descobertas e aplicações tecnológicas dos conhecimentos científicos acumulados, em todos os setores e atividades, seja nas comunicações, nos transportes, na indústria e no comércio, na agricultura, na medicina etc. A Física, a Química, a eletricidade, para só citar três fatores, revolucionaram materialmente nosso habitat. Vivemos em condições quase totalmente diferentes das que existiam até os fins do século passado.

Acresce-se a tudo isso um fenômeno decorrente da inferioridade da população de nosso Globo. É notório que os meios e sistemas de comunicação de massa dão relevo e preferência às notícias de catástrofes, às ocorrências que apaixonam a opinião pública, sobressaindo-se no noticiário os grandes delitos e escândalos, as guerras, os fenômenos geológicos excepcionais e tudo que constitui sensacionalismo. A normalidade não merece destaque, embora seja predominante. É comum a imprensa e a radiofonia interessarem-se mais por um escândalo que por um fato digno de menção ou por uma ação meritória.

A conseqüência é que nos julgamos em piores condições ambientais, com predominância do mal sobre as forças e influências do Bem, quando nem sempre é essa a realidade.

Existem no mundo poderes votados ao Bem, esforços consideráveis de milhões de criaturas que, opondo-se à natureza inferior do homem, desbravam caminhos e auxiliam o progresso geral, não somente o progresso material. Por isso não podemos ser pessimistas, esquecendo o lado positivo das pessoas, das coisas e das paisagens na vida terrestre.

•

Se a hora presente é de crise econômica, política e social, refletindo-se em todas as atividades humanas, há, sem a menor dúvida, uma geratriz responsável pelas insatisfações e fermentações sociais, que provoca grande desajuste entre aquilo a que o homem aspira e a realidade em que ele vive.

A crise maior é de ordem moral, atingindo o Espírito e não somente os interesses transitórios da vivência na Terra.

O atraso moral-espiritual responde por todas as conseqüências identificadas na crise geral.

A corrupção moral gera a corrupção generalizada.

A violência agasalhada no âmago do ser responde pela violência extravasada, individual e coletivamente, nos crimes e nas guerras.

O egoísmo e o orgulho estão na raiz de todos os males. Esses dois cancros da alma são responsáveis por todas as manifestações negativas que nos prendem à inferioridade moral, fazendo ressaltar interesses materiais de indivíduos e de grupos, em detrimento da coletividade, estancando as manifestações generosas e edificantes do Espírito.

Sem permanente combate às mazelas morais derivadas do orgulho e do egoísmo, a criatura vê-se presa de um torpor invencível, que a acomoda dentro de si, tornando-a incapaz de sentir a necessidade de amar e servir a seu semelhante. Sem amor não pode haver libertação da dupla ditadura que nos mantém escravos de nossa inferioridade.

Aprender a amar e servir é tarefa de auto-educação imprescindível a todos. Para tanto torna-se necessário, inicialmente, o despertamento individual, na indagação do que somos e qual o nosso destino.

Como provocar o despertar do ser? Como induzi-lo ao conhecimento de si mesmo, conforme recomendava o inspirado filósofo grego, se o homem vive divorciado da realidade espiritual, quando espiritualista, ou mergulhado na ilusão dos sentidos físicos, se influenciado pelo materialismo de variados matizes?

O vasto progresso intelectual de boa parcela da Humanidade possibilitou as conquistas científicas com a conseqüente melhoria das condições materiais da existência humana. A instrução pública transformou-se, nos últimos séculos, em imperativo para as populações e em preocupação e meta dos governos.

Muitos depositaram na Ciência todas as esperanças de regeneração do homem e de torná-lo feliz, em face do extraordinário progresso por ela alcançado e de suas potencialidades permanentes. A desilusão não tardou, eis que a Ciência da Terra, aliada ao materialismo, preocupada tão-somente com o conhecimento da matéria e suas conseqüências, divorciou-se automaticamente dos grandes ideais do Espírito.

Antes, as esperanças sempre giraram em torno dos ideais das religiões, depositárias de parcelas de verdade e de realidades reveladas e cultivadas através dos milênios. Todavia, tantos foram os erros, desvios e superstições acumulados pelos séculos que as verdades parciais ficaram soterradas e as consolações e roteiros tornaram-se impotentes para conduzir com segurança as almas a seu destino.

Haveria que se descobrir novo caminho para sustentar a esperança nos altos destinos do gênero humano.

O Roteiro incomparável trazido pelo Cristo e deixado aos homens, na sua passagem pela Palestina, jazia quase esquecido, desfigurado e mal compreendido. Dezenove séculos de paciência e de espera, de preparação e de angústias, e eis que novamente o Cristo de Deus volta, reafirmando e cumprindo promessa feita. Traz-nos o Consolador destinado a aclarar caminhos, projetar nova luz, conciliar a Religião com a Ciência, o sentimento com a razão.

É o recomeço de uma missão iniciada com a simplicidade e a beleza das coisas que devem ser conhecidas por todos. Se os homens não conseguiam descobrir o roteiro certo na busca de sua redenção e felicidade, perdendo-se ou distraindo-se nos muitos desvios marginais, o Alto vem novamente em seu socorro, como de outras vezes, revelando o que se achava oculto e que o progresso intelectual já permitia conhecer e compreender.

A hora em que a crise moral se apresenta mais evidente, em que o império do materialismo e do egoísmo colhe os frutos da própria semeadura, em que o culto das riquezas não se peja diante da miséria e da carência total, é também a hora da renovação, da esperança e da fé em novos valores.

Já que as sociedades humanas experimentaram a importância e a significação da Ciência e das Religiões, com resultados apenas parciais, insatisfatórios diante das verdadeiras necessidades do homem, chega a vez de se conjugar esses valores, ajustá-los no que têm de aproveitáveis, acrescê-los das verdades novas advindas da Nova Revelação e das verdades eternas inscritas no Código do Cristo e de oferecer ao Espírito imortal, no seu retorno à Terra, o roteiro certo de sua trajetória.

Esse, o papel da Doutrina Espírita. Síntese do conhecimento e da fé, servida pelo raciocínio filosófico com fulcro em realidades indiscutíveis e comprovadas. Sua função é esclarecer e consolar, substituindo o ceticismo, gerado no erro e no materialismo, pela fé raciocinada, baseada em fatos.

Todo o elenco de seus princípios fundamentais está ao alcance das populações, por atrasadas que sejam, eis que não há povo ou nação incapaz de compreender as noções da existência de Deus, da imortalidade da alma, da comunicabilidade entre o mundo visível e o invisível, da reencarnação ou das vidas sucessivas, da lei do progresso.

Esses fundamentos serão os alicerces de uma nova civilização, de uma Nova Era em que todas as sociedades humanas terão acesso ao conhecimento básico de verdades indiscutíveis, e onde o egoísmo irá cedendo terreno à fraternidade; onde os erros de um irmão serão absorvidos pelos demais, com o propósito de ajudá-lo a reeducar-se; onde as dores de uma nação serão partilhadas pelas outras, solidariamente; onde os triunfos e fracassos, necessidades e aflições de uns serão compreendidos por todos, sem isolacionismos injustificáveis, uma vez que todos somos irmãos.

CAPÍTULO **20**

CIÊNCIA E RELIGIÃO

É de singular significação a página escrita por Kardec sobre a aliança da Ciência e da Religião, em uma época em que as duas ordens de pensamento pareciam inconciliáveis.

Após decorridos mais de 120 anos, torna-se patente, pela atualidade de suas idéias, a clarividência do Codificador, ao mostrar a íntima ligação entre as duas alavancas do progresso humano, uma preocupando-se especialmente com as leis da matéria, a outra, com as leis espirituais e morais, ambas porém originando-se na causalidade comum de obras do Criador.

A incompatibilidade entre Ciência e Religião, por muitos sustentada, na realidade não existe. Se há contradição entre as duas, sua origem encontra-se nos erros de apreciação dos homens, levando-os a extremos de intolerância, de incompreensão e de exclusivismo. (V. "O Evangelho segundo o Espiritismo", Cap. I, pág. 60, 90.ª ed. FEB.)

Nos mundos materiais como o nosso, em que o Espírito entra em contacto íntimo com a matéria, utilizando-a nas suas experiências para progredir, a própria lei natural indica não haver dois departamentos estanques, inteiramente independentes. Matéria e Espírito são criações de Deus.

O desvio provisório da Ciência deve-se ao fato de se ter deixado dominar pelo **materialismo,** por circunstâncias várias, a ponto de ocupar-se exclusivamente com a matéria e suas leis, colocando à margem de suas preocupações o elemento espiritual, que ela teima em negar, apesar de todas as evidências. Da negativa do Espírito à negação de Deus houve apenas mais um passo. Daí os conflitos com a Religião, que, por sua vez, deixou de considerar a matéria também como criação de Deus, com suas leis imutáveis.

O relacionamento do universo espiritual com o mundo das formas é uma realidade permanente regida por leis divinas. Sua constatação conduz à união entre a razão e a fé. A falta de base do materialismo está justamente na sua visão unilateral. Ele cria em seus seguidores uma deformação conceptual responsável por um preconceito tão pernicioso quanto o preconceito religioso intolerante e obtuso.

O Espiritismo, proclamado pelas virtudes dos Céus, aclarou o entendimento dos homens, mostrou o terreno comum, aproximando a Religião da Ciência e fortalecendo ambas pelo mútuo apoio, pondo em evidência a insensatez da irreconcialiação entre duas forças que se complementam.

Esse entendimento, que para os espíritas e homens de boa-vontade parece tão lógico e incontestável, ainda não é pacífico em nossos dias.

Subsiste muito preconceito de lado a lado. Espíritos endurecidos no erro, cegos à claridade do século, teimam ainda na velha rivalidade sem razão.

Tempo virá, talvez mais próximo do que parece, em que a Ciência se engrandecerá, reconhecendo a inexistência do "acaso" e do "milagre" e descobrindo que tudo na natureza obedece a leis sábias e eternas, estabelecidas pelo Criador. Diante dessas leis, deixam de ter significação as palavras **possível** e **impossível**, só pertinentes enquanto os homens permanecerem na ignorância das normas divinas que regem a matéria, o Espírito e suas interações.

O conhecimento científico das leis universais proporcionará ao homem aperceber-se de que a ação do Espírito com relação à matéria está limitada por regras imutáveis, muitas das quais inteiramente desconhecidas em nosso mundo. Daí considerar-se "milagre" a ocorrência de fatos naturais, cujas causas determinantes apenas não são conhecidas.

Já no campo moral e intelectual, as leis não são as mesmas do campo físico, nem apresentam sua rigidez, porque um novo elemento é considerado, o livre-arbítrio do Espírito, determinando o contingente, o facultativo.

Em qualquer hipótese, tudo se subordina a leis naturais e imutáveis. A ignorância dessas leis, nos campos físico, moral e espiritual, responde pela maior parte das divergências entre Ciência e Religião. As conquistas do conhecimento e da humildade, como síntese das virtudes, serão a fórmula da conciliação.

•

Por isso é grande nossa satisfação ao verificar que há cientistas lúcidos e verdadeiramente humildes, não receando manifestar seu pensamento, mesmo quando em franca oposição à maioria de seus colegas impenitentes e preconceituosos.

É o que ocorre com **Sir** John Eccles, prêmio Nobel de Medicina e Fisiologia de 1963, australiano de nascimento, professor em Universidades da Austrália, Grã-Betanha e Estados Unidos, autor do livro recentemente lançado nos Estados Unidos, em parceria com outro escritor, "The wonder of being human: our brain and our mind" (A maravilha de ser humano: nosso cérebro e nossa mente).

Algumas de suas idéias, resumidas em entrevista à revista americana "Us News and World Report", foram transcritas pelo jornal "O Globo", do Rio de Janeiro, em edição de 9-12-1984, e delas vamo-nos valer para os ligeiros comentários a seguir.

Cientista qualificado, passou a maior parte de sua vida estudando o cérebro e com ele trabalhando. Daí sua admiração pela maravilhosa estrutura desse órgão, tremendo depósito de lembranças e recordações, sua principal finalidade.

Mas, declara o sábio, "ter examinado o cérebro de todas as formas cientificamente possíveis não significa que eu possa saber por que, quando abro os olhos, vejo um mundo de luz e cor".

A lucidez do cientista permite-lhe distinguir perfeitamente os limites da estrutura física do órgão por excelência da inteligência e da memória, não o confundindo, entretanto, com as maravilhosas e transcendentes manifestações que não podem ser explicadas dentro das dimensões da matéria.

Em outras palavras, por mais que se investigue a matéria organizada, o campo das experiências, o mundo dos sons, da luz e das cores só pode ser explicado se se admitir outra dimensão do ser, justamente aquilo que agita a matéria e dela se utiliza em suas manifestações: o Espírito.

O neurobiólogo vai mais além:

"Nós precisamos duvidar da crença de muitos cientistas de que a Ciência acabará fornecendo a

verdade definitiva a respeito de tudo. A Ciência não fornece a verdade; o que ela dá são hipóteses, em uma tentativa de chegar perto da verdade. Mas os cientistas nunca devem proclamar que sabem mais do que isso. Os conceitos científicos que temos estão sempre sendo alterados pelo progresso da Ciência."

Depois acrescenta:

"A lei gravitacional de Newton não é a verdade final."

....

"Infelizmente, muitos cientistas e intérpretes da Ciência não compreendem os limites da disciplina. Eles exigem da Ciência muito mais do que deviam. Argumentam que algum dia ela explicará valores, beleza, amor, amizade e qualidades estéticas e literárias.

Eles dizem: Tudo isso um dia será explicável em termos de atividade cerebral. Só precisamos saber mais a respeito do cérebro."

Eis o comentário do douto biólogo e neurologista:

"Esta visão nada mais é que uma superstição que confunde tanto o público quanto muitos cientistas.

Meu dever como cientista é tentar eliminar as superstições e ter as experiências científicas como a maior aventura humana. Mas, compreender não é explicar completamente. A compreensão deixa sem solução os principais aspectos e valores de nossa existência." **(Destaque nosso.)**

Aí está a opinião corajosa e realista de um sábio, afeito às mais profundas pesquisas sobre o cérebro humano, por muitos anos, e que não se deixou dominar por idéias preconcebidas. Não vacila em classificar como **superstições** várias formas e colocações ditas científicas, o que contrabalança, de certa forma, o vezo de muitos cientistas em rotular de superstições os fatos e realidades espirituais que não conseguem compreender.

Em outro trecho de sua notável entrevista estão alinhadas declarações que poderiam ser subscritas por qualquer espírita estudioso. Amante da Ciência, não concorda, entretanto, com o papel que lhe querem emprestar de destruidora da fé e da religiosidade do homem, como se fossem inconciliáveis o conhecimento e o saber adquiridos no campo material com o conhecimento e a fé, apanágios e conquistas do Espírito.

> **"A Ciência foi longe demais na destruição da crença humana em sua grandeza espiritual e deu ao homem a crença de que ele é simplesmente um animal insignificante que surgiu por ocasião e necessidade em um insignificante planeta perdido na imensidão cósmica."**
> "Mas isto não significa que religião e ciência sejam necessariamente incompatíveis." **(Destaque nosso.)**

Esta última frase, textual, coincide com o pensamento de Kardec, de início referido, aceito sem restrições pelos espiritistas como verdade que há de prevalecer no futuro.

Vejamos, finalmente, as seguintes indagações do professor e pesquisador, sem nos esquecer de que elas se constituíram sempre no grande enigma do gênero humano, até que a Doutrina dos Espíritos viesse aclarar o mistério da existência do homem na Terra, de onde ele veio e qual seu destino.

"A Ciência também não pode explicar a existência de cada um de nós como uma individualidade única, nem pode responder a questões fundamentais como: Quem eu sou? Por que estou aqui? Como cheguei a determinado lugar e hora? O que acontece depois da morte? Estes são mistérios que estão além da Ciência."

Estão além da Ciência, Professor, por enquanto, por omissão dos homens da comunidade científica do mundo, que se deixaram empolgar pelo materialismo e fecharam os olhos à grande realidade do Espírito.

Bastará que se dispam do orgulho enceguecedor, do preconceito inconcebível e vistam a túnica da humildade para se darem conta de que as respostas àquelas indagações tormentosas já se encontram à disposição não só dos cientistas, mas de toda a Humanidade.

E nem haverá necessidade de aplicar-se a Ciência a difíceis pesquisas, senão a simples verificações, já que o Cristo de Deus, cumprindo promessa milenar, respondeu a todas aquelas indagações e a muitas outras, trazendo aos homens, através de seus emissários, as transcendentes verdades do Consolador.

CAPÍTULO **21**

RELIGIÃO DOS ESPÍRITOS

Religião, em sentido amplo, é a busca de Deus. É a ligação com Deus que cada Espírito procura manter, na medida do próprio estágio evolutivo.

Nesse sentido, o Espiritismo é religião. Entendemos ser ele a **Religião**, não mais uma religião.

Se o vocábulo **religião**, como muitos outros, tem conotações diferentes, diante da pobreza da linguagem humana, nada impede aos espíritas usá-lo na acepção que nos parece correta.

A questão é de convenção, de fixação e interpretação da idéia.

O mesmo ocorre com as palavras **alma** e **espírito,** das quais nos valemos no contexto doutrinário, com significação invariável, embora tenham elas outros sentidos.

As religiões, de forma geral, dificultam a compreensão de Deus e de seus atributos, pelo estabelecimento de dogmas e credos limitativos da evolução do homem, cristalizando suas idéias ao ponto de fazê-lo rejeitar tudo que se contraponha ao dogma.

Só se pode crescer na compreensão do Criador e de suas leis, do Universo e de toda a Criação, se houver liberdade no crescimento da consciência, através da aceitação das verdades resultantes de conhecimentos novos capazes de ampliar horizontes.

O Espiritismo possibilita a expansão dos sentimentos generosos e do conhecimento, sem as limitações da letra, ao interpretar o Evangelho de Jesus à luz da Revelação Nova e ao mostrar o que são o Espírito e o mundo espiritual, nas suas múltiplas relações com o mundo material.

Coloca o adepto na posição de conhecer a verdade, manifestada no íntimo do ser e no mundo exterior, de acordo com sua capacidade mental, concitando-o a promover a vivência do aprendizado. Desvenda, assim, uma nova estrada capaz de conduzi-lo ao encontro da felicidade relativa.

Doutrina lógica, refletindo as realidades permanentes e adotando todo o ensino moral de Jesus, o Espiritismo dá a seus seguidores sinceros a possibilidade da percepção clara e direta das verdades eternas ensinadas pelo Cristo, dispensando o dogmatismo, afastando as superstições, explicando os prodígios e milagres.

A percepção do mundo espiritual — realidade permanente, pátria verdadeira da alma —, oculto ao homem preocupado apenas com o corpo físico e o mundo material que o cerca, proporciona ao adepto a certeza do futuro que o aguarda.

Sabendo que não haverá interrupção da vida, que o túmulo põe fim ao corpo físico mas não à essência do ser, permanecendo todas as qualidades positivas e negativas, aquisições boas e más, vícios e virtudes, saber ou ignorância, o Espírito, por força das realidades patenteadas em suas experiências vividas e observadas, é naturalmente induzido a preparar seu futuro.

A consciência inequívoca de um mundo que nos aguarda, para o qual retornaremos fatalmente, leva-nos a pensar seriamente nesse retorno, para o qual deveremos preparar-nos convenientemente, familiarizar-nos com as condições da vida futura, desde que o nosso interesse maior será o de ajustar-nos a elas pela forma mais satisfatória possível

Os ensinamentos da Doutrina vêm em nosso socorro, afastando as velhas concepções da condenação eterna, ou da absolvição com o céu. Indica-nos as formas e os meios de melhor aparelhar-nos para a nova etapa da vida, resumidos nos preceitos evangélicos, na caridade cristã, no esforço da aprendizagem, no serviço ao próximo, na afirmação de uma consciência reta e digna, as verdadeiras fórmulas de paz e felicidade para a alma imortal.

Na relativamente curta existência terrena, há duas ordens de interesses, deveres e obrigações a serem atendidos pelos homens. Uma diz respeito à vida material, às necessidades do corpo, ao bem-estar físico, aos negócios do mundo, à vida de relação no seio da família e da sociedade, à profissão etc. Todas as ações objetivando o imediatismo, o perecível, o passageiro incluem-se nessa ordem. Podemos simbolizá-la nas coisas de César. São respeitáveis, necessárias, mas sua importância é transitória. A outra ordem compreende as idéias e ações que atingem diretamente os interesses da alma, pelas conseqüências que lhe acarreta, enriquecendo-a substancialmente ou sobrecarregando-a de débitos.

Embora não existindo uma linha divisória nítida entre as duas ordens de interesses, os que conduzem e atendem à materialidade da vida e os que afetam diretamente o Espírito, uma vez que têm todos uma origem comum na mesma personalidade humana, os esclarecimentos espíritas servem de parâmetro no procedimento da criatura, quaisquer que sejam os fins visados.

Por isso o espiritista sincero e esclarecido, sem deixar de cuidar de seus deveres imediatos impostos pelas contingências mais variadas da vida material, não descuida do próprio aperfeiçoamento espiritual nos embates e experiências a que está submetido.

Na proporção da penetração da Doutrina e do seu correto entendimento, o adepto procura imprimir em suas ações o rumo ditado por sua consciência, cada vez mais esclarecida pelo esforço continuado e pelas inspirações oriundas do Plano Espiritual, sempre presentes onde haja propósitos elevados.

Que religião, que filosofia de vida, que tratado de psicologia ou manual de regras de conduta poderiam competir vantajosamente com a Doutrina dos Espíritos, tão simples na sua contextura mas tão profunda na sua significação e abrangência, ao traçar normas para a vida do Espírito, visando ao seu esclarecimento, à sua elevação moral, à sua felicidade?

Ela abrange os princípios morais mais puros e elevados que se conhecem, ao interpretar os ensinos do Cristo na sua significação sublime da era do Espírito.

Ela desvenda o mistério da vida futura, afastando para sempre o terror da morte, as incertezas do além-túmulo, as ilusões do ateísmo e do niilismo, a injustiça do inferno eterno, as superstições milenares.

É com ela que terminam os enganos das vantagens pessoais sem esforço, ao esclarecer que toda conquista real custa trabalho e renúncia e que o mal, resultante do egoísmo, do orgulho e das paixões inferiores, só tem existência passageira, enquanto ausente o Bem.

Foi ela que revelou a multiplicidade dos mundos habitados, antecipando de muito as especulações da Ciência, tomadas hoje como hipóteses prováveis; que adotou e explicou, com riqueza de detalhes, a antiqüíssima doutrina da reencarnação, conjugando-a à lei de causa e efeito e tornando possível a compreensão de muitos aspectos da Justiça Divina.

Mostrou o Cristo na sua verdadeira dimensão, por Ele mesmo proclamada, de Filho de Deus, de Enviado do Pai, de Governador Espiritual da Terra, cuja luz brilha sobre o Orbe como o Verbo do princípio, mas sempre cumprindo a vontade de Deus:

> **"Eu não posso de mim mesmo fazer coisa alguma." – (João, 5:30.)**

Então, a grandeza da missão de Jesus aparece nítida para toda a Humanidade, na importância e beleza excepcionais de sua mensagem de vida eterna.

Ampliou a compreensão de Deus, o Criador de todo o Universo material e espiritual, eliminando as limitações antropomórficas impostas pelas antigas crenças.

Ao lado das Revelações anteriores, interligadas entre si, a Nova Revelação traz ao homem transcendentes conhecimentos, possibilitando-lhe identificar no Espírito o viajor do infinito e revivendo o ideal socrático do "conhece-te a ti mesmo".

Apóia a Ciência, no que ela representa de importante para a Humanidade, sem sujeitar-se às imposições da impostura e do preconceito que tantas vezes falam em seu nome.

É a grande opositora do materialismo, combatendo-o sem tréguas ao evidenciar suas contradições e incongruências.

Enfim, é o Espiritismo, quando bem estudado, interpretado e vivido, verdadeiro guia e orientador em todas as atividades do homem interessado em aperfeiçoar-se e ser útil à comunidade em que vive.

Nas sociedades modernas, onde o prazer dos sentidos e a aquisição de coisas aparecem como objetivos primordiais da maior parte das populações servidas pelo avanço das ciências e de uma tecnologia cada vez mais sofisticada, há um natural favorecimento ao materialismo e ao egoísmo.

O homem torna-se frio e indiferente à sorte de seus semelhantes, acostumando-se ao adormecimento de seus sentimentos mais nobres de fraternidade.

Mesmo nas sociedades economicamente menos desenvolvidas, o sonho da maioria traduz-se em cupidez e conquista de riqueza. Nossa atual civilização renovou-se inteiramente nos últimos cem anos no que concerne a quase tudo que gozamos de conforto material.

Diante de um quadro dessa ordem, que qualquer observador pode verificar sem dificuldade, torna-se evidente a necessidade premente de ressaltar os valores morais e espirituais, como preventivo ao embrutecimento pelo imediatismo e utilitarismo.

Não existe incompatibilidade entre o progresso das ciências, nas suas pesquisas e aplicações práticas, e o aproveitamento natural de seus resultados pelo homem.

O grande mal não está no progresso alcançado pela tecnologia, mas na falta de equilíbrio no uso dos resultantes do progresso.

Em outras palavras, o homem não se prepara convenientemente, do ponto de vista moral, para gozar dos benefícios da Ciência Aplicada.

Não basta o preparo intelectual para usufruir dos bens materiais. É preciso compreender que a fruição somente no sentido de satisfação de prazeres e desejos materiais grosseiros, sem participação dos sentimentos mais puros da alma, traduzidos em amor e compreensão para com os semelhantes, é forma de comprometimento atual com repercussão no futuro.

De que vale o bem-estar passageiro, egoístico, sem proveito real para o Espírito?

O equilíbrio emocional, a motivação moral, a lembrança permanente dos valores éticos, o convite à vigilância contra o egoísmo individual e coletivo deveriam ser apelos constantes a todos que esquecem os deveres da caridade e da solidariedade para se entregar ao hedonismo avassalador.

As religiões deveriam ser as guardiãs naturais da prevalência do espiritual sobre o temporal.

Acontece, porém, que as religiões, muito prejudicadas pelo abuso dos símbolos, como diz Humberto de Campos (Espírito), pelo anacronismo, pelos desvios, pelas interpretações literais das escrituras e muitas vezes também por adesão aos interesses temporais, têm falhado em sua verdadeira missão.

A Doutrina Espírita, composta, segundo Kardec, de Ciência, de Filosofia e de conseqüências morais, deduzindo-a dos ensinos da Espiritualidade Superior a serviço do Cristo, tem todos os característicos de **Religião**, em sentido verdadeiro — que não deve ser confundido com o sentido usual dos cultos religiosos —, para incumbir-se, com a responsabilidade do Consolador, de alertar a Humanidade para o seu verdadeiro destino, que se alteia muito acima do simples existencialismo calcado no materialismo.

CAPÍTULO 22

O CARÁTER RELIGIOSO DO ESPIRITISMO

Indiscutível entre os verdadeiros espiritistas o caráter fundamental da Doutrina dos Espíritos, sistematizada por Allan Kardec na sua abrangência de Ciência, Filosofia e Religião.

No magistério de Emmanuel, enquanto a Ciência e a Filosofia operam o trabalho da experimentação e do raciocínio, na busca constante da Sabedoria, a Religião personifica o Amor, edificando e iluminando os sentimentos.

Negar o caráter religioso do Espiritismo será despojá-lo de sua mais profunda índole filosófica e moral, que não pode apartar-se da busca permanente de Deus, somente possível através do amor ao Criador e aos semelhantes, como sintetizou Jesus.

A preeminência da Religião, na sua mais lídima expressão, não significa que o Espiritismo despreze a pesquisa científica e a disciplina do pensamento. A pesquisa científica documenta os fatos, dando base sólida ao conhecimento, enquanto a investigação filosófica amplia a visão global do Universo. Mas não basta ao Espírito vasto cabedal de conhecimentos, servido por raciocínio lógico, para que possa clarificar o caminho para Deus. É imprescindível o sentimento divino do Amor.

Não nos estamos referindo ao Espiritismo como mais uma religião no mundo. Dentro da pobreza da linguagem humana, muitas vezes temos de lançar mão de um mesmo vocábulo para exprimir coisas diversas. Não tomemos a palavra **religião** no seu sentido comum, corrente, de seita, de culto organizado, com sacerdócio, práticas exteriores etc.

Antes, fiquemos com o conceito amplo, lato, de sentimento divino na procura de Deus e na realização da perfeição. É nesse sentido que o Espiritismo é Religião.

Como suprema expressão de Amor no mundo, Kardec adotou para o Espiritismo, fundamentado nas instruções dos Espíritos Superiores, a ética e a moral dos ensinos do Cristo.

Portanto, o Evangelho de Jesus, na luz do Consolador prometido, é a Religião para nós, espíritas, como o será para a Humanidade futura.

Examinando-se com atenção as idéias religiosas manifestadas no passado milenar da Humanidade, verifica-se, graças às luzes proporcionadas pela Revelação Espírita, que todas elas se destinaram a preparar o homem no conhecimento espiritual e no sentimento.

Conhecimento da realidade espiritual e prática do Amor representam a síntese religiosa que vai desaguar no Evangelho do Cristo de Deus, o Verbo do princípio, segundo João, o Evangelista. O revestimento desse centro essencial constitui-se de partes secundárias, ocupando-se do sobrenatural, do mistério, dos dogmas, costumes, tendências de cada povo, e também superstições, credos e culto exterior, variáveis em cada religião. O núcleo das religiões foi constantemente abafado pelas partes secundárias, capazes de impressionar muito mais os homens, presas do atraso e da ignorância.

Nem poderia ser de outro modo. Sendo o Cristo o Guia da Humanidade, seu Governador, presidindo os destinos da Terra desde sua formação, os inúmeros missionários que no passado estiveram a serviço do progresso do Orbe e da evolução do homem obedeceram à orientação do Filho de Deus. Por isso, todas as idéias generosas, escoimadas dos desvios humanos, manifestadas no seio de cada povo ou civilização, expressando fragmentos da Verdade, ligam-se ao coração misericordioso do Cristo, integrando-se no resumo de todas as leis: amar a Deus e ao próximo.

Contudo, apesar do tronco comum em suas origens, as religiões em demanda do Bem não puderam evitar as divisões entre os homens, pelo predomínio da ignorância, do preconceito, das superstições e da rebeldia espiritual.

Algumas seitas religiosas chegam a pretender a exclusividade de suas verdades, em detrimento de todas as outras, como se somente alguns homens fossem privilegiados filhos de Deus e só eles merecessem seus favores.

A Religião dos Espíritos agasalha todos. É uma nova etapa na evolução humana. Por isso ela sintetiza verdades milenares retiradas de antiqüíssimas religiões, máximas e preceitos morais de mais de 6.000 anos, ensinos sobre a trajetória da alma, antes do renascimento e após a morte, o velhíssimo conhecimento sobre a reencarnação, e sobretudo os ensinos evangélicos, a mais alta mensagem espiritual trazida à Terra, em todos os tempos.

Entretanto, apesar de ter a Codificação colocado muito claramente a tríplice natureza da novel Doutrina, sem prejuízo de sua unidade, verdadeiro paradoxo lavra entre alguns espíritas quanto ao entendimento que se impõe a respeito de cada aspecto do Espiritismo; se não, vejamos.

Os aspectos científico e filosófico somente foram admitidos pelos inimigos da Doutrina após muita oposição, por motivos eivados de preconceitos, mas há unanimidade entre os espiritistas em aceitá-los.

No tocante ao aspecto religioso observa-se forte oposição das igrejas em admitir o Espiritismo cristão. Para elas, o Cristo é monopólio de sua organização, de seus adeptos e filiados. Tornam-se intolerantes, impõem seu entendimento e interpretação dos Evangelhos, com os acréscimos das resoluções humanas. Ainda bem que a posição das igrejas nem sempre é acatada e seguida por muitos de seus adeptos mais esclarecidos.

Mas entre os espíritas é que causam estranheza as divergências de opiniões, fundadas, a nosso ver, na falta de percepção do verdadeiro gênio da Doutrina dos Espíritos. Alguns não admitem seu caráter religioso, restringindo o conceito de religiosidade às práticas exteriores, secundárias.

Na França atual a direção do Movimento, num desvio lamentável, proscreveu os termos **Espiritismo** e **espírita**, em lugar de resistir aos ataques da ignorância e do preconceito, como se faz com proveito no Brasil e em outros países; e, ainda mais, dividiu a unidade da Doutrina para somente aceitar seu aspecto científico e parte da filosofia, apequenando-a diante de sua grandeza e transcendência. Esse desserviço à grande causa representa sério recuo na marcha vitoriosa do Espiritismo no mundo, com sobrecarga de trabalho às novas gerações de espíritas sinceros e esclarecidos. Essa posição desagregadora encontra sempre acolhida em alguns espíritos, até entre nós, brasileiros, que em esmagadora maioria não aceitamos a posição de considerar a Doutrina como mais uma ciência no mundo, em detrimento da grandeza e beleza doutrinária, com sua maior força de sustentação na revivescência da Grande Mensagem do Cristo, na interpretação dos Evangelhos em espírito.

Essas divergências, que não nos devem abater, mostram claramente o estado de inferioridade do pensamento humano, muitas vezes comprimido e limitado por velhas concepções que a filosofia espírita visa a superar, nem sempre com êxito, quando depara, por exemplo, com a obstinação de almas carregadas de orgulho, de auto-suficiência, levando-as a cuidar do intelecto, mas não suficientemente do sentimento.

Impõe-se, nesses casos, a indagação de Emmanuel: que fazer com o conhecimento adquirido, servido por deduções lógicas do raciocínio humano? Que utilidade oferece tal riqueza, se não destinada a um fim útil à própria criatura e a seus semelhantes, se não direcionada no sentido do amor e da compreensão, da aceitação e do serviço, que só a verdadeira Religião é capaz de indicar?

Não foi por acaso ou sem razão de alta relevância que os Espíritos instrutores assentaram a Nova Revelação nos princípios morais encerrados na mensagem do Cristo. As conseqüências morais decorrentes da ciência e da filosofia espíritas são, portanto, a base religiosa da Doutrina, sua força propulsora para o Alto, para a redenção humana. Espiritismo despojado dessa força perde sua unidade, sua razão de ser, seu característico essencial de Consolador prometido.

Se o Cristo revelou a verdade à Humanidade, há tantos séculos, e o Espiritismo revive os mesmos ensinamentos morais, é sinal de que há perfeita concordância entre as duas Revelações, no que contêm de essencial, nas verdades fundamentais da Religião, independentemente das particularidades e acréscimos feitos pelos homens nas religiões, consideradas na acepção comum.

Mas como o Cristo não disse tudo, como Ele próprio deixou explícito: "Eu teria ainda muitas coisas a dizer-vos, mas vós não podeis compreendê-las, é por isso que vos falo em parábolas", o Espiritismo, adotando sua doutrina como base, vem explicar e complementar o que ficou oculto sob a forma alegórica.

De outro lado, o entendimento e a prática dos preceitos morais, variáveis nos diversos cultos cristãos, pela interferência do dogmatismo e das práticas exteriores, levaram-nos a caminhos diferentes daquele proposto pelo Mestre. À Doutrina Espírita coube, também, por isso, o relevante papel de escoimar os ensinos autênticos dos desvios humanos, restaurando-os na sua pureza primitiva. A observância desses preceitos, pela significação espiritual, é perfeitamente compatível com a vida moderna, dada a sua intemporalidade. O esforço sincero para compreendê-los e vivenciá-los é, para os espíritas, a verdadeira Religião.

Para a perfeita assimilação da Doutrina, não se pode tomá-la parcialmente como ciência ou como filosofia, desvinculando-a da moral evangélica, como ocorre com alguns defensores de "pontos de vista" pessoais, com grave mutilação da unidade doutrinária. Por vezes deparamos com argumentos aparentemente bem lançados, utilizando-se palavras e frases do Codificador na defesa de determinada perspectiva.

Entretanto, é sempre bom lembrar a célebre regra de hermenêutica, sem a qual tantos juristas cometem tremendos erros de interpretação de normas legais, enganos propositais ou inconscientes — a de que nunca se devem isolar dispositivos componentes de todo o contexto do conjunto, sob pena de separar o fato particular de sua causa final, com conseqüências desastrosas para o correto entendimento.

Na Codificação, conjunto da Doutrina sistematizada por Allan Kardec, vasta e complexa na sua contextura, temos de partir do todo, do tripé em que se assenta, se quisermos o melhor entendimento de qualquer de suas partes componentes. É evidente que o conjunto forma uma unidade solidária, um todo homogêneo, em cuja análise não nos devemos perder nas particularidades, se desejarmos atingir sua finalística, com segurança.

O Codificador muitas vezes se refere ao Espiritismo ora como ciência, ora como filosofia, como religião, como moral, como relação entre dois mundos, particularizando seu caráter multiforme, de acordo com a natureza do discurso.

Vemos, por exemplo, em "O Que é o Espiritismo", a seguinte definição, para os principiantes: "O Espiritismo é uma ciência que trata da natureza, origem e destino dos Espíritos, bem como de suas relações com o mundo corporal." (Pág. 50, 28ª ed. FEB.) Definição semelhante encontra-se em "O Evangelho segundo o Espiritismo", na página 59 da 89ª ed. da FEB.

Ora, aí está evidenciado que a definição, embora não esteja errada, não é completa. Qualquer espírita, conhecedor da Doutrina, percebe que o Codificador quis dar ao leitor a perspectiva de alguns aspectos do que constitui o objeto da ciência espírita, sem maior preocupação com a complexidade do conjunto. Kardec era professor experimentado e culto e sabia dosar perfeitamente a transferência de conhecimentos, metódica e progressivamente.

Vale a pena voltar nossa atenção para a magistral página inserida pelo Codificador no Capítulo I de "O Evangelho segundo o Espiritismo", capaz de expressar, com a clareza e firmeza do mestre, tudo quanto procuramos esclarecer acima, com o objetivo de alertar os espiritistas contra certas interpretações tão prejudiciais quanto injustificáveis, que alguns teimam em divulgar.

"A Ciência e a Religião são as duas alavancas da inteligência humana; uma revela as leis do mundo material e a outra as do mundo moral. Tendo, no entanto, essas leis o mesmo princípio, que é Deus, **não podem contradizer-se (...). A incompatibilidade que se julgou existir entre essas duas ordens de idéias provém apenas de uma observação defeituosa e de excesso de exclusivismo, de um lado e de outro. Daí um conflito que deu origem à incredulidade e à intolerância.**

São chegados os tempos em que os ensinamentos do Cristo têm de ser completados; em que o véu intencionalmente lançado sobre algumas partes desse ensino tem de ser levantado; em que a Ciência, deixando de ser exclusivamente materialista, tem de levar em conta o elemento espiritual e em que a Religião, deixando de ignorar as leis orgânicas e imutáveis da matéria, como duas forças que são, apoiando-se uma na outra e marchando combinadas, se prestarão mútuo concurso. Então, não mais desmentida pela Ciência, a Religião adquirirá inabalável poder, porque estará de acordo com a razão, já se lhe não podendo mais opor a irresistível lógica dos fatos." ("O Evangelho segundo o Espiritismo" — pág. 60 da 89ª edição especial da FEB.)

Haverá tempo em que o espírito humano, generosamente influenciado pela Terceira Revelação, aceitará a Ciência e a Religião fundidas numa concepção filosófica única, num domínio comum de conhecimento e de sentimento.

Os espíritas de hoje e os do futuro, depositários dessa verdade, serão sempre os vanguardeiros do pensamento unificado, onde ciência e religião, na antiga concepção, não serão mais que palavras refletindo as flutuações do pensamento em evolução, fases que terão desaparecido com as sombras da ignorância e do preconceito.

O ideal religioso não perecerá, mas se transformará, substituindo o dogmatismo pelo culto da Verdade, onde os preceitos sublimes do Evangelho do Cristo, na sua significação transcendente, dominarão as consciências esclarecidas.

CAPÍTULO **23**

RELIGIÃO DO FUTURO

O mundo está dividido, do ponto de vista das crenças religiosas, entre o Bramanismo (Vedismo e Induísmo), o Budismo, o Judaísmo, o Cristianismo, o Taoísmo, o Xintoísmo, o Islamismo, dentre as grandes religiões, assim consideradas pelo número de adeptos, além de outras seitas e doutrinas com menor número de seguidores.

Os cismas e divisões determinaram o surgimento de diversas seitas no seio das religiões, como ocorreu com o Cristianismo, compreendendo, de um lado, católicos romanos e cristãos ortodoxos e de outro as seitas protestantes dos luteranos, calvinistas, anglicanos, metodistas, presbiterianos, batistas e muitas outras.

No passado distante outras religiões existiram e desapareceram, tragadas pelo progresso incessante, enquanto o passado recente viu surgirem novas doutrinas espiritualistas, algumas expandindo-se rapidamente, outras limitando-se a vidas vegetativas.

Opondo-se às religiões, colocam-se os indiferentes, os niilistas, os ateus, em grande número. O materialismo está presente em todas as eras da trajetória humana na Terra.

Neste ligeiro esboço, consideramos religião não somente os diversos cultos externos e internos, mas, de forma abrangente, toda doutrina ou crença religiosa que leva o homem a aceitar a existência de uma causa suprema, determinante das leis universais nem sempre compreendidas, mas pelo menos pressentidas. Nesse sentido, o instinto religioso é comum a todo o gênero humano, independentemente de raça, de época e de estágio evolutivo, acompanhando a Humanidade desde os tempos primitivos até os nossos dias.

Esse instinto pode ser identificado em todos os tempos, assim nos povos mais selvagens como nas mais brilhantes civilizações do orbe terrestre, sendo portanto uma das tendências mais constantes e universais que leva o homem a preocupar-se com o superior, o oculto, o divino.

Além das revelações divinas, fundamentos reconhecidos nas origens do Judaísmo, do Cristianismo e do Espiritismo (Espiritualismo Moderno), múltiplas causas contribuem para a formação e desenvolvimento das religiões. Dentre outras muitas podem ser citadas: a limitação da razão e do conhecimento humano, dando nascimento ao mistério das coisas; o respeito e o temor diante das forças da natureza, atribuindo-as a seres superiores; necessidade de explicação da origem da ordem cosmogônica; observação da vida e de seu desenvolvimento em todos os seres vivos; o mistério da morte; influências prolongadas de certas personalidades, de grande saber e virtudes, consideradas fundadoras de religiões (Sáquia-Múni, o Buda, Lao-tse, Confúcio, Zoroastro, Amenhotep IV e tantos outros).

Comumente são classificadas as religiões em fetichistas, politeístas e monoteístas. Em quase todas insere-se uma parte metafísica, além dos dogmas e tradições, cultos e prescrições morais formando um conjunto de regras e práticas a serem observadas pelos seguidores.

Acompanhando o homem desde tempos imemoriais, as religiões representam sua aspiração de crescimento, a expansão de suas faculdades espirituais, o esforço aplicado na explicação da vida em todas as suas manifestações, a busca de Deus.

Nessa busca incessante o homem não está só. Nunca esteve só, embora nem sempre o percebesse.

Ao lado das concepções puramente humanas, sempre houve a intervenção divina junto aos homens, sendo o mundo invisível responsável pelas inspirações e revelações.

A multiplicidade das religiões atende às necessidades das massas humanas nas suas diversas etapas evolutivas.

Hoje, graças à Revelação Espírita, sabemos que a solicitude de Deus, o Pai e Criador do Universo, sempre se fez presente junto às criaturas, presença pressentida em quaisquer épocas pela acuidade espiritual dos mais aptos. Os livros sagrados mais antigos e as tradições transmitidas de geração a geração falam sempre de um Deus ou de deuses cuja concepção varia de acordo com o estágio evolutivo dos povos.

O Cristo de Deus — o Guia e Governador da Humanidade —, falando do Pai e Criador de todas as coisas, é quem melhor elucidou os homens sobre Deus e seu Reino.

O Espiritismo, seguindo os passos do Mestre, esclareceria modernamente os atributos de Deus e suas leis, na medida das necessidades do homem atual e dos conhecimentos a que faz jus.

Partindo do princípio de que a **religião** é a busca de Deus e o caminho para unir todos os homens em torno do Criador, qual será a religião do futuro?

Há pensadores e filósofos inclinados a admitir o desaparecimento das religiões no futuro, baseados no fato de que todas elas deixam de lado a **união** dos homens, impondo intransigentemente suas pretensões dogmáticas e disciplinas, e fazendo de suas hostes verdadeiro baluarte do sectarismo hermético, excluindo a tudo e a todos os que não sejam capazes de renunciar suas convicções íntimas para aceitar suas imposições.

Procurando nos ensinos prescritos por todas as doutrinas religiosas conhecidas algo que atenda ao princípio fundamental da procura e da comunhão com Deus e ao mesmo tempo à união de toda a Humanidade, sem exclusão de nenhuma criatura, pela fraternidade, nada encontraremos capaz de suplantar a síntese formulada por Jesus, na qual resumiu toda a lei: **Amar a Deus sobre todas as coisas e amar ao próximo como a si mesmo.**

Essa síntese encerra, na realidade, o mandamento maior da religião fundamental, sobrepairando a tudo o mais que não se ajuste ao Amor que emana de Deus e se manifesta em todo o Universo, sob as mais variadas formas.

A razão humana, aliada ao sentimento de fraternidade e de solidariedade entre todas as criaturas, trabalhadas pelas religiões e pela Ciência, através dos milênios, compreenderá um dia o significado transcendente, em toda a sua plenitude, da revelação de Jesus, apontando o amor a Deus e ao próximo como o caminho que conduz à redenção e ao Reino dos Céus.

A ciência humana, até agora preocupada somente com a matéria, por si só não poderia desbravar esse caminho, como o demonstram seus avanços e recuos, quando suas verdades de hoje desmentem as verdades de ontem. As religiões, por seu lado, instrumentos para a elevação moral e espiritual do homem, na multiplicidade de aspectos com que se apresentam, tantas vezes contaminadas pelas superstições, pelo dogmatismo e pelo exclusivismo de seus quadros, também não poderiam sozinhas dar cabal desempenho às suas finalidades, não fosse o socorro do Alto, através das Revelações, especialmente a maior de todas; representada pela presença do Cristo na Terra.

Essa presença, pressentida muitos séculos antes de sua vinda, atestada pelos profetas e missionários de todos os tempos, é marcada pelo código de seus ensinamentos — o Evangelho — e pelo que fora prometido como o Consolador, que a nossa era recebeu para permanecer no mundo, no preparo de um novo estágio evolutivo para toda a população terrestre.

O Consolador, prometido e enviado, encerrando a mensagem do Cristo e ampliando-a pelo aclaramento e pela interpretação nova, de sentido essencialmente espiritual, será a religião do futuro.

Nele está atendido integralmente o mandamento maior, em toda sua extensão. Sua base, o amor fraterno entre todas as criaturas, expressa ao mesmo tempo o amor a Deus, a Suas leis — expressões de Sua vontade —, e a toda a criação — manifestação de Seu poder infinito.

Por isso o Consolador, em seus desdobramentos, como a Nova Revelação, vem em auxílio dos homens, trazendo-lhes a seiva divina capaz de orientá-los no ingente esforço de separar o joio do trigo, identificando as parcelas da Verdade existentes em todas as grandes religiões, escoimando-as das superstições, do dogmatismo, do exclusivismo, das criações puramente humanas, do egoísmo e das ambições injustificáveis. Como reafirmação que é da mensagem do Governador do Planeta, retifica as distorções de seus ensinos, dá-lhes o sentido correto, aclara as dúvidas e descerra o Mundo Invisível, com sua complexa estrutura, em permanente intercâmbio com o plano da matéria densa.

Inaugurando a Era do Espírito, alarga os horizontes do conhecimento com a revelação das leis divinas, imutáveis e eternas, a reger a evolução de todos os seres, em demanda do eterno bem. A religião, que só tem um Mestre, não vem disputar com as outras religiões, porque só visa a esclarecê-las, mostrando-lhes onde se encontra a verdade; também não vem proscrever a Ciência, mas indicar-lhe as realidades desconhecidas do Espírito, até agora desprezadas pela ignorância e pelo preconceito.

Como religião do futuro, cuja marcha se iniciou com os notáveis trabalhos preparatórios do missionário de Lyon, suas raízes vigorosas são as do Cristianismo do Cristo, sem os prejuízos dos acréscimos humanos. Seu característico de universalidade, agasalhando todas as criaturas, sem distinções, não rejeitará ninguém. Seu apelo dirige-se em primeiro lugar ao sentimento, ao coração de cada um — "amai-vos" — para depois concitar a inteligência — "instruí-vos".

A diversidade das religiões não elimina a unidade de determinados princípios fundamentais existentes no âmago de todas elas, como a diversidade de raças e de características individuais não exclui a unidade do gênero humano.

"Deus é amor" e será pelo amor que a religião unirá os homens, superados os entraves criados por eles próprios.

CAPÍTULO **24**

O ENSINO RELIGIOSO / I

Paradoxalmente, o ensino religioso às novas gerações — direito, dever e obrigação reconhecidos pelas sociedades organizadas — transformou-se em questão tormentosa, pela intolerância e incompreensão humanas.

Muitos não conseguem aprender a conviver pacífica e respeitosamente com seus semelhantes que não lhes seguem as idéias. Não chegam a compreender que raças, credos políticos ou religiosos, idéias e pensamentos, por mais diversificados que sejam, constituem o patrimônio comum da Humanidade, a ser respeitado por todos, sob pena de autolesão.

Outros muitos, ciosos de seus direitos e defensores da própria liberdade, não reconhecem esse bem inalienável fora de seus grupos, como se se tratasse de um privilégio de classe ou facção.

Imposição, arbítrio, fanatismo e intolerância estão

estreitamente ligados ao malcompreendido dever de transmitir o conhecimento religioso. Invoca-se o pretenso direito das maiorias, a pretensiosa injunção da "verdade", derrogando-se, sem maiores preocupações, a liberdade em matéria de consciência. No entanto, a verdade relativa pode estar não com a maioria, mas com a minoria, ou mesmo com um só indivíduo, como dão testemunho tantos lances da História.

Neste pequeno estudo focalizaremos o problema do ensino religioso, tendo em vista especialmente o interesse dos espíritas brasileiros, mas é inegável que o tema é objeto de discussões e disputas em toda parte onde existem divergências religiosas e filosóficas, gerando questões de natureza política e religiosa, institucional, legal e educacional.

Ainda recentemente, um vigilante órgão do Movimento Espírita, a Aliança Municipal Espírita de Uberaba, solicitava orientação da FEB sobre "o ensino religioso nas Escolas Estaduais de Minas Gerais, que se tornou obrigatório nas referidas escolas", acrescentando que o problema já havia surgido em 1965, ocasião em que o COFEMG (Conselho Federativo Estadual de Minas Gerais) posicionou-se pelo princípio da laicidade do ensino.

Procuraremos focalizar aspectos históricos, constitucionais e legais relacionados com o assunto, em nosso País, sem esquecer que acima da legislação de cada povo ou nacionalidade a questão envolve aspectos de libertação espiritual ou transcende para o âmbito dos direitos humanos, sendo objeto da notável Declaração Universal dos Direitos do Homem, documento que traduz as mais justas aspirações humanas, no terreno da liberdade, da dignidade, da consciência e da fraternidade, acolhidas pela Assembléia Geral das Nações Unidas.

Resumiremos, outrossim, as recomendações e orientações da Federação Espírita Brasileira e de seu Conselho Federativo Nacional, relembrando também pronunciamentos de representantes da Igreja e de órgãos governamentais, objetivando oferecer um pequeno roteiro da evolução da questão a quantos têm responsabilidade de orientação, nas Casas e lares espíritas.

•

Transplantada a Doutrina dos Espíritos para as Terras do Cruzeiro do Sul, logo surgiram na Bahia, no Rio de Janeiro, em São Paulo e em outras províncias os grupos pioneiros dispostos ao estudo, à prática e à propagação da novel Doutrina.

O Império do Brasil era uma nação de profunda influência católica, em todas as atividades humanas.

Politicamente, a Igreja Católica Romana estava vinculada ao Estado, por dispositivo constitucional expresso, mas sobretudo por práticas, usos e costumes arraigados, originários do Brasil colonial.

Por isso não foi fácil a tarefa dos primeiros desbravadores espíritas, deparando com a poderosa influência de uma maioria católica que se fazia sentir nas instituições públicas e particulares, nos órgãos governamentais e na legislação civil.

Surgiram os primeiros confrontos e, logo após, as primeiras perseguições ao Espiritismo, na última década do Governo Imperial. Delas tomou conhecimento o Imperador Pedro II, conforme extensos relatos constantes da "Revista da Sociedade Acadêmica Deus, Cristo e Caridade", rememorados por "Reformador" de 1981, páginas 231 e seguintes.

A educação religiosa — entenda-se católica — como a compreendia a Igreja, no período pré-republicano, era incontestada, diante de todas as condições favoráveis e da quase nenhuma oposição de dissidentes.

Fundada em 1884, a Federação Espírita Brasileira, por seu órgão "Reformador", já existente desde um ano antes, e que lhe foi incorporado no mesmo ato de fundação, em artigo de fundo de 1° de junho de 1884, ocupava-se do ensino religioso nas escolas, de forma desassombrada, em pleno regime monárquico e arrostando corajosamente as conseqüências de sua atitude, como se vê nos trechos seguintes:

> "Não cremos que sejam os professores primários os mais próprios para incutir no ânimo das crianças as idéias religiosas."
> "A família, só à família compete guiar essas inteligências novas na senda da virtude, da justiça e das verdades eternas."
> "É nossa convicção íntima que o ensino religioso não deve ser dado nas escolas, e sim por cada um a seus filhos."
> (**In** "Reformador" de maio de 1966, p. 99.)

Observa-se que desde os primórdios de sua atuação no Movimento Espírita a Federação Espírita Brasileira enfrentou a questão e firmou uma diretriz segura e invariável, em suas linhas gerais.

•

Com a Proclamação da República e a promulgação da Constituição de 24 de fevereiro de 1891, a situação mudou, não somente do ponto de vista político, mas também em função de novos princípios reguladores da expressão do pensamento e das liberdades religiosa e de consciência.

Esse enorme serviço em prol da liberdade deveu-se, em grande parte, à atuação dos republicanos e abolicionistas seguidores do Positivismo, de A. Comte, muito influentes à época.

Desvinculou-se a Igreja Romana do Estado Brasileiro. Grande conquista.

As minorias religiosas puderam, então, respirar em clima de maior liberdade e justiça, em que pese às perseguições dos inconformados com a nova ordem jurídica e política. Com base na tradição de absoluta predominância católica, o **hinterland** brasileiro, mais que os centros culturais das capitais, conheceu e viveu largo período de inconformismo e obscurantismo, que só o tempo, aliado ao progresso natural, iriam dissipando paulatinamente.

Entretanto, Espíritos rebeldes, apegados às tradições e afeitos à imposição das maiorias, jamais se renderam à obra de esclarecimento e de libertação das consciências.

Apesar das diretrizes expressas na primeira Constituição Republicana de 1891, consubstanciadas e consolidadas nas Constituições de 1934, 1937, 1946, 1967 e Emenda Constitucional de 1969, com ligeiras alterações de redação, os obscurantistas sempre voltam à carga em busca de antigos "direitos" e privilégios, em detrimento das minorias religiosas. As armas utilizadas são a audácia contra a ordem institucional, a fraqueza e indiferença de determinadas autoridades, que se rendem a argumentos e artifícios habilmente urdidos e o recurso a leis ordinárias, regulamentos e portarias contrapostos à Lei maior.

São expedientes que não resistem a uma justa análise em face das Cartas Constitucionais sucessivas, mas que têm produzido os efeitos práticos visados, enquanto não declarados ilegais, ou enquanto as minorias atingidas não reagem a tais práticas.

A Constituição da República Federativa do Brasil, promulgada em 17 de outubro de 1969, ora vigente, estabelece os princípios a seguir transcritos do Capítulo IV — Dos Direitos e Garantias Individuais, e do Título IV — Da Família, da Educação e da Cultura:

"Art. 153 — A Constituição assegura aos brasileiros e aos estrangeiros residentes no País a inviolabilidade dos direitos concernentes à vida, à **liberdade**, à segurança e à propriedade, nos termos seguintes:

§ 1º — Todos são iguais perante a lei, sem distinção de sexo, raça, trabalho, **credo religioso** e convicções políticas. Será punido pela lei o preconceito de raça.

§ 2º — Ninguém será obrigado a fazer ou deixar de fazer alguma coisa senão em virtude de lei.

. . . .

§ 5º — É plena a **liberdade de consciência** e fica assegurado aos crentes o exercício dos cultos religiosos, que não contrariem a ordem pública e os bons costumes.

§ 6º — Por motivo de **crença religiosa** ou de **convicção filosófica** ou política, ninguém será privado de qualquer de seus direitos, salvo se o invocar para eximir-se de obrigação legal a todos imposta, caso em que a lei poderá determinar a perda dos direitos incompatíveis com a escusa de consciência." (Os grifos são nossos.)

"Art. 176 — A educação, inspirada no princípio da unidade nacional e nos ideais de liberdade e solidariedade humana, é direito de todos e dever do Estado e será dada no lar e na escola.

. . . .

§ 3º — A legislação do ensino adotará os seguintes princípios e normas:

. . . .

V — **o ensino religioso, de matrícula facultativa**, constituirá disciplina dos horários normais das escolas oficiais de grau primário e médio;" (os grifos são nossos).

Esses são os princípios constitucionais vigentes, norteadores da liberdade de consciência, de convicção filosófica, de religião e de culto, liberdade que se reflete nas diretrizes da educação, inclusive no ensino religioso nos estabelecimentos oficiais de graus primário e médio. Está disposto, com toda clareza, que o ensino religioso nos estabelecimentos oficiais **é de matrícula facultativa,** o que vem ao encontro do desejo sempre manifestado pelos espíritas, desde o século passado.

Por princípio elementar de hierarquia, todas as leis ordinárias federais, estaduais e municipais, regulamentos, regimentos e portarias devem necessariamente ajustar-se ao mandamento constitucional, subordinando-se às suas diretrizes e normas, sob pena da eiva de ilegalidade, de inconstitucionalidade.

Lei ou ato inconstitucional corresponde a lei ou ato inexistente. Inexiste de direito, e do ato ou lei só tem a aparência, não a substância. Para o direito é como se nunca houvesse existido. Lei inconstitucional não produz efeitos. É uma contravenção a uma cláusula constitucional.

Quando um tribunal declara a inconstitucionalidade de uma lei, ele na realidade está declarando a sua inexistência como lei.

De acordo com essa doutrina, aceita por grandes constitucionalistas, lei inconstitucional não é lei, mas um ato qualquer destituído de obrigatoriedade. Seria, quando muito, um equívoco, não emanado da representatividade do povo, que pressupõe a obediência das leis aos princípios estabelecidos na Constituição, que é o instrumento em que o povo firma as condições sob as quais consente ser governado através de seus representantes.

A própria expressão "lei inconstitucional" encerra uma contradição — **contradictio in adjecto** — de vez que, aceita a teoria da **inexistência** da lei inconstitucional, ela jamais existiu como lei, seja antes, seja depois da declaração de sua inconstitucionalidade, caindo no limbo das nulidades, com aparência, apenas, de existência.

Acontece, entretanto, ocorrerem inconstitucionalidades em leis ordinárias, algumas vezes conseqüentes da boa-fé do legislador, outras vezes em virtude da ignorância e de má-fé, resultando em conflitos que somente os tribunais podem dirimir.

Como o pronunciamento da Justiça é muito lento e precisa ser acionado pelas partes interessadas, ocorre também que leis flagrantemente inconstitucionais produzem conseqüências por largo tempo, com evidente prejuízo dos que se fiam na ordem jurídica estabelecida.

São situações inevitáveis, em um mundo habitado por homens imperfeitos, cujas criações lhes refletem as imperfeições.

Nosso Movimento Espírita vem lutando, de longa data, contra imposições das maiorias, contra as injustiças, contra as ilegalidades, contra a má-fé e todas as modalidades de desrespeito às conquistas justas que tornam o homem um ser livre, digno do exercício dos direitos e deveres que sua natureza essencialmente espiritual lhe assegura para o exercício da fraternidade, no relacionamento humano.

Mas, assim como pululam os fanáticos, que tudo fazem no sentido de impor aos outros sua fé e sua opinião, em matéria religiosa, deparamos também com espíritos lúcidos e coerentes, que não se deixam influenciar pelo erro e pelas conveniências passageiras que lhes possam granjear prestígio político, encômios e vantagens de vária ordem.

Vale a pena recordar o longo e esclarecido veto aposto pelo então Governador do Estado da Guanabara a projeto legislativo que tornava obrigatório o ensino religioso nas escolas e nos cursos mantidos pelo Estado, nos idos de 1963.

Eis o resumo do fato e do veto, tal como "Reformador" noticiou em fevereiro de 1964, página 42:

"Ensino religioso obrigatório

O Sr. Governador da Guanabara — conforme se pôde ler nos órgãos da imprensa diária, entre os quais o "Jornal do Commercio" de 8-12-1963 e "O Globo" de 12-12-1963—vetou totalmente o projeto que tornaria obrigatório o ensino religioso nas escolas ou nos cursos mantidos pelo Estado. Declarando-o inconstitucional e discriminatório, o Sr. Governador repeliu-o depois de ouvir o Conselho Estadual de Educação, que, por intermédio de D. Lourenço de Almeida Prado, OSB, apresentou as razões pedagógicas, morais e religiosas contrárias ao projeto.

Abaixo publicamos uma parte da longa, ponderada e justa exposição do Sr. Governador da Guanabara:

"Creio que o Deputado não atentou para as conseqüências da aplicação do projeto que a Assembléia, inadvertidamente, aprovou.

No desejo de atender à sua Igreja, que é também a minha, ele envolveria a educação pública numa querela religiosa e numa discriminação que importa em privilégio inadmissível. Repelido pela Constituição, tal privilégio também o é pela própria doutrina católica. O proselitismo, a catequese, o apostolado, não se fazem por decreto. Melhor para os católicos é não permitir que a guerra das ideologias políticas os divida em **reacionários** e **progressistas**; nem se deixarem infiltrar pelo inimigo de toda religião, que é o materialismo ateu, com o qual alguns católicos mal avisados encontram estranhas afinidades e andam em contubérnio.

O Brasil já tem muitas divisões que o enfraquecem. Evitemos mais essa. Respeitemos, porque é republicano, é democrático e é até cristão, o direito das minorias religiosas ensinar seus filhos a adorar a Deus conforme a fé e o ritual dos seus pais. Se a Igreja, aquela a que pertencemos, ou outra, quer fazer prosélitos, redobre os seus esforços, dedique-se ao apostolado, e, em vez de promover a reforma agrária, que não lhe compete, promova a conversão dos pecadores e a salvação das almas.

Por isto, veto totalmente o projeto, esperando que seu próprio autor reconheça, com a Assembléia, as graves conseqüências que acarretaria a rejeição deste veto. Sei que de Autoridade Eminente da Igreja Católica teria o autor recebido uma palavra de encorajamento; e que o autor pedia que me enviassem abaixo-assinados insistindo pela sanção. Recebi um, apenas, e com poucas assinaturas. Mas não são abaixo-assinados que me fazem desconhecer a Constituição e permitir que se lance, inadvertidamente, a querela religiosa nas escolas públicas."

CAPÍTULO **25**

O ENSINO RELIGIOSO / II

A consciência humana, subjugada em todos os tempos à imposição política, religiosa, de raça, de sexo, de língua, da riqueza, da posição social, ou de outra invocada condição, teve reconhecido, modernamente, seu direito à libertação, após experiências milenares no sofrimento, nas guerras, nos tribunais civis e religiosos e perante a multiplicidade das organizações humanas, graças à atuação das inteligências mais lúcidas do gênero humano, intermediárias de inspirações superiores e congregadas em torno de uma síntese que ficou como marco indelével desse ideal.

Referimo-nos à Declaração Universal dos Direitos do Homem, documento que honra a Humanidade, dignificando a Assembléia das Nações que a adotou e proclamou, em 10 de dezembro de 1948, para que seja acatada e praticada em todas as Nações da Terra, acima de todas as leis escritas ou de usos e costumes nacionais.

É bom lembrar que a Declaração das Nações Unidas consagra, entre outros princípios edificantes, o da liberdade de pensamento, de consciência e de religião, nos seguintes termos:

"Art. XVIII — Todo homem tem direito à liberdade de pensamento, consciência e religião; este direito inclui a liberdade de mudar de religião ou crença, pelo ensino, pela prática, pelo culto e pela observância, isolada ou coletivamente, em público ou em particular."

E, no tocante à instrução, estabelece roteiro em que a liberdade se conjuga à responsabilidade do Estado e dos pais, "verbis":

"Art. XXVI — 1) Todo homem tem direito à instrução. A instrução será gratuita, pelo menos nos graus elementares e fundamentais. A instrução elementar será obrigatória. A instrução técnico-profissional será acessível a todos, bem como a instrução superior, esta baseada no mérito. 2) A instrução será orientada no sentido do pleno desenvolvimento da personalidade humana e do fortalecimento do respeito pelos direitos do homem e pelas liberdades fundamentais. A instrução promoverá a **compreensão, a tolerância e a amizade entre todas as nações e grupos raciais ou religiosos, e coadjuvará as atividades das Nações Unidas em prol da manutenção da paz.** 3) **Os pais têm prioridade de direito na escolha do gênero de instrução que será ministrada a seus filhos.**" (Grifos nossos.)

No que concerne às liberdades e garantias individuais, há uma nítida aproximação e complementação entre a Declaração Universal das Nações Unidas e as últimas Constituições brasileiras.

É com íntima satisfação que verificamos, por outro lado, que o Movimento Espírita de nossa Pátria sempre pugnou pelos mesmos princípios de liberdade e de respeito aos direitos das minorias, consagrados naqueles textos.

Sem recuar demasiado no tempo, mas atendo-nos aos anos de após a assinatura do Pacto da Unificação, de 5 de outubro de 1949, que criou o atual Conselho Federativo Nacional, encontramos resoluções e recomendações deste órgão da Federação Espírita Brasileira que confirmam a orientação uniforme, desde a fundação da FEB, em 1884.

Eis o que decidiu o Conselho, em importante resolução de 6 de janeiro de 1951, reafirmada como diretriz invariável, desde então (**in** "Reformador" de fevereiro de 1951, pág. 36):

> "a) Aconselhar os consulentes a se absterem de pleitear a inclusão do ensino do Espiritismo nas escolas oficiais;
>
> b) recomendar aos mesmos consulentes que ministrem o ensino da Doutrina Espírita nos lares, centros e escolas por estes mantidas, de acordo com o programa já aprovado pelo CFN;
>
> c) esclarecer os pais de alunos sobre as vantagens de orientarem seus filhos que freqüentam escolas públicas, nas quais se ministre ensino religioso, a fim de que se abstenham de freqüentar aulas de qualquer seita."

Essa resolução do CFN tornou-se orientação firme e coerente para todo o Movimento Espírita no Brasil e subsiste ainda hoje, sem embargo do tempo decorrido e dos fatos novos ocorridos posteriormente.

Em "Reformador" de junho de 1953, página 140, deparamos com elucidativo artigo extraído de "Brasil-Espírita", de março de 1953, sob o título "Oportuno pronunciamento". Nessa época eram muitas as consultas dos orientadores de Escolas Espíritas de Evangelho sobre se deveriam ou não ministrar aulas de Moral Cristã e do Evangelho às crianças, nos Grupos Escolares e Escolas Públicas.

Reconhecendo a complexidade da matéria, assim se expressa o articulista, em trecho de seu trabalho, com a plena aprovação da Casa de Ismael:

> "Mas, se não nos parece aconselhável que pleiteemos a inclusão do Espiritismo no ensino oficial, reconhecemos que nos assiste o direito de instruir nossos filhos no sentido de se absterem a tomar parte em aulas de ensino religioso inspirado em princípios e catecismos de que discordamos, por inoperantes e caducos.
> Nossa orientação, portanto, sobre tão magno assunto é a de que sejamos pela laicidade absoluta do ensino oficial, partindo do princípio de que Religião se aprende no lar e em seus respectivos templos."

Em 1958, "Reformador" de janeiro daquele ano, na página 10, inseria notícia na qual transcrevia a resolução do CFN, de 1951, para conhecimento geral dos leitores interessados e em vista do elevado número de cartas consultando sobre como encarar o ensino religioso nas escolas.

Sucessivamente, em reuniões de 3 de abril de 1965 e de 4 de novembro de 1967, o Conselho Federativo Nacional reafirmou sua resolução de 1951 (acima transcrita), tornando-a orientação pacífica e subsistente até o presente, no sentido de que "o ensino religioso deve ser feito nos lares e nos templos".

O Presidente Antônio Wantuil de Freitas, sempre atento a todas as questões de interesse do Movimento

Espírita brasileiro, zelando para que as recomendações do Conselho fossem conhecidas pelo maior número possível de adeptos e estudiosos da Doutrina, sentiu a necessidade de alertar os espíritas, uma vez mais, sobre a orientação da FEB e de seu Conselho Federativo a respeito do debatido tema. Fê-lo sob o pseudônimo "M.Q.", em pequeno artigo sob o título "O ensino religioso", que abaixo transcrevemos de "Reformador" de abril de 1966, página 81, por sua atualidade e admirável poder de síntese:

"O ensino religioso

Segundo orientação do Conselho Federativo Nacional, órgão da Federação Espírita Brasileira que supervisiona o movimento espirítico brasileiro, e ao qual todos devemos respeito, visto que suas decisões só são tomadas após minucioso estudo das questões que lhe são apresentadas, segundo ele, o ensino religioso só deve ser administrado nos templos e nos lares, e nunca nos educandários mantidos pelo Governo.

Nada temos, pois, que ver com orientações diferentes, tomadas pelo Governo de cada Estado, a pedido de outras correntes religiosas.

Nossas organizações espíritas não deverão indicar professores, remunerados ou não, e os pais espiritistas deverão informar, por ocasião da matrícula de seus filhos, que não desejam que a estes seja ministrado o ensino religioso oficializado, visto que eles próprios se encarregarão desse mister.

Reputamos errado o que se passava em certo país em que era obrigatório o ensino religioso e que, talvez por isso mesmo, deu origem fácil ao que hoje por lá existe: o ensino e a pregação oficial do ateísmo.

Não desejamos que o mesmo descalabro atinja a nossa amada Pátria e não queremos levar, ao coração da infância brasileira, o germe da discórdia, da incompreensão e mesmo de futuras lutas religiosas, mais perigosas que as chamadas revoluções políticas.

Que os nossos homens de Governo não se deixem levar pelo canto da Sereia e que os espiritistas não aceitem convites para o banquete do Leão, de La Fontaine, são os nossos votos.

M.Q."

•

Sobre a laicidade do Estado, condição decorrente das Constituições da República, torna-se interessante a leitura de pequeno artigo de Manuel Antunes, inserto à página 119 de "Reformador" de maio de 1958. A singularidade do escrito deve-se à notícia retirada do "Jornal do Commercio" de 24 de março de 1958, segundo a qual o Papa Pio XII declarara que a "Igreja é pela laicidade do Estado".

Vale recordar que a liberdade religiosa já tem sido proclamada pelos mais altos poderes da Igreja de Roma. Incompreensivelmente, têm havido avanços e recuos no seio dessa milenar Instituição, que ora pugna pela liberdade — e é bom lembrar que a Igreja Católica é minoria em diversos países —, ora se coloca contra ela.

Na mensagem de Natal de 1964, proferida na noite de 22 de dezembro, publicada pelo jornal "O Globo" na edição de 23 de dezembro, o Papa Paulo VI assim se dirigiu ao mundo, em alocução que todos nós gostaríamos fosse anotada e praticada, dentro e fora das fronteiras da Instituição romana:

"Liberdade religiosa

A esse respeito, Paulo VI insistiu sobre o fato de que o Evangelho, aberto na página da paz, possui palavras novas e vivas que oferecem a fraternidade à coletividade humana. "A liberdade religiosa — afirmou — essa liberdade sobre a qual se discutiu nas sessões do Concílio, foi finalmente proclamada em toda a sua plenitude". E abordando o problema de saber se a religião pode ser motivo de divisão entre os homens, o Sumo Pontífice admitiu que a religião, tanto a Católica como as demais, é um elemento que distingue os homens, mas não um elemento que os divide. O Cristianismo, por sua própria natureza, não combate contra os homens, mas sim em favor dos homens para defender o que há de mais sagrado neles: a aspiração fundamental da procura de Deus e o direito de manifestá-la exteriormente sob as formas convenientes do culto. Por isso a Igreja protesta contra a pretensão dos poderes públicos que se arrogam o direito de penetrar em setor que não é de sua competência, tentando afogar essa aspiração. "Reclamamos — disse Paulo VI — aquilo que a Igreja constantemente proclama: **a liberdade religiosa justa e bem compreendida. Reiteramos a proibição de impor uma fé que não seja livremente aceita, ou de proceder a odiosas discriminações e a vexames indevidos. Reivindicamos o respeito ao que há de verdadeiro e honesto em toda religião e em toda opinião humanas, com o objetivo de promover a concórdia entre os cidadãos e a colaboração entre todos os homens de boa-vontade. A verdade permanece imutável e a caridade esclarece seu esplendor.**" (Destaques nossos.)

Admiráveis palavras, dignas de serem meditadas pelos crentes de todas as denominações, especialmente pelos liberticidas de dentro da Igreja.

Nós, no Brasil, sabemos que a opinião do Pontífice não é seguida de bom grado por grande parte dos fiéis da Igreja, dando origem a conflitos e querelas religiosas que se espraiam desde o campo da legislatura até a área do ensino. O acatamento à palavra do Papa e a obediência pura e simples ao mandamento constitucional em pleno vigor preveniriam definitivamente tais querelas.

No seio da própria Igreja estabelecem-se conflitos e contradições de idéias, extrapolando-se as conseqüências em iniciativas infelizes e retrógradas, prejudiciais aos seguidores de outras correntes religiosas.

O Cardeal de Tarragona, Espanha, Benjamim de Arriba e Castro, declarava, no Concílio Vaticano II, que "somente a Igreja Católica tem direito de pregar o Evangelho", em resposta ao Cardeal Spellman, americano, que admitia ser a liberdade religiosa "a verdade sobre a qual se fundam todos os direitos humanos e sociais".

"Falsas religiões" foi a classificação dada às religiões contrárias ao credo católico pelo representante chileno naquele Concílio — Monsenhor Emílio Tagle Covarrubias, de Valparaíso.

Não somente no Brasil, mas em toda a América Latina, a Igreja Católica Romana pressiona governos e instituições buscando impor orientação católica ao ensino, com desrespeito à neutralidade oficial que deve existir em matéria religiosa.

Prova-o o recente despacho publicado pelo jornal "O Globo", de 14-4-1983, sob o título "Chile proíbe que ensino religioso seja obrigatório", mostrando claramente a dificuldade existente nas relações entre o Governo chileno e a Igreja, levando a Ministra da Educação a declarar que não aprovaria o ensino obrigatório de religião através de livro cujo texto considera "uma traição à Pátria", nem assinaria quaisquer decretos ou convênios a tal respeito. Acrescenta a notícia que as declarações da Ministra iriam agravar as tensas relações com a Igreja, já não muito amistosas, diante da detenção de padres, e posterior expulsão, acusados de ativismo político.

Onde o catolicismo é minoritário, insiste na defesa da liberdade religiosa; mas onde é majoritário e prestigiado pelo poder temporal é comum recorrer ao "direito da verdade" (a "verdade" dela, Igreja). Falam mais alto, quase sempre, os interesses ocasionais, em detrimento dos princípios ético-morais.

•

O princípio da laicidade do ensino nas escolas públicas, defendido pelo Movimento Espírita, encerra em si respeito por todas as crenças. A imposição e a parcialidade em órgãos governamentais são danosos a todas, sem distinção. O melhor, portanto, é o não favorecimento de nenhuma religião ou filosofia, em nome da liberdade de todas.

A Espiritualidade Superior referenda esse entendimento, recomendando-nos André Luiz, através da mediunidade de Waldo Vieira ("Conduta Espírita" – Cap. 42, 9ª ed. FEB):

> "Pugnar pela laicidade absoluta do ensino mantido oficialmente, esclarecendo os estudantes, sejam crianças ou jovens, sempre que necessário, quanto à conveniência de se absterem, cordialmente, quando possível, das aulas e solenidades de ensino religioso nos institutos de instrução que veiculem noções religiosas contrárias à Doutrina do Espiritismo.
>
> O lar e o templo são as escolas da fé."

Os espíritas sabemos ser inevitável o progresso, como lei divina. Por isso, vetustas e respeitáveis instituições, ou se adaptam, aceitando os novos tempos e a nova face da Verdade, ou não sobrevivem.

A saga da liberdade de pensamento, de consciência e de religião é uma história que não termina com o reconhecimento do mais alto foro das nações da Terra, expresso na Declaração dos Direitos Humanos, ou com sua inscrição nas supremas leis dos Estados modernos. Se já existe respeito e acatamento às mais belas e caras conquistas do Espírito, na sua arrancada para a libertação, de outra parte uma grande parcela da Humanidade permanece no ignóbil estágio do "crê ou morre", ou do "fora da Igreja não há salvação", ou ainda no do pretenso direito das maiorias em questões de consciência, indiferente às luzes do século, ao espírito do Evangelho do Cristo, à presença do Consolador no mundo e ao progresso intelecto-moral alcançado, graças ao movimento de vanguarda, com fulcro na Espiritualidade Superior, que vai renovando lenta, mas seguramente, a mentalidade do homem.

CAPÍTULO 26

VALORES VERDADEIROS

Ao aproximar-se o fim de suas existências terrenas, deparam muitas criaturas com uma triste realidade, ao verificarem o enorme dispêndio de energias e a perda de tempo precioso empregados na aquisição de conhecimentos supérfluos e de coisas secundárias ou desnecessárias, constituindo considerável bagagem inútil, em contraste com muito pouco que conseguiram acumular em valores verdadeiros, cuja posse subsiste neste e no outro mundo.

Ora, se se tem a certeza da continuidade da vida, desdobrada em mutações contínuas nas quais a transição da morte física é um episódio apenas, não o fim, a previdência e sabedoria do Espírito estarão nos esforços para o atendimento preferencial do que é permanente e eterno, em lugar de entregar-se às ilusões, ao efêmero, ao circunstancial.

Para chegar a esse raciocínio simples e realista será necessário, entretanto, que a razão supere muitos óbices e esteja esclarecida e segura a respeito da natureza e do destino da alma.

Antes de tudo o indivíduo precisa reconhecer-se um Espírito imortal. Sem a posse dessa verdade elementar, mas tão difícil de ser aceita por um número incalculável de criaturas humanas, empolgadas pelo materialismo, não poderá ir à frente, ao encontro das deduções lógicas, permanecendo o ser confinado no niilismo aniquilador.

Quando as instituições humanas dedicadas à educação — o lar, as escolas de todos os níveis, as religiões — ministrarem às novas gerações os conhecimentos fundamentais que a Doutrina dos Espíritos generosamente coloca à disposição de toda a Humanidade, então verdadeira revolução conceptual estará em marcha, substituindo a atual exaltação das riquezas materiais ou dos êxitos passageiros das glórias mundanas, pela prevalência dos valores espirituais traduzidos nas virtudes conquistadas.

Reconhecendo-se alma vivente, não lhe será tão difícil admitir sua criação, de vez que a razão e a lógica indicam-lhe não ter surgido do nada, por absurdo. A existência de Deus, o Criador de todos os seres animados e inanimados, materiais e imateriais, torna-se certeza imediata, racional, intuitiva.

Com a aceitação de Deus e da alma estará lançada a base fundamental sobre a qual o Espírito projetará suas conquistas e sua trajetória.

Todas as doutrinas espiritualistas partem da existência do princípio espiritual. Sobre esse princípio essencial cada escola filosófica ou religiosa edifica suas concepções, seus sistemas e dogmas.

Já o materialismo, não admitindo a existência de Deus e da alma, constitui por si o maior dos entraves ao progresso do Espírito. Sem admitir a própria existência não pode a alma cogitar de nenhuma conseqüência existencial passada, presente ou futura. Todos os atos de sua vida terão que girar em torno de sua acanhada concepção, que não vai além de algum conhecimento sobre a matéria perecível e do que resulta das necessidades imediatistas da vida. Negando-se a si mesmo como ser espiritual, suas ações são permanentes incoerências entre o que ele é, em realidade, e o que entende ser. Sim, porque, embora negando-se, a alma não deixa de agir, de sentir, de aspirar. Encontra-se, todavia, num estado de contradição total, que pode ser comparado ao da morte espiritual.

O despertamento dos seres nessas condições de negativismo é imprevisível. Por vezes torna-se suficiente um simples toque, como a leitura de um livro edificante; outras vezes, a perda de um ente amado, uma forte e sincera ligação sentimental, ou o choque de uma doença grave podem produzir benéfica lucidez no sentido do reencontro consigo mesmo.

Dentre as escolas espiritualistas que tutelam as massas humanas desde tempos imemoriais, fortalecendo-lhes a fé e oferecendo-lhes explicações sobre a vida e a morte, uma se destaca, a partir do século XIX, por constituir-se em verdadeira síntese do conhecimento da verdade revelada aos homens pelas virtudes dos Céus, conjugada às verdades já conhecidas através das religiões e doutrinas que a precederam: o Espiritismo.

Essa novel doutrina é, de fato, uma síntese filosófica, com base científica e experimental, gerando conseqüências morais e religiosas que revivem o Cristianismo e fazem renascer a esperança e a fé nos corações. Aclara o mistério da morte, explica o mecanismo da sucessividade das vidas pela reencarnação, e mostra a existência de uma pátria espiritual com inúmeras províncias, na qual todas as almas desenfaixadas da matéria densa encontram seu lugar, na continuidade da vida.

A elucidação do Espírito pela compreensão das leis que presidem sua trajetória, a evolução contínua, a vinculação do presente e do futuro ao passado, a necessidade do trabalho, a liberdade e a responsabilidade individual, as metamorfoses incessantes, a justiça infalível, a misericórdia e o amor, a solidariedade de toda a criação, tudo subordinando-se à Vontade Divina de poderes infinitos, são conhecimentos a se desdobrarem em múltiplos detalhes, capazes de proporcionar segurança e confiança ao aprendiz dedicado ao estudo e à vivência dessas verdades eternas.

É por isso que o conhecimento espírita constitui o antídoto natural e eficiente contra o comodismo e o relaxamento, transformados em sistema, e o preventivo contra a desilusão dolorosa, quando a criatura, sentindo o declínio das forças físicas, começa a avaliar suas aquisições, suas realizações positivas e negativas e o aproveitamento ou dissipação de suas energias físicas e espirituais. Para muitos, chegada essa fase, já nem mais existem disponibilidades de tempo para uma reação ou recomeço de aprendizagem, ou para retificação de caminhos, o que torna triste e amargo o ocaso da vida na carne, pelo desprezo de oportunidades preciosas, deixadas à margem. É a hora do arrependimento tardio.

É muito importante uma fé sincera apoiada nas religiões, exigindo dos profitentes esforços e renúncias visando à elevação moral e à busca do bem. A fé espírita, porém, não só conduz o aprendiz na senda da elevação interior como o prepara, pelo conhecimento, para a aceitação das dificuldades como experiências necessárias, oferecendo-lhe ainda a certeza de estar trilhando rumo certo. A percepção das leis infalíveis do Criador afasta as superstições e o temor da morte e do futuro.

A visão sombria e pessimista da vida, decorrente das idéias de infernos eternos no pós-morte, comum nos crentes de religiões tradicionais, é substituída no espírita pelo otimismo resultante da certeza numa vida futura perfeitamente condizente com a bondade de Deus, que jamais condenaria seus filhos, por mais rebeldes sejam, a penas eternas irremissíveis. Sabendo que seus pensamentos e atos são de sua exclusiva responsabilidade, não ignora que responderá pelas conseqüências deles.

A violação dos deveres morais impostos pela divina lei do Amor traz ao Espírito a correspondente responsabilidade, proporcional ao seu adiantamento e à liberdade individual de pensar e de agir. Sabe ele que não poderá fugir à reparação do mal causado, mas essa conseqüência terá medida justa e proporcional à violação, segundo os critérios da Lei. Condenações eternas estão fora das cogitações da Justiça Divina.

É claro e lógico que o conhecimento doutrinário do Espiritismo, funcionando como parâmetro disciplinador em nossa passagem pela Terra, tanto mais benéfico será quanto mais cedo dele nos assenhorearmos.

São muitos os confrades que nos têm confessado grandes transformações em suas vidas, graças à influência da Doutrina. Ela é responsável pela mudança de hábitos, pelo fortalecimento da vontade, pelo alargamento da visão espiritual, pela aquisição e fortalecimento de virtudes, pela melhor compreensão de nossos semelhantes, quando a aceitamos sinceramente e nos dispomos a vivenciar seus ensinamentos, na medida de nossa capacidade e discernimento.

Felizes os jovens e crianças que cedo começam a nortear suas vidas pelos ensinos evangélicos à luz da Doutrina Espírita. A mocidade, cujas energias não se dispersam nos muitos transvios da vivência na carne, dedicando-se ao aperfeiçoamento moral e intelectual com a evangelização espírita, está projetando um futuro de bênçãos capaz de ultrapassar o que de mais belo pôde imaginar a antiga sabedoria:

"Lembra-te do teu Criador nos dias de tua mocidade, antes que venham os maus dias e cheguem os anos dos quais venhas a dizer: Não tenho neles contentamento." (ECLESIASTES, 12:1.)

Sim, porque o autor antigo, na estreiteza de suas concepções, não poderia perceber que a alegria verdadeira, firmada na consciência reta e digna voltada para o Criador e para o cumprimento de suas leis, desde os albores da juventude, não é incompatível com a velhice e a morte, simples etapas da vida incessante.

Ao contrário, muitas almas têm encontrado paz e alegria no inverno da vida, no crepúsculo da existência no corpo, reconfortando-se na certeza de um futuro radioso, que se desdobra em vidas renovadas pela Justiça e Bondade Divinas.

Esclarecer-se no estudo, melhorar-se moralmente, valer-se da Ciência, aceitar o mundo como a grande escola de experiências e de aperfeiçoamento, em todas as etapas da vida, compreender os semelhantes e ajudá-los como puder, eis um belo programa de vida capaz de engrandecer a criatura na sua aspiração de ser feliz, colaborando com Deus na obra do bem.

No mundo conturbado por incontáveis problemas, jamais houve tanta necessidade de transformações nas atribuladas sociedades humanas. Não tanto de transformismos políticos, sociais e econômicos, mas sobretudo de implantação de princípios morais reeducativos do homem, tornando-o conscientemente mais nobre, mais digno de sua liberdade, mais justo com seus semelhantes, mais fraterno.

O Espiritismo oferece ao homem a real possibilidade na mudança de rumos, fundamentada na educação integral e abrangente com fulcro no Evangelho do Cristo.

CAPÍTULO **27**

NO SERVIÇO DO BEM

É com a boa-vontade de que nos precisamos munir nas lides espiritistas e com a plena consciência de criaturas imperfeitas, como de fato todos somos, mas com o fremente desejo de servir a muitos companheiros desprevenidos, com a humildade que nos é possível, que nos abalançamos a ferir certos assuntos e determinadas implicações encontradiças em nosso Movimento.

Tem-se utilizado o imenso patrimônio da Terceira Revelação, entregue à Humanidade, para guiar-lhe os passos na senda do progresso e promover-lhe a redenção. Nessa faina, defendemos ciosamente a liberdade assegurada pela Doutrina, mas nem sempre, por despreparo ou insensibilidade, atentamos no princípio da responsabilidade, conseqüente do próprio conhecimento adquirido.

Que todos somos portadores de defeitos morais, está fora de dúvida. Entretanto, na permanente pugna íntima contra vaidades e paixões, o espírita tem a obrigação de esforçar-se por minimizar os efeitos perniciosos desses cancros de nossas almas, constituindo a presença do Espiritismo a garantia de nossa conduta em face de uma consciência esclarecida.

O que têm divulgado alguns autores, deste e do outro plano da vida, utilizando o livro e o jornal ditos espíritas, chega a entristecer os mais otimistas, pelo completo esquecimento das regras elementares do respeito, da tolerância e da fraternidade, imprescindíveis no relacionamento em nosso meio.

No serviço do bem, não basta o saber.

Temos deparado com verdadeiros desserviços à Grande Causa do Bem, ora em semeaduras de discórdia e intolerância, ora sob a forma de ataques a trabalhadores e a instituições espíritas respeitáveis, sem a menor razão e sem o mínimo cuidado de verificação da procedência de afirmações e acusações, simplesmente a título de veiculação de "notícia", como se no meio espírita não houvesse uma ética jornalística a respeitar, sem a qual seremos conduzidos ao caos e ao paraíso dos irresponsáveis.

Nem a Doutrina tem escapado às incursões de certo intelectualismo vazio e personalista, com a busca forçada de "novidades", e à importação da dúvida de outras escolas filosóficas, sem a menor razão, numa espécie de tédio diante do riquíssimo contexto doutrinário, que nos oferece os mais belos princípios morais e filosóficos a serem aprofundados e vividos.

Afinal, denegrir, estabelecer confusão, desrespeitar obra alheia de reconhecido valor, tentar demolir o que está correto poderia ser considerado trabalho digno dentro das fileiras espíritas?

Pois tudo isso está ocorrendo no Movimento Espírita, que se tornou o mais atuante e esclarecido do mundo, não pelas críticas inconseqüentes, ou pelo comodismo dos que hoje se beneficiam mesmo inconscientemente do que combatem, mas pelo trabalho, pela fé, pelo sacrifício e pelo idealismo de muitos obreiros, inspirados no Consolador.

Fiar-se na liberdade consagrada pela Doutrina, sem a sua própria delimitação ético-moral, importa abuso, confundindo-se com licença à consciência e traição a deveres indeclináveis.

Foi por isso que Kardec, em determinado instante do desenvolvimento de sua obra, combatido, injuriado e injustiçado, chegou à conclusão de que os piores inimigos do Espiritismo estavam dentro de suas fileiras.

Não podemos esquecer nossos deveres mais simples ante a Doutrina libertadora e perante os companheiros que buscam orientação segura nos livros, nos periódicos e nas tribunas.

Desprezar o trabalho útil, a contribuição séria que se pode oferecer à comunidade, o estudo aprofundado das questões doutrinárias e preferir cultivar o campo ingrato das questões polêmicas e irritantes, das dúvidas destruidoras, das inovações desnecessárias, prudentemente colocadas à margem justamente por provocarem radicalismos e incompreensões, sem proveito para ninguém, é pura obra de personalismo degradante e de traição aos generosos princípios evangélicos revividos no Consolador.

Enquanto o Espiritismo procura atender aos homens nos seus anseios de mais luz, por que a preocupação frívola de lançar companheiros desprevenidos no pélago da incerteza e das contradições?

Cada criatura é impelida por uma imperiosa necessidade de saber. Mas o bom senso ensina que, antes de ocupar-se com o menos urgente, especialmente com questões marginais responsáveis por posições extremas e pelo desencadeamento de paixões, o Espírito precisa construir dentro de si a fortaleza das convicções mais puras, emanadas das fontes eternas que o Espiritismo revive e propaga.

> "Para achar a verdade, é preciso procurá-la com um coração simples."

Este pensamento de Bernardin de Saint-Pierre reflete o ensino de Jesus:

> "Eu te bendigo, meu Pai, por teres revelado aos pequeninos o que ocultaste aos sábios."

Não é através do questionamento indiscriminado à Doutrina e aos seus valores morais que se contribui para sua afirmação. O desenvolvimento do espírito crítico não exclui a humildade e a caridade para com os simples de coração, ansiosos por superarem suas deficiências de conhecimento. Ninguém tem o direito, sem responder pelo abuso, de inocular o pessimismo e a dúvida, de destruir a esperança e a fé naqueles que procuram o Espiritismo justamente por ser ele o Consolador e o libertador de consciências.

De outro lado, parece haver uma estranha preocupação de atrelar o Espiritismo e seu Movimento às questões sociais momentâneas, à política e à ciência do mundo, esquecendo-se de que a Doutrina, por sua índole, impulsionará ao progresso todas as instituições humanas, não intervindo diretamente em suas estruturas e organizações, mas melhorando o homem, reeducando-o, fazendo-o adiantar-se moralmente.

O compromisso do Espiritismo é com o Espírito. As leis humanas, as questões político-partidárias, os problemas sociais, econômicos, institucionais, o avanço científico em todos os campos são tarefas do homem, espírita ou não, como deixou claro o Codificador.

O Espiritismo não pode repetir erros do passado da Humanidade, confundindo o temporal com o espiritual, o efêmero com o eterno, o processo com a finalística.

Se o Codificador não tivesse sido inspirado ao enfrentar a questão e fixado com sabedoria e bom senso a solução, restaria verificar o resultado colhido pela Igreja Romana, ao enveredar pela estrada do utilitarismo e da conquista do poder temporal, na ilusão de que poderia cuidar, ao mesmo tempo, do reino de Deus e do reino da Terra. Esse terrível engano, subsistente até hoje, responde pelo desvirtuamento do Cristianismo e pela predominância dos interesses imediatistas sobre os do Espírito eterno.

Se quisermos ir além do ensino espírita e da História da Igreja, não há como olvidar a magnífica diretriz traçada pelo Cristo diante de uma moeda romana: a César o que é de César, mas a Deus o que é de Deus—lição velhíssima que a maioria não conseguiu assimilar.

Os espíritas estamos na seara para retificar muitos desvios praticados em outras eras. Por isso, cabe-nos redobrar a atenção para não reincidirmos nos enganos.

Reconhecemos a boa-fé e o idealismo daqueles que não se conformam com uma ordem social injusta e se propõem transformá-la julgando que o Espiritismo, via Movimento Espírita, deve intervir diretamente, impondo normas e princípios mais justos e equânimes. O grande engano está no método preconizado, não no ideal.

O espírita não está impedido de cultivar seu ideal, nem de lutar por ele. Pode realizar muito, como indivíduo. Os princípios espíritas que abraça podem guiá-lo como político, como administrador, como cientista, ou em qualquer atividade que exerça. Se houver conjugação de esforços individuais de muitos espíritas com outros cidadãos de boa-vontade, muito poderá ser realizado em qualquer campo das atividades humanas.

A Doutrina estará cumprindo seu papel esclarecedor junto ao homem, reeducando-o; os simpatizantes encontrarão em seus princípios os norteamentos generosos. Mas o Movimento Espírita tem por finalidade auxiliar o homem a entender e a praticar a Doutrina, e não intervir diretamente nas instituições humanas, como poder autocrático.

"O reino dos céus está dentro de vós."

O Mestre dirige-se a cada um de nós, buscando renovar-nos interiormente para transformar-nos em cultivadores da vinha do mundo.

De nada adiantaria implantar instituições terrestres muito adiantadas no tempo, sob a égide do Espiritismo e de seu Movimento, se os homens continuassem atrasados moral e espiritualmente, ignorantes das verdades transcendentes reveladas pela Doutrina. Em breve a influência do homem não evoluído desvirtuaria as instituições. Antes de tudo é preciso cuidar do homem. Essa é a taréfa específica do Consolador.

Em qualquer tarefa, em atividade importante ou singela, o espírita bem preparado não perderá a memória da fonte donde promanam seus ideais, desde que se haja aplicado ao impositivo de melhorar-se continuamente.

O mundo já conheceu e experimentou ilusórias promessas de felicidade das massas humanas, com base na troca de sistemas políticos e sócio-econômicos. Por imposição revolucionária e violenta de novos sistemas, estancaram-se algumas mazelas resultantes de injustiças e insensibilidade das sociedades organizadas. Em compensação, resultaram outras tão graves quanto as antigas, justamente porque as novas instituições refletiram o atraso moral e espiritual dos indivíduos que, se por um lado nivelaram-se economicamente, nem por isso deixaram de se escravizar à ignorância e ao materialismo.

De que valem, então, conquistas vãs no terreno econômico, se o homem, ignorando seu alto destino, sua natureza espiritual, desprezando os mais elevados ensinamentos de que pode dispor na Terra, consubstanciados na Doutrina do Cristo — revivida no Espiritismo —, entrega-se ao nefasto culto do orgulho de raça, de nação e de sistema, ao ponto de ameaçar a toda a Humanidade com a hecatombe da guerra nuclear total?

O conhecimento culminante da terceira Revelação, aliado ao do Evangelho do Cristo, indica uma única solução válida, segura, abrangente, para o complexo problema do homem, Espírito imortal de passagem pela escola terrestre: sua evolução espiritual, conseqüente da vivência dos princípios ensinados pelo Consolador.

A experiência humana é muito vasta no terreno religioso e filosófico, bem como no pragmatismo da vida material. Esse patrimônio imenso mostra a insatisfação do homem, que continua infeliz, mesmo cercado de riquezas, de poder e de bem-estar puramente material.

Se todas as conquistas exteriores não foram suficientes para satisfazer às aspirações de paz, resta então a conquista interior, pelo conhecimento das realidades permanentes do Espírito. Está ao alcance do homem a certeza de que a vida não termina no túmulo e que voltará animando corpos perecíveis por muitas vezes. Que há mecanismos regendo sabiamente tudo, e que o Universo obedece a leis sábias e eternas, estabelecidas pelo Criador de todas as coisas.

Ao descobrir o Mundo Espiritual, de que faz parte, as provações serão encaradas sob outro prisma muito mais lógico. Nova dimensão da verdade lhe dará firmeza, convicção e confiança no futuro.

Ao mesmo tempo descortina-se-lhe o caminho do aperfeiçoamento moral e intelectual, a percepção do mecanismo de causa e efeito, a possibilidade de beneficiar-se continuamente, através do serviço aos seus semelhantes.

Começa então a perceber que o "reino dos céus" vai sendo edificado em si mesmo e que esse reino pode expandir-se nos outros e projetar-se nas instituições humanas.

CAPÍTULO 28

NA BUSCA DA FELICIDADE

O progresso do Espírito é o meio para alcançar a felicidade. Não se pode encontrá-la na estagnação, quando tudo se subordina à evolução, em maior ou menor ritmo. Progredir é subir sempre, na conquista do saber e da virtude.

Mas que é a felicidade?

A resposta varia de conformidade com o estágio evolutivo individual, compreendendo a realidade presente em cada um, o estado consciencial, a liberdade relativa de cada ser.

Sabiamente a Doutrina Espírita mostra que Espíritos em evolução, imperfeitos, só podem desfrutar de felicidade relativa.

O reino de Deus está no Universo inteiro. As lições de Jesus indicam a senda a trilhar na busca desse reino, símbolo da verdadeira felicidade, cuja conquista depende da harmonização da criatura com as leis estabelecidas pelo Criador.

Encontramos na própria escala espírita, em que estagiam os Espíritos, os diversos graus da felicidade que lhes é possível gozar.

Dotado de consciência e vontade, o homem faz suas opções na busca de um viver feliz, excluídos naturalmente os determinismos da Lei—a vida, a morte física, o progresso, a lei de causa e efeito e todas as condições estabelecidas na lei divina, que transcendem o livre-arbítrio.

Dentro das múltiplas escolhas do homem na Terra, há os que procuram a felicidade na fortuna, nos bens materiais acumulados. Seus esforços, seu trabalho, sua inteligência, suas aspirações são postos a serviço da conquista da riqueza material. No afã do enriquecimento e no exagerado apego à posse o Espírito se enleia na compulsão da cupidez e da ambição, transformando sua meta em sofrimento e ilusão.

Comportamento semelhante ao que ocorre na busca da riqueza verifica-se na conquista do poder. O detentor do poder, sem o necessário preparo capaz de lhe garantir equilíbrio espiritual, transforma-se no infeliz embriagado pelo mando, pela fama e pelo destaque, permanentemente preocupado com uma posição essencialmente instável, perante as leis da vida. Muitas vezes, o sofrimento imposto pela perda da posição, ou pela frustração da aspiração doentia, se não chega na vida corpórea, não pode ser evitado na vida espiritual, quando a criatura se vê despojada de tudo o que se constituía no seu mundo de ilusões.

Há os que se preocupam exclusivamente com a saúde física, fazendo dela a finalidade da vida e não um meio de torná-la mais agradável, mais apropriada à concretização de ideais elevados.

Existem aqueles cuja escolha recai nos prazeres mais diversos do corpo e do espírito. Contam-se aos milhões os iludidos pelos gozos fugazes dos sentidos, pela satisfação de hábitos arraigados que escravizam a alma e o corpo. Confundem a felicidade com a satisfação de desejos criados e renovados. Todas as viciações humanas incluem-se nessa larga faixa.

Considerada a categoria inferior do nosso mundo, destinado a expiações e provas, e portanto a experiências e sofrimentos, ao lado de anelos e esperanças, é perfeitamente natural que seus habitantes busquem a felicidade consentânea com sua natureza ainda grosseira. As grandes e pequenas ilusões, confundidas com a felicidade, não se resumem nas que exemplificamos acima. Poderiam ser medidas pelo número dos habitantes deste Orbe, de vez que todos ainda temos nossas ilusões.

A sabedoria dos Espíritos Instrutores resumiu, em perfeita síntese, em que consiste a felicidade possível na Terra, ao alcance de todos:

> **"Com relação à vida material, é a posse do necessário. Com relação à vida moral, a consciência tranqüila e a fé no futuro."** ("O Livro dos Espíritos", nº 922.)

Eis uma diretriz para toda a Humanidade, na busca da felicidade relativa.

Quando o homem se contentar com o que lhe é necessário, atendidas as múltiplas situações individuais diferentes, estarão resolvidos inúmeros problemas cruciais da vida econômica e social nas comunidades. Mas para isso será necessário extirpar o egoísmo humano ora dominante, responsável, em última análise, pelos desperdícios, supérfluos e excessos de toda ordem, no uso e abuso das riquezas materiais, em detrimento de uma melhor e mais equitativa distribuição àqueles a quem falta o essencial, em número crescente no mundo.

Dominado o egoísmo, surgirão as soluções naturais,

baseadas na solidariedade e na fraternidade, para a miséria e a carência que atingem milhões de seres humanos marginalizados pelo estado de necessidade, sem o mínimo indispensável à dignidade da vida.

"Numa sociedade organizada segundo a lei do Cristo, ninguém deve morrer de fome."

"Verdadeiramente infeliz o homem só o é quando sofre da falta do necessário à vida e à saúde do corpo. Todavia, pode acontecer que essa privação seja de sua culpa. Então, só tem que se queixar de si mesmo. Se for ocasionada por outrem, a responsabilidade recairá sobre aquele que lhe houver dado causa." ("O Livro dos Espíritos", nºs. 930 e 927.)

É evidente que no atual estágio moral da maior parcela da Humanidade, ignorando o homem sua verdadeira natureza, seu futuro e seu destino, deprimido espiritualmente pelo feroz egoísmo predominante nos relacionamentos com seus semelhantes, acenar com a solução alvitrada pelos Espíritos Instrutores constitui mera utopia.

O encaminhamento da grande questão terá de se iniciar pela educação e reeducação das massas humanas, papel reservado ao Cristianismo Redivivo, com seus primeiros passos já ensaiados.

•

No tocante à vida moral, jamais poderemos pensar em usufruir da felicidade relativa sem uma consciência reta, esclarecida e digna. A consciência aperfeiçoa-se com o conhecimento. Inteligência, raciocínio e discernimento informam continuamente a consciência no julgamento e na avaliação de todos os valores.

Na face da Terra todos os Espíritos reencarnados têm condições de viver, de progredir, de se aperfeiçoar.

Cada indivíduo, juntamente com os elementos materiais mantenedores da vida física, busca e seleciona os valores constitutivos do ser intelectual e moral. Os que têm condições de estudar, aceitar e vivenciar as verdades reveladas pela Doutrina Espírita são os que mais esclarecem sua consciência, descortinando horizontes novos que vão além da existência corpórea.

Vivendo o presente, projetam-se no futuro, desde que adquirem a certeza da continuação da vida e da responsabilidade pessoal de suas ações, o que lhes dá uma força interior capaz de sustentar idéias e promover energias renovadoras.

A "fé no futuro", a que se referem os Instrutores Espirituais da Teceira Revelação, deixa de ser apenas esperança vaga para se tornar certeza plena adquirida pelo conhecimento das realidades eternas. Nesse sentido, o Espiritismo se coloca à frente de todas as ciências, filosofias e religiões do mundo, dando ao adepto sincero segurança e autoconfiança.

É a fé raciocinada proposta pelo Codificador da Doutrina, fundamentada no conhecimento das realidades e na razão esclarecida. Reflete-se nas profundezas da consciência individual, sempre suscetível de aperfeiçoamento, porque assente na verdade, na compreensão do Bem, estabelecido pelo Criador, e do mal, estado negativo provisório, como ausência do Bem.

Na busca da felicidade, o estado consciencial dirigido no sentido reto e digno não pode prescindir da liberdade de escolher, do livre-arbítrio que se manifesta tanto nas opções das coisas menores quanto nas grandes decisões do Espírito, quer na condição de encarnado, quer, principalmente, na de desencarnado, quando tem oportunidade de selecionar planos de uma futura existência na carne, visando ao auto-adiantamento. A literatura espírita mediúnica vai-se tornando cada vez mais rica e detalhada a respeito do uso do livre-arbítrio, que, à luz da Doutrina Espírita, pode ser entendido na sua íntima correlação com o determinismo da Lei, solucionando racionalmente o velho enigma filosófico decorrente da aceitação de um, com a exclusão do outro. A Doutrina mostra não haver antinomia entre a liberdade individual e a predeterminação, uma vez que os mecanismos das Leis de Deus delimitam os campos de ação de cada uma, em funcionamento harmônico e complementar.

Portanto, a vontade, propulsora de um grande número de ações individuais, terá de se curvar diante de determinados acontecimentos que fogem ao seu controle. Feliz será aquele que souber distinguir aquilo que escapa ao seu comando, conformando-se com a Vontade Superior, como nos ensinou Jesus, na oração dominical.

Existem situações aparentemente paradoxais na vida das criaturas. Temos exemplos na alegria e no sofrimento, ambos os estados podendo compatibilizar-se com a felicidade individual relativa, dependendo da auto-disciplina, indispensável na ascenção espiritual. Aceita e aplicada com determinação, anula os desejos próprios de nossa inferioridade, fazendo cessar os sofrimentos decorrentes da insatisfação.

A autodisciplina deve conjugar-se à compreensão de tudo que nos cerca, nos dois planos da vida; à aceitação de nós mesmos, com nossas imperfeições, do ambiente que nos rodeia, das coisas tais quais são, de tudo o que escapa ao nosso controle. Em uma palavra, disciplinar-se é definir-se, aplicar-se na conquista de valores íntimos sempre melhores, sem perder de vista que, como individualidade, fazemos parte de um todo, da criação universal que nos cumpre compreender e admitir.

Ainda como parte indispensável, verdadeira argamassa juntando todos os componentes de um viver espiritual feliz, dentro da relatividade a que nos subordinamos, estão o serviço, a vivência, a aplicação objetiva do sentimento universal do amor — amor ao Criador, na obediência a suas leis e desígnios, na aceitação de sua Justiça infalível, amor a nós mesmos e a todas as criaturas.

O propósito da vida se resume na sua utilização. Negar as suas funções, não exercitá-las no bem ou desviá-las para o mal são restrições à própria natureza, que nos cumpre evitar, sob pena de estagnação e sofrimento.

Comentando a resposta à pergunta 933 de "O Livro dos Espíritos" tece Allan Kardec estas judiciosas considerações:

> **"De ordinário, o homem só é infeliz pela importância que liga às coisas deste mundo. Fazem-lhe a infelicidade a vaidade, a ambição e a cobiça desiludidas. Se se colocar fora do círculo acanhado da vida material, se elevar seus pensamentos para o infinito, que é seu destino, mesquinhas e pueris lhe parecerão as vicissitudes da Humanidade, como o são as tristezas da criança que se aflige pela perda de um brinquedo, que resumia a sua felicidade suprema.**
>
> **Aquele que só vê felicidade na satisfação do orgulho e dos apetites grosseiros é infeliz, desde que não os pode satisfazer, ao passo que aquele que nada pede ao supérfluo é feliz com o que outros consideram calamidades."**

Daí a imensa importância de cultivar um alto ideal de sabedoria e de sentimento e de procurar vivê-lo

A Doutrina dos Espíritos, revivendo os ensinos do Cristo e trazendo o conhecimento de coisas novas, representa um ideal de vida capaz de proporcionar a felicidade almejada, em consonância com nosso estágio evolutivo, conduzindo o Espírito à trascendente fonte de onde proveio, pelo amor a Deus, e unindo-o aos seus semelhantes através da fraternidade.

Aquele que procura a felicidade atendendo aos altos objetivos do Espírito, inscritos na Lei Divina, cedo ou tarde a encontrará.

Todos os caminhos para o encontro com a felicidade, marginando as mais diferentes paisagens exteriores, passam sempre por nossa consciência.

CAPÍTULO **29**

OBJETIVOS E IDEAIS

Nenhum século se passou sem que o espírito progressista do homem se tenha empenhado contra o conservadorismo e a inércia.

Se, de um lado, há uma tendência natural conservadora, no espírito humano, opondo-se a tudo o que é **novo**, de outra parte existem forças interiores que, em todas as comunidades, em toda parte e em todas as épocas, impelem as criaturas a não se conformar com o seu estado atual, com a invariabilidade das coisas e a placidez imperturbável das ocorrências rotineiras.

A esse impulso interior inconformista, manifestando-se sob diferentes formas, em jovens, adultos e velhos, a essa força criadora, às vezes obstinada, às vezes heróica, deve-se, em larga escala, o progresso incessante, embora lento, da Humanidade.

A história das civilizações está repleta de exemplos nos quais sobressaem pequenos grupos, ou criaturas isoladas, lutando tenazmente pela modificação de uma estrutura social, ou pela implantação de um princípio filosófico, científico, ético, religioso, político ou social, não medindo sacrifícios pelo triunfo de suas idéias. São combatidos, maltratados, perseguidos, desprezados, cerceados e muitas vezes mortos pelas sociedades conservadoras, numa autodefesa contra a nova proposta que representa uma perturbação ao que está estabelecido, ao estável, ou um agouro ao futuro incerto.

As idéias novas grandiosas não são aceitas sem lutas, sem oposições. Assim ocorreu com as prédicas de Sócrates, obrigado a beber veneno; com a Doutrina do Cristo, vilipendiado e crucificado, e com a Doutrina dos Espíritos, ridicularizada e combatida sem tréguas, recorrendo-se à calúnia e à injúria ao Codificador. A princípio, muito poucas mentes se deram conta da grandeza e beleza das novas idéias, só se firmando aquelas doutrinas à custa de sacrifícios e com o concurso do tempo.

Inúmeros exemplos poderiam ser alinhados como comprovação da regra.

Instintivamente o homem luta para viver, como todos os seres vivos. Contudo, dotado de consciência e de inteligência, atributos essenciais ao ser humano, não lhe basta a vida, no sentido biológico, material, dinâmico tãosomente. Há outras finalidades a serem atingidas, ligadas especialmente aos aspectos intelectual, moral e espiritual.

A lei do progresso, a que se submete o Espírito, não lhe permite permanecer indefinidamente no estado de ignorância ou de indiferença.

Assim como o indivíduo não pode furtar-se às atividades corporais, anulando-lhes as funções, da mesma forma não pode cercear inteiramente as realizações dos ideais. Esses impulsos próprios da natureza humana, quando operam no sentido negativo, geram compromissos no mal, mas são os responsáveis pelo progresso do homem e da Humanidade, quando dirigidos no sentido positivo do bem.

Os impulsos interiores da individualidade, modelando os pensamentos, acabam por imprimir determinado sentido à vida, influindo tanto na sua expressão física quanto, principalmente, no campo mental.

Torna-se evidente, pois, a capital importância da alimentação dos pensamentos em fontes puras e elevadas, uma vez que deles resultam, em última análise, quando transformados em ações e vivência, a ascensão moral e o progresso espiritual individual.

Nossa filosofia de vida se expressa em ações. Simplesmente viver não satisfaz ao idealista, que se sustenta no esforço para a concretização de algo que elege como alvo.

•

Nos grandes conglomerados humanos é comum a massificação de certos costumes e convenções e de hábitos nocivos praticados por grande número de pessoas, transformando-se em práticas quase obrigatórias, em clichês e lugares-comuns obedecidos cegamente.

Torna-se difícil resistir a determinados hábitos transmudados em prazeres superficiais e transitórios, apesar de se saber que deles decorrem prejuízos às aspirações de aperfeiçoamento individual que jazem no mais profundo da personalidade.

Se a criatura não está preparada intelectual e espiritualmente para enfrentar as ondas avassaladoras dos hábitos perniciosos coletivos, adere ao modismo e acaba por abafar belos ideais de uma vida de trabalho, dignidade e aquisições verdadeiramente enriquecedoras.

Os hábitos da bebida alcoólica, do fumo, do uso das drogas, dos "inferninhos" variados, a ditadura da "moda" com seus excessos injustificáveis e tantas outras modalidades de puras ilusões, a que se empresta demasiada importância na vida moderna, são índices tristes do atraso moral do nosso mundo. Trocam-se a saúde física e mental, a riqueza do tempo e do dinheiro e às vezes um ideal elevado, sufocado pela fraqueza da vontade, pela satisfação de desejos alimentados pela repetição, renovados indefinidamente, até que se perca a saúde, sobrevenha a morte física, ou seja a criatura sacudida por um trauma violento capaz de despertá-la do logro.

Objetivos unicamente sensuais, preocupações exclusivas com prazeres físicos, ao alto preço de anestesiar o Espírito, constituem formas de autolimitação de vidas que poderiam ser plenas, belas e úteis.

Por vezes nos têm objetado que uma doutrina excessivamente exigente, como a espírita, fica fora da realidade da existência neste Planeta, onde os homens, principalmente os jovens, sentem necessidade incoercível de atender aos reclamos de sua constituição física, de buscar a felicidade na conquista de um bem, de uma coisa, de um estado, ou de uma condição. Cercear essa aspiração seria contrariar a própria natureza humana, acrescentam por sua vez os existencialistas, dentro de sua limitada visão utilitarista.

A objeção é primária e peca inicialmente por considerar a Doutrina Espírita muito exigente. Confunde-se o seu caráter realista e esclarecedor com a índole de outras escolas filosóficas que ora ameaçam com a condenação eterna, ora prometem a absolvição sob condições.

Ao contrário de outras correntes de pensamento, a Doutrina dá ampla liberdade de escolha de rumos, não acena com a salvação, antes estabelece a responsabilidade individual expressa nos pensamentos e nas ações. Por isso, se há exigência, não é propriamente da Doutrina, libertadora por excelência, através do conhecimento, e liberal por índole, deixando à consciência e à responsabilidade de cada um a auto-imposição de deveres e obrigações. Por isso o espírita sincero e esclarecido sabe que é livre para escolher seus caminhos. Mas sabe também que de suas opções surgem conseqüências pelas quais se torna automaticamente responsável.

Por outro lado, os espíritas são tanto necessitados de atender às imposições da vida física e material quanto quaisquer outros indivíduos. Entretanto, como existem inúmeras formas de satisfação dessas necessidades, o espírita, colocando-se entre os que procuram alcançar a própria felicidade, busca os meios apropriados sem comprometimento do futuro, porque sabe que nesta existência, ou além dela, o Espírito imortal carrega consigo a resultante de suas ações. É uma questão de opção permanente na qual o adepto aceita as soluções que a Doutrina apresenta como justas e, portanto, as melhores.

Torna-se lógico e evidente que, esclarecido, o adepto sincero não opta, por exemplo, por seguir aqueles hábitos infelizes referidos linhas acima, quando há muitas outras formas de satisfação íntima e de lazer capazes de enriquecer o Espírito, em lugar de degradá-lo.

E quanto ao jovem?

É sempre bom lembrar, embora seja óbvio, que a condição de juventude do corpo é passageira, transitória.

Os objetivos de um jovem, de uma pessoa de meia-idade e de um idoso são forçosamente diferentes, em função dos interesses decorrentes e impostos pela condição física.

A juventude saudável, plena de energia física, impõe o consumo dessa energia em atividades variadas, nas quais aplica suas faculdades. Os esportes diversos e o trabalho físico alternam-se com a busca do conhecimento e com a aprendizagem própria desse período, ocupando os interesses do jovem que ainda não adquiriu as experiências resultantes da vivência.

Todavia, a predominância dos interesses exteriores

nessa fase da vida não exclui necessariamente uma preparação de objetivos mais elevados e estáveis, relacionados com as tendências e inclinações do Espírito, ligados ao intelecto, à imaginação, ao raciocínio, aos ideais.

Nesse particular é que a Doutrina Espírita, com sua abrangência de tudo o que interessa ao homem, nos domínios da ciência, da filosofia e da religião, oferece vastíssimo campo de estudo, de observação e de trabalho ao jovem, sem prejuízo do emprego de suas energias físicas que, sob o influxo benéfico dos princípios doutrinários, poderão ser bem direcionados.

Como a transitoriedade da mocidade é incontornável, porque está na natureza da vida na Terra, será proveitoso que o jovem cedo se aperceba dessa circunstância, para ir substituindo gradativamente as atividades físicas, que nele exercem forte atrativo, por outras de cunho espiritual de maior importância e não dependentes das forças corporais. No contexto da educação espírita essa particularidade é de grande significação e deve contar com a cooperação e auxílio dos mais experientes.

O despertamento proporcionado pelo estudo e aceitação de princípios superiores, de que é tão rica a Doutrina Espírita, evita a desilusão de muitos homens e mulheres extremamente apegados ao vigor e à beleza física e a tudo o que deles decorre, quando o decurso dos anos torna impossível a manutenção dos interesses predominantes na juventude. Junto das aspirações que florescem com o vigor físico, convém sejam desde cedo cultivados os ideais que nos acompanharão por toda a vida, que crescerão conosco na medida da atenção e da vontade a eles aplicadas, verdadeiras riquezas resultantes da experiência, do conhecimento e do esforço na direção do bem.

A vida humana é mutação constante. Mudam as coisas ao derredor e mudamos nós também. A sabedoria de viver consiste, entre outras regras, em pensar além deste dia, desta hora, deste momento.

O Espiritismo tem um compromisso com toda a Humanidade, porque veio para esclarecê-la e orientá-la, por desígnios superiores. Mas diante dos diversos segmentos da população, é óbvia a suma importância que representam as crianças e os jovens, o contingente de maior potencial no aproveitamento dos altos valores do conhecimento espírita, já que são eles os detentores das maiores possibilidades de tempo para a aprendizagem e prática dos ensinos transcendentes.

Uma vida sem objetivos torna-se oca, vazia.

Dentre os objetivos a alcançar cumpre sejam escolhidos os melhores, os que acompanharão o Espírito, como conquistas definitivas, na busca permanente da felicidade.

Nos repositórios da Mensagem do Cristo à Humanidade e no luzeiro da Doutrina dos Espíritos estão definidos objetivos e ideais para todos os homens.

CAPÍTULO 30

VIAGEM COM KARDEC

Muito sugestiva a lembrança de Emmanuel, em sintética mensagem largamente divulgada pela imprensa espírita, de que é necessário sentir, estudar, anotar, meditar, analisar, comentar, interpretar, cultuar, ensinar e divulgar Kardec. E o instrutor espiritual oferece as razões para o conselho: é preciso evangelizar a Humanidade, à luz da Doutrina Espírita, o que equivale a raciocinar com a Verdade na construção do Bem, para que, em nome de Jesus, não venhamos a construir na Terra um sistema a mais de fanatismo e de negação.

Kardec, com seu método, seu valor e bom senso, ao lado do saber, da experiência e da inspiração superior, desenvolvidos em anos de trabalho idealista, merece realmente ser continuamente estudado e cultivado por quantos desejam, sinceramente, aprofundar-se no conhecimento e na prática da Doutrina Libertadora, eis que o insigne mestre, pela atualidade de suas idéias, continua orientando, sob muitos aspectos, o movimento espiritista em toda parte, apesar das profundas transformações sociais, econômicas e políticas ocorridas no mundo desde os meados do século passado.

Ao que se sabe, durante o período em que cuidou da Codificação, Kardec empreendeu seis viagens, nos anos de 1860, 1861, 1862, 1864, 1866 e 1867. Visitou muitas cidades francesas que solicitavam sua presença. Na de 1864 esteve nas cidades de Bruxelas e Antuérpia, na Bélgica.

Houve um período de pouco mais de quarenta dias, quanto durou sua terceira viagem por várias cidades da França, em 1862, durante o qual o Codificador ocupou-se particularmente de ministrar instruções aos adeptos da novel Doutrina, através de discursos proferidos e de respostas a muitas indagações formuladas pelos seguidores das novas idéias. Nessas visitas ao movimento espírita nascente, seu senso prático impunha-lhe o aproveitamento do precioso tempo não só na confraternização com os companheiros, mas ainda na propagação da Doutrina, firmando rumos e esclarecendo dúvidas.

De todas essas viagens ocupou-se a "Revista Espírita" relatando as principais ocorrências. Ouviu muitos discursos, pronunciando outros tantos. Grandes proveitos resultaram dos contactos pessoais do mestre com os adeptos. Constatou, com satisfação, a rápida divulgação da Doutrina, estudada e praticada com seriedade e interesse, longe daquelas práticas que caracterizaram, anos antes, os fenômenos das mesas girantes e falantes, como simples divertimentos nos salões da Europa.

Na primeira viagem, realizada em setembro de 1860, Kardec visitou sua cidade natal, Lião. No roteiro foram incluídas também Sens, Mâcon e Saint-Étienne.

Na mesma época do ano seguinte seria repetida a visita aos companheiros espíritas daquelas cidades.

Mas foi a terceira viagem, em 1862, que se tornou marcante. Foi a mais extensa, abrangendo mais de vinte cidades, com a realização de cerca de cinqüenta reuniões.

Na "Revista Espírita", número de novembro de 1862, registrando os fatos numa sucessão de seis semanas, diz o missionário:

> "O relato dessa viagem, que compreende principalmente as instruções por nós dadas nos vários grupos, é muito extenso para ser publicado na **Revista**, pois absorveria quase dois números. Fizemos uma separata, do mesmo formato, a fim de, caso necessário, a ela seja anexada."

O relato de Kardec constitui a preciosa obra "Viagem Espírita em 1862", traduzida para o vernáculo por Wallace Leal V. Rodrigues para a Casa Editora "O Clarim".

Nela encontramos ensinamentos tanto de ordem doutrinária quanto de interesse para o Movimento, para as Casas Espíritas e para cada um de nós, adeptos da Doutrina, tudo com sabor de atualidade, apesar do transcurso de mais de cento e vinte anos, marca da lucidez do missionário da Terceira Revelação.

Pincelando aqui e ali, vamos rememorar a viagem de Kardec, alinhando alguns conceitos expressos em suas próprias palavras, às vezes precedendo-os de pequenos títulos e indicação das páginas da obra citada, tudo pela forma mais sucinta possível para que predomine exclusivamente o pensamento do mestre.

Pensamos, com Emmanuel, ser esta uma das formas de os leitores analisarem e estudarem o pensador, cultivando e aplicando, em nossas atividades, sua orientação e idéia.

•

Pág. 28 — "O Espiritismo discute, hoje em dia,

idéias das quais não se duvidava há alguns anos, **e ele não disse ainda a última palavra, pois que reserva muitas outras revelações.**" (Destaques nossos.)

Pág. 29 — "Os Espíritos sabem muito bem em quem depositar sua confiança, relativamente a problemas que não podem ser compreendidos por toda gente. Naqueles em que esbarram com condições menos elevadas, o ensino é bom, sempre moral, porém se restringe, mais geralmente, a banalidades."

Respondendo à pergunta sobre a facilidade de compreender a Doutrina, pela simples teoria:

Pág. 30 — "Respondemos-lhe que a facilidade em aceitar a idéia espírita indica facilidade de compreender; que esta, como outra qualquer idéia, pode ser **inata**, e que basta uma simples fagulha para fazê-la saltar de seu estado latente. Essa facilidade em compreender denota uma evolução anterior nesse sentido: seria leviandade aceitá-la sob palavra e cegamente. Este, entretanto, não é o caso daqueles que só a adotam após haver estudado e compreendido. Eles vêem através dos olhos da inteligência o que os outros vêem simplesmente pelos olhos do corpo. Isso prova que emprestam maior atenção ao fundo do que à forma. Para eles **a filosofia é o principal; as manifestações constituem um mero acessório.** A filosofia espírita explica-lhes o que nenhuma outra lhes pode explicar. Ela satisfaz-lhes à razão por sua lógica, preenche neles o vazio da dúvida e isto lhes basta. Eis por que preferem-na a qualquer outra."

Sobre os ataques pessoais que sofreu:

Pág. 35 — "Diremos, de início, que encontramos uma unânime aprovação relativamente ao nosso silêncio em face dos ataques que, pessoalmente, temos sofrido."

Pág. 36 — "Os ataques pessoais nunca nos abalaram. Coisa diversa, entretanto, ocorreu relativamente àqueles que são dirigidos contra a Doutrina. Algumas vezes respondemos diretamente a certas críticas, quando isso nos pareceu necessário e a fim de provar que, se preciso, sabemos também lutar."

Pág. 37 — "... o silêncio é, muitas vezes, um recurso astucioso."

"O melhor general não é aquele que se atira, de peito aberto, na confusão da batalha, mas o que sabe esperar e estudar as aproximações."

Sobre a crítica:

Pág. 37 — "Entre esses críticos, há, certamente, os que são sinceros. Mas é preciso notar que os que têm em vista apenas questões de princípio discutem com calma e mantêm sempre o decoro. Ora, quantos deste tipo podemos encontrar?

O que contém a maior parte dos artigos que a grande ou pequena imprensa tem dirigido contra o Espiritismo? Diatribes, facécias geralmente pouco espirituosas, tolices e ironias chãs, muitas vezes injúrias que se caracterizam pela grosseria e banalidade. Serão estes críticos sérios, dignos de uma resposta? Há os que se põem a descoberto com tanta inabilidade que se torna inútil desmascará-los, pois que toda gente percebe-lhes as intenções."

Respostas a certas críticas através de artigos:

Pág. 38 — "Quanto aos críticos honestos, de boa-fé, que comprovam sua arte de viver pela urbanidade das expressões, estes colocam a ciência acima de questões pessoais. A eles muitas vezes respondemos, quando não diretamente, pelo menos no ensejo de nossos artigos, em que são abordadas questões postas em controvérsia."

Pág. 41 — "... nada sensibiliza menos o coração do que a acrimônia e as injúrias."

Observações resultantes da viagem, quanto ao progresso da Doutrina:

Pág. 43 — "Se restasse qualquer dúvida quanto ao caráter irresistível do progresso da Doutrina Espírita, quanto à impotência dos ataques, quanto à sua influência moralizadora e o seu futuro, o que vimos bastaria para dissipá-la."

A prática do bem:

Pág. 46 — "No estado atual das coisas aqui na Terra, qual é o homem que não tem inimigos? Para não tê-los fora preciso não habitar aqui, pois esta é uma conseqüência da inferioridade relativa de nosso globo e de sua destinação como mundo de expiação. Bastaria, para não nos enquadrarmos na situação, praticar o bem? Não! O Cristo aí está para prová-lo.

Se, pois, o Cristo, a bondade por excelência, serviu de alvo a tudo quanto a maldade pôde imaginar, como nos espantarmos com o fato de o mesmo suceder àqueles que valem cem vezes menos."

"O homem que pratica o bem — isto dito em tese geral — deve, pois, preparar-se para se ferir na ingratidão, para ter contra ele aqueles que, não o praticando, são ciumentos da estima concedida aos que o praticam.

Os primeiros, não se sentindo dotados de força para se elevarem, procuram rebaixar os outros ao seu nível, obstinam-se em anular, pela maledicência ou a calúnia, aqueles que os ofuscam. Ouve-se constantemente dizer que a ingratidão com que somos pagos endurece o nosso coração e nos torna egoísta. Falar assim é provar que se tem o coração fácil de ser endurecido, uma vez que esse temor não poderia deter o homem verdadeiramente bom."

As três categorias de espíritas:

Pág. 48 — "Entre os que adotam as idéias espíritas

há, como bem o sabeis, três categorias bem destintas:

1. Os que crêem pura e simplesmente nos fenômenos das manifestações mas que deles não deduzem qualquer conseqüência moral;

2. Os que percebem o alcance moral, mas o aplicam aos outros e não a si mesmos;

3. Os que aceitam pessoalmente todas as conseqüências da Doutrina e que praticam ou se esforçam por praticar sua moral.

Estes, vós bem o sabeis, são **os espíritas praticantes, os verdadeiros espíritas.** Esta distinção é importante, pois que bem explica as anomalias aparentes. Sem isso seria difícil compreendermos as atitudes de determinadas pessoas."

Os instantes perdidos com as mesquinharias dos adversários da Doutrina seriam como um roubo perpetrado contra a grande obra.

Pág. 62 — "Ademais, o que representa tudo isso em face do objetivo que nós, os Espíritas sinceros e devotados, perseguimos conjuntamente? Desse futuro imenso que se desenrola diante dos nossos olhos? Acreditai-me, Senhores, fora preciso ver como um roubo perpetrado contra a grande obra, os instantes que perdêssemos preocupados com essas mesquinharias."

Materialismo:

Págs. 67/68/69 — "Por que, então, o materialismo tende a suplantar a fé? Acaso por que, até o presente, a fé não raciocina? Por que ela diz: Crede! enquanto o materialismo raciocina? Estes são sofismas, convenho, porém, boas ou más são razões que, ao ver de muitos, levam vantagem sobre aqueles que nada oferecem. Acrescentai a isto que o materialismo satisfaz àqueles que se comprazem na vida material, que se querem distrair das conseqüências do futuro, que esperam, assim, escapar à responsabilidade de seus atos, tendo-se em vista que, em suma, ele é eminentemente favorável à satisfação de todos os apetites brutais. Na incerteza do futuro, o homem se diz: Aproveitemos o presente. Que benefício me trazem os meus semelhantes? Por que me sacrificar por eles? São meus irmãos, diz-se. Mas, de que me servem irmãos que eu perderei para sempre, que amanhã estarão mortos, como eu próprio? Que somos, afinal, uns para os outros? Muito pouco se, uma vez mortos, nada resta de nós. De que servirá impor-me privações? Que compensação delas me poderá advir se tudo terminará comigo?"

"Tal é, convenhamos, o mal que tende a invadir a sociedade moderna e esse mal, como um verme roedor, pode arruiná-la em seus fundamentos. Oh! A culpa dos que a levam por esse triste caminho! Dos que se esforçam por rechaçar a crença! Dos que preconizam o presente com prejuízo do futuro! Eles terão um terrível hábito de resgatar, pelo uso que fizeram de sua inteligência."

Egoísmo — Caridade:

Págs. 73/74 — "A caridade é a antítese do egoísmo. Este é a exaltação da personalidade, aquela a sublimação da personalidade. Ela diz: para vós em primeiro lugar, para mim depois. E o outro: para mim antes, e para vós o que sobrar. A primeira está toda inteira nesta frase do Cristo: "Fazei aos outros o que quiserdes que vos façam." Em uma palavra, ela se aplica a todas as relações pessoais."

Espíritas **crentes** e espíritas **praticantes**:

Pág. 86 — "Havia, pois, na origem, apenas **espíritas**, isto é, **crentes**; a filosofia e a moral abriram a essa ciência um horizonte novo e criou os **espíritas praticantes**."

As transformações sociais — O progresso com base no aprimoramento moral.

Pág. 88 — "Esse aprimoramento conduzirá à prática da caridade e da caridade nascerá o sentimento da fraternidade. **Quando os homens estiverem imbuídos dessas**

idéias, conformarão a elas suas instituições e será assim que realizarão, naturalmente e sem agitações, as reformas desejáveis. Esta será a base sobre a qual assentarão o edifício social do futuro." "Essa transformação é inevitável, pois que está compreendida na lei do progresso."

A influência do Espiritismo nas relações sociais:

Pág. 94 — "Sua influência é uma garantia de segurança para as **relações sociais**, pois que constitui o mais poderoso freio às más paixões, às efervescências desordenadas, mostrando o laço de amor e de fraternidade que deve unir o grande ao pequeno e o pequeno ao grande."

Advertência contra as dissidências, as discórdias e as divisões no meio espírita:

Pág. 95 — "Enquanto a oportunidade se apresenta, revesti-vos do manto branco, abafai as discórdias, pois que as discórdias pertencem ao reino do mal que vai ter fim. Seja-vos possível fundir-vos em uma única e mesma família e dar-vos mutuamente, do fundo do coração e sem pensamento premeditado, o nome de irmãos. Se, entre vós, há dissidências, causas de antagonismos, se os grupos que devem todos marchar para um objetivo comum estiverem divididos, eu o lamento, sem me preocupar com as causas, sem examinar quem cometeu os primeiros erros e me coloco, sem hesitar, ao lado daquele que tiver mais caridade, isto é, mais abnegação e verdadeira humildade, pois aquele a quem falta a caridade está sempre errado, assistido embora por qualquer espécie de razão, pois Deus maldiz quem diz a seu irmão: **raca**."

"Os grupos são indivíduos coletivos que devem viver em paz, como os indivíduos, se realmente são espíritas."

"O que digo das dissidências entre grupos vale, igualmente, para as que possa haver entre os indivíduos. Em semelhante circunstância, a opinião das pessoas imparciais é sempre favorável àquele que dá provas de maior grandeza e generosidade."

Nas divergências, as conseqüências são mais importantes que as causas.

Pág. 96 — "Se, pois, eu tivesse de opinar em uma divergência, **eu me preocuparia menos com as causas e mais com as conseqüências**." (Destaques nossos.)

Os inimigos do Espiritismo:

Pág. 99 — "Como sabeis, já se combateu o Espiritismo por todos os meios possíveis; atacaram-no em nome da razão, da ciência, da religião. Nada disso deu certo. Tentou-se cobri-lo do mais acintoso ridículo e o ridículo deslizou sobre ele como a água sobre o mármore. Não se obteve mais êxito com a ameaça e a perseguição; se elas encontraram frágeis caniços, depararam também com robustos carvalhos que não puderam dobrar. E não conseguiram, além disso, abalar nenhuma convicção. Deveríamos então supor que o inimigo já se rendeu? Não! Restam-lhe ainda dois recursos, os derradeiros, que, esperamos, não lhes resultará melhor, graças ao bom senso e à vigilância de todos os verdadeiros espíritas, que saberão se preservar dos inimigos internos como puderam rechaçar os externos."

Os inimigos internos, os pseudo-amigos.

Pág. 103 — "Eu disse que os adversários têm uma outra tática para alcançar seus fins: **consiste em procurar semear a desunião entre os adeptos, atiçando o fogo de pequenas paixões, de ciúmes e rancores, fazendo nascer os cismas, suscitando causas de antagonismo e de rivalidade entre os grupos, a fim de levá-los a constituir diversos campos. E não creiais que são os inimigos declarados que desta forma agem! São os pseudo-amigos da Doutrina e, freqüentemente, aqueles em aparências mais calorosos**. Muitas vezes, espertamente, farão tirar as castanhas do fogo com a própria mão de amigos sinceros, porém, fracos, que, sabidadamente enganados, agirão de boa-fé e sem desconfiança. Lembrai-vos de que a luta não está terminada e de que o inimigo se encontra ainda às vossas portas.

Mantende-vos constantemente em guarda a fim de que ele não vos apanhe desprevenidos. Em caso de incerteza tendes um farol que não vos pode enganar: é a caridade, que nunca é equívoca. **Considerai, pois, como sendo de origem suspeita, todo conselho, toda insinuação que tender a semear entre vós germens de discórdias, e a vos extraviar do caminho direito que ensina a caridade em tudo e por todos**." (Destaques nossos.)

O Espiritismo e as classes menos esclarecidas:

Pág. 105 — "Já não estamos mais no tempo dos párias, em que, relativamente ao esclarecimento, dizia-se: Isto é bom para estes, isto para aqueloutros! A luz penetra sempre na oficina de trabalho, mesmo sob a choupana, à medida que o sol da inteligência se ergue no horizonte e dardeja seus raios mais intensos. As idéias espíritas seguem esse movimento. Elas estão no ar e não é dado a ninguém contê-las. O único necessário é dirigir-lhes o curso. **O ponto capital do Espiritismo é o lado moral**. Eis o que é preciso — mesmo à custa de qualquer esforço — fazer compreensível, e, note-se, que é assim que ele existe, mesmo nas classes menos esclarecidas. Por esse motivo o seu efeito moralizador já é manifesto."

Porque o Espiritismo tem inimigos.

Pág. 107 — "O Espiritismo tem inimigos, como toda e qualquer idéia nova os tem. Uma idéia que se estabelecesse sem oposição seria um fato miraculoso."

"Toda idéia nova vem, necessariamente, suplantar uma idéia velha."

Pág. 109 — "Nunca uma idéia nova, de certa importância, se apresenta de súbito, com toda a sua força. Ela cresce e, de pouco em pouco, se infiltra nos hábitos. O mesmo ocorre ao Espiritismo, que podemos ter, sem presunção, como a idéia capital do século XIX."

Mais pernicioso que os ataques dos adversários do Espiritismo é o que os pseudo-adeptos publicam em seu nome. Certas publicações são simplesmente lamentáveis, uma vez que oferecem uma idéia falsa da Doutrina e a expõem ao ridículo.

Pág. 110 — "Esta questão (acima resumida) é grave e exige algumas explicações."

Pág. 111 — **"A moral do Espiritismo não convém a toda gente."**

Pág. 114 — "Sem dúvida alguma, seria preferível que só fossem publicados bons livros! Mas, embora tudo se passe de outra forma, é preciso que não temais, para o futuro, a influência dessas obras. Elas podem, momentaneamente, acender um fogo de palha, mas quando não se apóiam em uma lógica rigorosa, vede, ao fim de alguns anos — muitas vezes de alguns poucos meses—a que se reduziram."

Pág. 116 — "Todos os espíritas que, de coração, vigiam para que a Doutrina não seja comprometida, devem, pois, sem hesitação, denunciá-las, tanto mais porque, se algumas delas são produto da boa-fé, outras constituem trabalho dos próprios inimigos do Espiritismo, que visam desacreditá-lo e poder motivar acusações contra ele."

A mulher e o jovem:

Pág. 125 — **"O advento do Espiritismo marcará a era da emancipação legal da mulher."**
"Tampouco deveis recear a admissão dos jovens. A gravidade da assembléia espírita beneficiará o seu caráter."

Sobre as reuniões espíritas:

Pág. 128 — "Tudo nas reuniões espíritas deve-se passar religiosamente, isto é, com gravidade, respeito e recolhimento."

Sobre a desunião:

Pág. 129 — "A desunião poderia nascer da controvérsia. Não esqueçais de que a desunião é um dos meios através dos quais os inimigos do Espiritismo buscam atacá-lo. É com esse fim que eles induzem certos grupos a se ocuparem de questões irritantes ou comprometedoras, sob o pretexto astucioso de que não se deve colocar a luz sob o alqueire. Não vos deixeis prender nessa armadilha!"

CAPÍTULO **31**

O VALOR DA SÍNTESE

Alexis Carrel, o eminente biólogo francês, sentindo a imensidão dos conhecimentos científicos espalhados em inúmeros tratados, obras e práticas exclama e interroga: "Como construir uma síntese?"

Resumir tão vasta bagagem acumulada pelas gerações e pelos séculos, eis o grande desafio lançado pelo autor de "O Homem, Esse Desconhecido".

Os conhecimentos humanos no domínio da ciência e da tecnologia tornaram-se tão vastos e complexos que só restou uma solução para bem utilizá-los — a especialização. Essa a palavra mágica, em todos os ramos da cultura, das ciências, das atividades, da tecnologia. Mesmo em determinada disciplina científica ou tecnológica, multiplicam-se as especializações em tantas subdivisões quantas necessárias ao melhor domínio dos conhecimentos específicos.

Daí as especializações nas profissões e na maior parte do trabalho humano. Os médicos, em sentido genérico, por exemplo, são hoje designados por cardiologistas, traumatologistas, laboratoristas, psiquiatras, cirurgiões (também especializados) e toda a denominação designativa da especialização.

Na Engenharia, no Direito, na Administração, na Indústria e no Comércio, nas artes e nos ofícios, em tudo impera a subdivisão, pulveriza-se o conhecimento, para que seja mais seguro, mais preciso.

É uma contingência a que não se pode fugir, imposta pela vastidão do acervo de informações e experiências de posse da Humanidade, diante da capacidade limitada em que se vê o indivíduo, na delimitação de uma vida.

Enquanto permanecermos no estágio evolutivo correspondente aos mundos de provas e expiações, a conquista do nosso patrimônio intelectual e moral terá de ajustar-se às condições a eles peculiares.

A lei da reencarnação, na sua sabedoria, proporciona o enriquecimento espiritual por etapas, tanto em conhecimentos quanto em virtudes. É verdade que grande parte do aprendizado, que levamos anos a dominar, na Terra, na erraticidade poderemos adquirir rapidamente, mas não podemos desprezar o que representam as experiências de uma reencarnação. Não há conhecimento inútil, desde que todos eles contribuem para o progresso, que se efetua em todos os sentidos. O Espírito perfeito tem de saber tudo. (V. "O Livro dos Espíritos" — Questão 898.)

Carrel, na sua interrogação, sentia a necessidade da síntese. Vislumbrou que toda realidade se encerra no Espírito e que, através da análise, o objetivo buscado seria inatingível no decurso de uma vida.

•

No ensino magistral do Cristo, amar a Deus sobre

todas as coisas e amar ao próximo como a si mesmo representa outro aspecto da síntese, encerrando toda a Lei e os profetas.

A enunciação sintética de Jesus comporta infinitos desdobramentos, em torno dos quais formaram-se religiões, criaram-se filosofias, firmaram-se deduções, estabeleceram-se dogmas.

Amar, para o Espírito imortal, significa que ele não deve limitar-se, enclausurar-se em si mesmo. Cada Espírito tem suas afinidades e obrigações para com os outros seres, mas o primeiro dever é o de gratidão e reconhecimento para com seu Criador, estendendo-se ém seguida por toda a criação.

Amar a Deus é buscar o Bem Supremo. É reconhecer Sua Bondade infinita. É cumprir Suas leis eternas.

Instintivamente o homem pensa em si mesmo, em suas necessidades e desejos. Todas as ações que se desenrolam em torno dele convergem, de alguma forma, para ele. Ele é o ponto mais importante, no seu próprio conceito.

Por isso o Cristo nos focaliza como o centro de referência para não errarmos no amor que devemos ao nosso semelhante. Devemos amá-lo **como a nós mesmos.** Aí está a fórmula que se contrapõe ao maior obstáculo à evolução moral do homem — o egoísmo.

Jesus, o Mestre Incomparável, não somente indicou a forma de romper a couraça do egoísmo do endurecido coração do homem. Mostrou como agir, nas circunstâncias mais diversas, exemplificando o ensino no socorro a todos que o procuraram, desde os cegos, os coxos e os estropiados, até o rico, a mulher adúltera e os fariseus hipócritas.

Ele é a maravilhosa síntese — o Caminho, a Verdade e a Vida — para a ascensão espiritual do homem.

Verdades eternas reveladas aos homens não são afetadas pelo decurso do tempo. Sua percepção é que depende de cada um, da evolução do entendimento individual. Assim acontece com as lições do Cristo de Deus, para a aceitação das quais todos estamos convocados, no decorrer das idades e das reencarnações, pelo livre entendimento da razão.

O Espiritismo, última etapa da Revelação, procura levar aos homens as verdades de todos os tempos, o pensamento do vero Cristianismo, relembrando as palavras de Jesus na sua verdadeira significação espiritual, retificando desvios, reinterpretando fatos.

Não esqueceram os Espíritos reveladores as novas condições do mundo, o progresso alcançado, o desenvolvimento das inteligências, os novos fatores existentes no seio das civilizações modernas.

A Doutrina Espírita engloba em si o Cristianismo e a Lei antiga, já que o Cristo acolheu a Revelação mosaica, acrescentando o que os homens já têm condições de aprender e aceitar. O Mundo Espiritual é então revelado, rasgando-se o espesso véu que o encobria.

Entretanto, tudo isso representa um universo de conhecimentos que a capacidade humana individual dificilmente abarcaria, de uma só vez, não fosse contornada a dificuldade pela Divina Providência, ao resumir todo o imenso acervo transmitido aos homens em um livro-síntese — "O Livro dos Espíritos". E o Espírito de Verdade, dirigindo-se aos adeptos da novel doutrina, ainda sintetizou em duas diretrizes capitais a Nova Luz: "Espíritas! amai-vos, este o primeiro ensinamento; instruí-vos, este o segundo."

•

Dentro do contexto da Doutrina dos Espíritos, tão vasta em sua abrangência, Espíritos de grande sabedoria têm procurado facilitar a tarefa de seu entendimento e de sua vivência, encerrando em ensinos sintetizados todo o esforço a empregar-se na conquista dos objetivos a serem alcançados, na luta pela redenção humana.

É o que nos oferece Emmanuel, por exemplo, na magnífica página registrada por Francisco Cândido Xavier, no Grupo da Prece, de Uberaba, abaixo trancrita para edificação de quantos buscam enriquecer-se na meditação e na ação:

"Sempre Acima

A pirâmide da elevação tão-somente se alteia, com a necessária segurança, quando erguida em quatro ângulos distintos: compreender; aceitar; amar; servir.

Quem compreende, perdoa sempre.

Quem aceita, vê mais longe.

Quem ama, ilumina.

Quem serve, conquista."

Nesta jóia de síntese e de sabedoria está traçada toda a trajetória do Espírito na arrancada para a perfeição, desde a base sólida da pirâmide, representada pelas pedras angulares da compreensão e da aceitação, até o cume da construção, resultante da argamassa do amor aplicada pela mão-de-obra do serviço, em esforço permanente.

Com quatro verbos o Instrutor espiritual simboliza todo o dinamismo da evolução espiritual, facilitando-nos o entendimento na aplicação de nossas energias realizadoras, na construção de nossa felicidade, dentro dos preceitos da Lei Divina.

Compreensão importa conhecimento, até onde possa alcançar o Espírito. Por isso o primeiro dos mandamentos da Lei se refere ao amor a Deus de todo o nosso coração, de toda a nossa alma e de todo o nosso entendimento. Na compreensão estão implícitos os componentes da caridade, como ensinada por Jesus: benevolência para com todos, indulgência para com as imperfeições alheias e perdão das ofensas.

Aceitação é a prática da humildade. Cumpre-nos amar ao Criador e aceitar sua criação, tal como se apresenta. Toda a grandeza do Universo, embora não a compreendamos integralmente ainda, toda a diversificação da Criação, nos diversos reinos da Natureza, estão contidas na aceitação. Nela incluímos nós mesmos, como somos; nela respeitaremos sempre nosso semelhante, qualquer que seja sua condição evolutiva, sua posição na sociedade, sua crença, sua cor, sua raça, seu sexo, sua idade.

Amor é o princípio que emana de Deus, a causa da vida. Inspira a gratidão e o reconhecimento ao Criador, espraiando-se por todas as coisas, pela criação inteira, sob múltiplas formas. Amar ao próximo é uma conseqüência do amor a Deus. Toda a doutrina ensinada pelo Cristo resume-se no Amor, a Lei Divina que abrange todas as outras.

Serviço é trabalho no Bem. É a dinamização da caridade e da compreensão. É a exteriorização do sentimento amoroso, na ajuda, de todas as formas imagináveis, ao nosso semelhante. O exemplo maior deixou-nos Jesus, em suas ações, ao mesmo tempo que declarava ter vindo para **servir** e não para ser servido. Para servir retamente precisamos compreender, aceitar e amar. A todas as horas deparamos com as oportunidades de servir. Não as aproveitamos porque ainda impera em nós o egoísmo, a chaga moral que precisa ser extirpada.

CAPÍTULO **32**

PERSEVERANÇA

O adepto sincero da Doutrina Espírita, aquele que já assimilou seus princípios e procura vivenciá-los em sua conduta, dificilmente se deixa dominar pelas hesitações diante do desconhecido, ou de fatos novos, ou das constantes solicitações da vida, com seus variados graus de inquietudes.

Isto se deve à própria natureza da Doutrina, que inspira segurança fundamentada na realidade viva das coisas e não em meras criações mentais. Estando o Espiritismo na ordem natural, concepções e criações da imaginação cedo ou tarde cedem à realidade.

A força da Verdade, encontrando terreno fértil no preparo individual bem direcionado, produz a fortaleza de ânimo que não se aquebranta facilmente nos embates e nos desafios constantes. Somente perseverando chega o adepto a esse estágio ideal após vencer as fases iniciais do conhecimento.

A lógica dos ensinos do Espiritismo, cujos princípios estão na Natureza, coloca seus verdadeiros seguidores no mesmo sentido das leis naturais, percebidas e aceitas sem maiores dificuldades, mesmo quando aparentemente paradoxais, como, por exemplo, no caso da dor, nas transformações, nas transições e na morte.

Assim se explica por que se torna muito comum a conversão de seguidores de outras religiões e filosofias ao Espiritismo, ao passo que o contrário se torna verdadeira raridade. É que o progresso espiritual também está na ordem natural, não admitindo a Lei o retrocesso. Quem experimenta as claridades imanentes e permanentes do Espírito dificilmente se deixará envolver nas trevas das ilusões, da negação, do niilismo e da soberania da matéria.

Entretanto, para chegar à condição de devotamento e dedicação à causa do Bem, o aprendiz sincero passa por períodos de desafios e fases de dificuldades, testes e experiências pessoais que vão desde a inquietação e a insatisfação diante dos problemas comuns da vida material até os mais transcendentes enigmas do ser, das origens, do destino.

É a apredizagem desdobrada em campos diversificados, na qual o Espírito precisa aplicar-se tanto intelectual quanto moralmente. O enriquecimento pelo estudo e observação necessita da complementação pela prática, pela vivência dos princípios, forma de transformação da Alma, sem o que se aprende mas não se modifica substancialmente, como é necessário.

Conhecer a Doutrina, mesmo a fundo, é insuficiente, é parte do objetivo. Imprescindível se torna o esforço continuado, persistente, de agir e viver de conformidade com os postulados aceitos, sem o que se pode atingir a condição de filósofo, de conhecedor, mas não a de espírita e de cristão, na sua real significação.

O insigne Codificador bem cedo percebeu a existência de três categorias de crentes e seguidores das idéias espíritas: a dos que crêem nas manifestações e fenômenos, sem deles deduzirem quaisquer conseqüências morais; a dos que percebem o alcance moral mas não o aplicam em si mesmos; e, finalmente, a dos que aceitam a Doutrina, com todas as suas conseqüências, e praticam, ou se esforçam por praticar sua moral.

A essa última categoria, a dos espíritas praticantes — os verdadeiros espíritas —, o mestre denominaria de **espíritas cristãos.** ("O Livro dos Médiuns" — Primeira Parte — Cap. III.)

A observação de Kardec poderia perfeitamente ser transposta para os dias presentes, permitindo estabelecer-se a distinção entre o simples crente, o conhecedor da Doutrina e o espírita verdadeiro, ou espírita cristão.

Certo é que ninguém se torna espírita por acaso. Há muitos caminhos conduzindo as criaturas ao encontro com a Verdade. Grande número de reencarnados programam seu renascimento em circunstâncias capazes de lhes facilitar a aceitação dos ensinos libertadores, seja buscando lares espíritas, ou o futuro relacionamento com pessoas e instituições que lhes proporcionem os primeiros passos na senda. Outros são premidos pelo sofrimento, pela dor e pelas desilusões, enquanto considerável parcela constitui-se dos que se desiludiram com outras religiões, ou com o vazio das filosofias materialistas e existencialistas. A curiosidade e o desejo de esclarecer-se são também responsáveis pelo encaminhamento de muitos buscadores.

O livro, a palestra, a conversação bem orientada, uma simples mensagem edificante, a perda de entes queridos, a doença, a obsessão, o fenômeno mediúnico são alguns dos veículos que conduzem almas insatisfeitas, desiludidas e ávidas de consolação às benditas claridades do Consolador prometido por Jesus.

Nas incontáveis situações em que se encontram os

Espíritos, na Terra, onde quer que estejam, seja qual for a posição social, raça e grau de evolução, todos são chamados, no decorrer do tempo, nas sucessivas reencarnações, a aceitar as Verdades Eternas através de livre entendimento. Na convocação, variam os meios utilizados pelas Leis Divinas, mas a liberdade individual é sempre respeitada. Conjugam-se razão, livre-arbítrio e responsabilidade, como bases da evolução do entendimento humano. Mesmo as verdades reveladas progressivamente aos homens devem ser aceitas livremente e nunca sob coação, que não tem sentido perante a Lei Maior.

•

Meditando sobre tão admiráveis princípios revelados pela Doutrina Espírita, percebemos logo a causa da lentidão da evolução espiritual, sempre na dependência de fatores que a Providência Divina deixa ao alvedrio individual. O interesse e a vontade do Espírito, direcionados para o Bem, inserem-se na obra do tempo. O progresso, determinismo divino, acelera-se ou retarda-se, de acordo com o esforço e aplicação de cada um.

Chegado ao estádio evolutivo em que, como **chamado**, depara-se com caminhos ainda não percorridos, o aprendiz sente a necessidade de esclarecer-se, para prosseguir. Acontece o despertamento, provocando a sede de conhecimentos novos, na senda do progresso.

No aprendizado evangélico-doutrinário espírita, em particular, o fenômeno é inevitável, de vez que o Espiritismo se assemelha a uma luz que jorra cada vez mais intensamente, à medida que lhe dedicamos mais atenção.

Para não se sentir deslumbrado, nem permanecer na fase transitória da constatação de fenômenos naturais anteriormente desconhecidos, ou na seguinte, da especulação filosófica, sem deduzir as conseqüências morais, precisa o aprendiz munir-se da perseverança capaz de sustentá-lo na luta íntima da própria reforma.

Em outras palavras, não basta saber, é preciso realizar. No nosso mundo, o número dos que sabem é sempre superior ao dos que fazem. As religiões, de modo geral, ensinam o bem, mas os que lhe seguem os preceitos generosos são poucos.

No Espiritismo, representando na Terra o mais alto curso de aperfeiçoamento da Alma, o conhecimento é, sem dúvida, de grande significação e importância, e dele se ocupam os espíritas, os grupos, as instituições e todo o Movimento Espírita, num esforço admirável na divulgação da Doutrina, no incentivo do estudo e no cultivo das múltiplas atividades características das organizações espíritas.

Todavia, não basta todo esse complexo de trabalho organizado. Cumpre ao adepto ir adiante, disciplinar-se e perseverar, transformando em ações o conhecimento teórico, fazendo, exemplificando, dando testemunho da aceitação do roteiro em sua vida.

Nesse ponto, tudo depende da vontade individual. O Espírito já conhece as diretrizes. Segui-las é decisão sua. Sua consciência é o único fiscal a exigir-lhe fidelidade. Ninguém pode substituí-lo. O livre-arbítrio manifesta-se soberano, inquestionado.

•

Jesus, o modelo perfeito, compreendendo a dificuldade e a indecisão dos homens na hora do testemunho e do trabalho, ao trazer-nos a palavra da verdade e da vida complementou o ensino oferecendo o exemplo edificante, acrescentando:

> "Se sabeis estas coisas, bem-aventurados sois se as fizerdes." — (JOÃO, 13:17.)

A primeira parte do longo curso na senda do conhecimento doutrinário apresenta desafios superáveis pela aplicação ao estudo, pela dedicação e pelo interesse intelectivo. As maiores dificuldades se apresentam, entretanto, na vivência dos princípios, exigindo autodisciplina e paciência, vontade e fé. A perseverança é a virtude adquirida que traduz a firme vontade de não recuar, não desanimar diante dos percalços, sustentando-nos nas indecisões, muito comuns quando percebemos nossas fraquezas. Ela ajuda-nos a cultivar a fé e a paciência para conosco, diante de equívocos resultantes de nossas imperfeições.

Erro comum é a troca do esforço na correção de nós mesmos, na busca do próprio aprimoramento, pela tentativa de reformas diretas na vida dos nossos semelhantes. Ressalvados os casos de pais e responsáveis na obra da educação, não devemos cultivar a pretensão de exigir diretamente dos outros a conduta que nos pareça melhor. O exemplo, sim, é a forma indireta de influir na conduta alheia.

O Espiritismo, bem compreendido, induz-nos à tolerância sem conivência, apontando-nos o exemplo de uma vida digna, dentro dos preceitos do Cristianismo revivido, como a mais eficiente sugestão que podemos oferecer ao nosso semelhante.

Corrigindo-nos e melhorando-nos estaremos automaticamente apontando aos outros o rumo certo na busca do aprimoramento moral.

É através das idéias, das palavras e sobretudo das ações que formamos nossa atmosfera particular capaz de nos identificar perante nossos companheiros de jornada.

O aprimoramento íntimo é obra de auto-educação, reclamando, entre outros recursos, o tempo e a virtude da perseverança.

CAPÍTULO 33

ILUSÃO E REALIDADE

O progresso do Espírito subordina-se a leis sábias e eternas, dificilmente identificadas pelo homem enquanto se deixa impressionar pelas aparências ilusórias.

Sem a intervenção do Mundo Espiritual, sem o auxílio do Alto, através das revelações superiores, em todas as eras da Humanidade, o homem, por si só, ou se arrastaria muito mais penosamente na própria rotina, ou permaneceria estacionário por longo tempo. A evolução e o progresso resultam da conjugação dos esforços dos que se encontram à retaguarda, com a assistência solidária dos que vão à frente.

A presença do Cristo entre os homens, em pessoa ou através de emissários, em todos os tempos, é a manifestação inequívoca dessa solidariedade, unindo as criaturas e expressando, ao mesmo tempo, o amor infinito de Deus por toda a criação.

Revelam-se a beleza e a sabedoria das leis divinas na medida em que o Espírito vai descobrindo e compreendendo seus mecanismos. O progresso individual resulta do ajustamento de suas ações às leis naturais e da aplicação de suas energias espirituais na busca do Bem. Nesse roteiro, toda iniciativa bem orientada recebe o apoio de Cima.

Por isso, não bastam o conhecimento e a fé, em sentido amplo. É necessária a ação no Bem, uma vez que os atos praticados por orgulho ou por egoísmo se tornam obras mortas.

O Evangelho do Cristo, entendido em espírito, é o código que permite a compreensão dos mecanismos das leis morais da vida, resumidas em uma palavra — Amor.

•

Os opositores do Cristianismo, aferrados à ilusão da matéria e dos sentidos físicos, não conseguem compreender o significado do sofrimento e da renúncia do Cristo, como manifestação de amor. Para eles, a epopéia da passagem de Jesus pela Palestina, culminando com a tragédia do Calvário, só faz enaltecer a dor e o sofrimento, detestados pelo homem. Na estreiteza de suas percepções limitadas, só entenderiam um Cristo detentor da glória e do poder humanos, a espalhar a alegria e o encanto da vida no mundo.

Nem mesmo os chamados cristãos, quando prescindem do sentido espiritual dos ensinos de Jesus, compreendem o significado da salvação por Ele representada. Daí as práticas simbólicas visando à redenção, quando temos de consegui-la através da vivência dos ensinos do Mestre, seguindo seus exemplos.

Muito difere a Revelação Espírita, que pressupõe a responsabilidade individual para a própria ascensão, da doutrina da graça, criada pela Teologia, baseando-se no dom natural concedido por Deus para conduzir as criaturas à salvação. Restabeleceu-se o princípio da Justiça Divina que a criação teológica havia adulterado.

Foi necessária a Nova Revelação, vale dizer, novos esclarecimentos e nova interpretação para tornar compreensível o verdadeiro significado da vinda do Mestre Incomparável e explicar o sentido espiritual de seu Evangelho. O Consolador é a Revelação Nova, representada pelo Espiritismo. À sua luz compreendemos que a dor e o sofrimento representam socorro e bênção para o Espírito imperecível, necessitado de libertar-se das próprias imperfeições.

O aprendiz das novas verdades, despertando para as realidades permanentes da vida, pode então perceber o significado da verdadeira alegria, que não mais se confunde com as ilusões fluentes no mundo. Pode-se encontrar alegria no sacrifício em favor dos outros, como pode estar na renúncia, no trabalho desinteressado e útil, na troca do mal pelo bem, ou na superação das próprias limitações. Transmutam-se em alegria os sentimentos de amor, fraternidade, compreensão.

•

Sem a luz dos conhecimentos revelados pelo Consolador, a mente humana se deixa envolver em densas camadas de irrealismo, tecidas pelas ilusões da vida.

Como a morte do corpo físico não modifica necessariamente o estado mental das criaturas, é fácil imaginar o desespero daqueles, em número incalculável, que se agarram às situações interrompidas bruscamente pela transição. É um sofrimento terrível do qual temos notícia através da literatura espírita e das manifestações mediúnicas. Adaptar-se a novas condições de vida onde a matéria densa deixa de predominar, onde velhos hábitos são entrecortados por imposição irresistível do novo meio ambiente, onde somos privados das paisagens e da presença das pessoas e das coisas que amamos ou às quais nos habituamos, eis o quadro que cada Espírito depara, queira ou não, compreenda ou não, esteja ou não preparado.

Daí o importantíssimo papel do conhecimento espírita. O adepto da Doutrina torna-se naturalmente interessado na vida futura, sabedor de que cedo ou tarde irá deparar-se com novas situações previstas ou imprevistas em seus detalhes, mas que podem ser calculadas e avaliadas antes da travessia da fronteira do túmulo. Sabe que seu futuro **habitat** de desencarnado corresponderá sempre ao que ele é, em realidade, em essência. Seus companheiros terão idéias, pensamentos e sentimentos semelhantes aos seus.

A volta da carne é o período das avaliações do que produziu, dos proveitos ou perdas trazidos da romagem à vida material.

É a hora do sorriso ou da lágrima, das alegrias ou das tristezas pelo que fez e pelo que deixou de fazer.

É a hora do encontro com a própria consciência, sem o anteparo do instrumento físico, sem apelo à fuga nas ilusões.

Os instrutores espirituais informam que os mundos espirituais próximos à Crosta desdobram-se em inúmeras colônias correspondentes à projeção territorial das diversas regiões terrenas. Hábitos, usos e costumes, língua, sentimentos, pensamentos, inclinações e tudo mais que carregamos como bagagem determinam a colônia que vamos habitar, o lugar que nos espera.

Ao desencarnar, deixamos para trás, compulsoriamente, tudo que não passa nas barreiras do novo lar. Bens materiais, dinheiro, fazendas, posição social, títulos honoríficos, ilusões, tudo se desvanece. Deparamos, então, com nossa condição de átomos pensantes diante das profundas transformações ao nosso redor.

Felizes as Almas que podem compreender as metamorfoses interiores e exteriores. O Espiritismo, bem estudado e praticado, facilita essa compreensão, explicando satisfatoriamente que todas as mutações estão catalogadas nas leis divinas, que tudo tem sua razão de ser e que todos nós somos viajores da eternidade, demandando nossa felicidade, que haveremos de construir à custa de trabalho, de sacrifícios e de esforços sem fim.

A vida prossegue sem cessar. Enquanto na carne, muitas vezes o Espírito se ilude, julgando-se figura central no mundo, arrogando-se uma importância tal capaz de perturbar a marcha dos acontecimentos, pelo seu desaparecimento do cenário da vida.

No entanto, os potentados, os reis e imperadores, os grandes conquistadores, os filósofos e pensadores, os fundadores de escolas, os condutores de povos, os comandantes de exércitos, os capitães da indústria e do comércio, assim como o homem simples e ignorado, o operário, o camponês obscuro, o felá ou o mendigo, todos, sem exceção, passam e morrem, sem que seu desaparecimento da cena perturbe o curso natural das coisas, ao fim de breves dias, meses ou anos. Os problemas surgem e desaparecem e a vida prossegue constante, incessante.

Isto nos dá mostra de como nos deixamos enlear pelos conceitos provisórios, pelos títulos e convenções humanas, iludindo-nos com os valores transitórios, em prejuízo dos méritos verdadeiros e definitivos da Alma.

•

O Espiritismo, como escola filosófica capaz de elucidar os problemas presentes e os do após a morte, esclarece e consola, mostrando-nos as realidades de agora e de além, tudo com uma lógica ao alcance da percepção intelectual de todos que se descompromissam com os preconceitos.

Deixa de haver, ante seus princípios, o mistério, o enigma, desde que se compreenda que toda realidade se encerra no Espírito, seja no estado livre, seja quando preso à matéria.

Revivendo o Evangelho como roteiro do aperfeiçoamento moral, a Doutrina assegura ainda ao adepto sincero a vantagem de prevenir o obscurantismo intelectual, firmando rumos seguros ao evitar situações futuras desagradáveis, induzidas pelas ilusões da vida na carne. Não há dúvida de que prevenir-se e educar-se é muito melhor do que corrigir-se.

Quando os acontecimentos de nossa vida na Terra contrariam as melhores aspirações de elevação intelecto-moral, buscamos contorná-los de muitas formas. Uma delas é a de fugir à luta, abrigando-nos nas ilusões. Entretanto é na adversidade que encontramos as melhores oportunidades de aperfeiçoamento espiritual, desde que recusemos a fuga, resistindo às induções de desânimo e rechaçando os pensamentos e emoções negativos.

Não se resolve nenhum problema íntimo sem a disposição de enfrentá-lo. Por mais dura seja a tarefa, ou mais pesado o fardo, quaisquer que sejam as tribulações, o posicionamento interior é decisivo. Aquilo que não podemos afastar ou superar, temos de aceitar como provação, atentos à verdade de que estamos na senda de nosso próprio bem, sob a proteção infalível das leis divinas, sempre agindo em nosso favor, desde que não nos desviemos conscientemente de nossas responsabilidades.

Progredir, evoluir espiritualmente é expandir a consciência para níveis superiores.

Além das benesses das consolações e da libertação que a Doutrina nos proporciona, devemos encará-la como o luzeiro que ilumina o áspero caminho da ascensão, bem diferente da estrada larga e cômoda das alegrias e ilusões mundanas.

CAPÍTULO **34**

VIVÊNCIA ESPÍRITA

"Como, pois, recebeste o Senhor Jesus-Cristo, assim também andai nele." – (Paulo. **COLOSSENSES, 2:6.)**

É de suma importância o conhecimento da Doutrina Espírita e do Evangelho de Jesus, para todos que aspiram a elevar-se moral, espiritual e intelectualmente.

Divulgando-se o Evangelho à luz da Doutrina dos Espíritos atende-se ao dever de torná-lo conhecido pelo maior número possível de interessados, aprendizes, estudiosos e profitentes. Nessa imensa tarefa empenham-se os Espíritos e os espíritas, as instituições e os movimentos, por toda parte. Cumprem, na atualidade, a orientação do Cristo aos discípulos: "Ide e pregai."

Entretanto, não bastam o conhecimento e a divulgação. A obra de renovação individual e coletiva só se completa na vivência dos princípios aceitos e na prática cotidiana das ações reservadas a cada um, em todos os departamentos da vida a que é chamado o adepto.

Como adverte Emmanuel, com toda razão, não é suficiente admirar o Cristo e propagar-lhe os preceitos. Isso muitos têm feito, no presente e no passado. Imprescindível é seguir suas lições, exemplificando-as na própria vida, acompanhando-o "para que estejamos na bênção da luz".

O benfeitor espiritual André Luiz certamente se inspirou na grande dificuldade encontrada pelo aprendiz entre o conhecer e o exemplificar, quando resolveu oferecer à comunidade espiritista as seguras e práticas normas de agir que intitulou de "Conduta Espírita", pequeno e precioso manual que encerra as mais corretas regras de bem-viver, diante da variada gama de situações com as quais nos deparamos.

Com a simplicidade e a clareza dos verdadeiros instrutores, estão indicados na magnífica obra ("Conduta Espírita" — André Luiz, psicografia de Waldo Vieira, ed. FEB) utilíssimos preceitos de procedimento cristão em nossos dias "para que venhamos a burilar as nossas atitudes no campo espírita" em que estamos situados.

Foi compulsando, uma vez mais, essa sinopse doutrinária de padrões de conduta, que nos lembramos de homenagear espiritualmente o bondoso instrutor, retirando algumas conclusões e ilações que ressumam de sua obra e de outras que se ajustam ao contexto da Doutrina Espírita.

•

A primeira cogitação do adepto espírita que se propõe à prática dos ensinamentos doutrinário-evangélicos, amoldando-os à sua vida para torná-la mais construtiva e digna dos ideais abraçados, deve consistir em impor-se a autodisciplina. Nenhuma tentativa de renovação interior atingirá seus objetivos sem um primeiro estágio de firme resolução de adotar e desenvolver um programa novo de auto-educação, capaz, inclusive, de contrariar hábitos arraigados, induzindo-nos a desaprender o que nos prejudica moralmente e a colocar em seu lugar o que esteja em consonância com a meta de um novo ideal de vida.

Esse primeiro passo depende de vontade firme, sem titubeios. Por isso mesmo é difícil e não gratifica os tíbios, nem favorece aos entusiastas de momento. É muito comum o entusiasmo do adepto novo diante de uma palestra edificante e bela, ou após a leitura e assimilação de um livro doutrinário de grande poder de convencimento. Mas, sem disciplina interior plena é quase certo o fracasso diante dos primeiros embates das inúmeras solicitações às quais estamos sujeitos. É necessário aprender a desapegar-se, a renunciar.

O Espírito encarnado está colocado frente a uma gama de deveres, obrigações, prazeres, tendências, sugestões, cerceado ou estimulado pelo meio ambiente, por usos e costumes, tudo influindo poderosamente sobre o caráter, o modo de proceder e o relacionamento de cada um. Modificar esse quadro individual não é fácil, quando se verifica que qualquer alteração não afeta somente o próprio indivíduo, mas também as relações com outras pessoas — familiares, amigos, companheiros.

A assimilação da aprendizagem evangélico-doutrinária produz conseqüências diferentes em cada aprendiz, na dependência de seu estágio evolutivo. A Doutrina e o Evangelho **sugerem** um comportamento compatível com o aprendizado. Mas não **obrigam** ninguém a agir dessa ou daquela forma, em respeito à liberdade individual. Tanto a aceitação dos princípios quanto sua vivência terão de ocorrer espontaneamente. A vontade individual tem, pois, fundamental importância e a autodisciplina é sua manifestação no sentido de uma afirmação livremente aceita.

Enquanto na fase do conhecimento bastam o estudo

sério e o interesse intelectual, a vivência exige disciplina e vontade aplicada, discernimento e capacidade de resistência e de renúncia. Há hábitos adquiridos, de ordem moral, de difícil remoção, para os quais toda uma reencarnação pode constituir-se em tentativas, fracassos e novos tentames. Muitos de nós precisamos de paciência conosco mesmos e de disposição interior para reacerto de esforços, se não quisermos perder vitórias parciais já conseguidas.

A autodisciplina compreende, pois, a consciência de que o aprendiz é um Espírito imperfeito, sujeito a erros. O importante é o propósito de recomeçar sempre que ocorrer a falha. Ela é, sobretudo, o permanente antídoto contra o "desculpismo" a respeito de nossas fraquezas, nas horas dos testemunhos e das experiências marcantes.

Quando temos a oportunidade de demonstrar a nós mesmos a possibilidade de renovação, de um novo rumo a seguir, do desapego a velhas querências que nos retêm à retaguarda, então é imensa a alegria de identificar-nos com a nossa decisiva sinceridade de propósitos.

Sempre haverá os que ignoram e os que já conhecem as verdades divinas. Os que desconhecem, cedo ou tarde, iniciarão uma longa jornada de aprendizagem. Dos já iniciados — e são muitos os estágios do conhecimento — o maior número permanece na estagnação ou no deslumbramento diante das belezas das leis da Vida, sem a coragem necessária para embrenhar-se no caminho da renovação íntima, por apego e indecisão. Seu símbolo evangélico é o do moço rico.

Os que se decidem à grande aventura da renovação, dispostos e resolutos a enfrentar os percalços da estrada estreita, precisam munir-se da autodisciplina como arma essencial nos difíceis embates que lhes estão reservados. Ela é a força interior capaz de garantir os cuidados na manutenção da fé e do equilíbrio, onde estiverem e nas circunstâncias em que se encontrarem os novos cooperadores das divinas fontes do Bem.

A autodisciplina fundamenta-se em outros estados de consciência imprescindíveis ao êxito do adepto. Já nos referimos à coragem moral, que nos impõe a autodefinição declarada. O adepto disposto a enfrentar os desafios da jornada iniciada não mais se acomoda às fórmulas muito comuns, em determinados meios sociais, da fuga na hora do testemunho, por tibieza, vergonha ou comodismo, de declarar-se espírita. Sendo necessário ou apresentando-se a ocasião, ele não mais titubeia em apresentar-se como seguidor da Doutrina dos Espíritos, cônscio de que essa qualificação é uma honra, somente contestada pela ignorância dos que desconhecem a grandeza do Espiritismo. O ridículo, a outrora poderosa arma dos ignorantes do passado, atualmente não mais atinge aquele que tem a certeza de ter encontrado o rumo certo. Por isso, as ironias e zombarias não o afetam e são recebidas com a serenidade própria dos que se sentem seguros de sua condição.

Outra decorrência natural da autodisciplina é o entusiasmo. Ser entusiasta não significa inflamar-se incontroladamente em quaisquer ocasiões, em função das finalidades a serem alcançadas. O entusiasmo é a chama interior capaz de manter o adepto sempre atento às belezas dos ideais abraçados, tornando-o apto a defendê-los inteligente e convenientemente. É sempre útil conjugar entusiasmo e bom senso, discernimento e equilíbrio, evitando-se os exageros das exacerbações e as inconveniências das discussões estéreis.

Bom senso, discernimento e equilíbrio são qualidades que todo espírita necessita adquirir e desenvolver. O Codificador personaliza e exemplifica para todos nós essas virtudes que, não sendo privilégios dos espiritistas, são-lhes, entretanto, imprescindíveis.

O esforço constante e a atenção permanente acabam modificando a linguagem inadequada e certos costumes e idéias sociais não condizentes com a expressão doutrinária.

Selecionar nossos meios de expressão, sem pedantismo e sem apelo à vulgaridade e ao jargão deprimente, constitui um bom exercício a ser praticado contínua e diariamente, até que se transforme na naturalidade do hábito. Isto não exclui a tolerância e a discrição perante nossos semelhantes, especialmente os que não compartilham nossas idéias.

Por último, na estreiteza deste artigo, apraz-nos lembrar, como parte essencial da autodisciplina, a luminosa noção de liberdade que a Doutrina nos sugere. Referimo-nos à liberdade de escolher as próprias ações e caminhos, a liberdade a serviço do Bem, a liberdade responsável, a força dirigida que nos permite construir boa parte de nosso próprio destino. Ela, um dos bens supremos da criatura, irrompe toda vez que uma imposição ameaça nossa vida interior. Presença certa em qualquer ato, idéia ou sentimento que procuramos preservar e defender em nós, e para nós, precisa ser respeitada igualmente em nosso semelhante, qualquer seja sua condição humana, social, intelectual, política ou religiosa.

O espírita convicto, a caminho da verdadeira libertação, cultor da liberdade e da disciplina, por mais empenhado esteja no esclarecimento de seu semelhante, jamais poderá irrogar-se o direito de reclamar a liberdade para si e negá-la, na mesma proporção, a seu companheiro, como se estivesse na posição de supremo árbitro de decisões que não lhe competem.

Um profundo sentido de mudança interior, no rumo certo, traz, em conseqüência, a alegria e a certeza de que o adepto é seguidor do Mestre e Senhor.

CAPÍTULO 35

A LEI DE DESTRUIÇÃO

"Preciso é que tudo se destrua para renascer e se regenerar." ("O Livro dos Espíritos" — Questão 728.)

Dentre as leis divinas ou naturais, divididas em dez partes pelo Codificador, de sorte "a abranger todas as circunstâncias da vida", conforme a aprovação que lhe deram os Espíritos Instrutores, uma se destaca pela dificuldade de sua compreensão, em face de sua aparente contradição à lei geral do Amor: a lei de destruição, focalizada no cap. VI da parte 3ª de "O Livro dos Espíritos".

O homem, limitado no seu conhecimento e entendimento, inclina-se naturalmente às regras precisas, preferindo-as aos preceitos gerais, muitas vezes imprecisos e vagos, demandando os esforços interpretativos, nem sempre fiéis.

Para nos apercebermos do melhor sentido das normas divinas, convém lembrar ser a lei natural uma só, apresentando-se sob múltiplos ângulos abrangentes de todos os aspectos da vida. Destarte, como na regra de hermenêutica das leis humanas, certos princípios da lei natural nunca devem ser vistos e apreciados isoladamente, o que levaria a absurdos interpretativos, mas sempre dentro do contexto geral de toda a lei. Em outras palavras, a lei de destruição, a de adoração, a do trabalho e toda a divisão didática proposta por Kardec devem ser examinadas, dissecadas e compreendidas tendo-se em vista também a lei do progresso, a da evolução, a de justiça, amor e caridade.

A denominada **lei de destruição** melhor se conceituaria, no dizer dos Instrutores Espirituais, como **lei de transformação.** O que ocorre, na realidade, é a **transformação** e não a **destruição,** tanto no que concerne à matéria quanto no que se refere ao Espírito.

A célebre enunciação de Lavoisier — "na natureza nada se cria, nada se perde, tudo se transforma" — foi uma antevisão científica, no campo da matéria, do que os Espíritos viriam confirmar mais tarde ao Codificador.

Tomada como transformação, a norma aplica-se também ao Espírito eterno, indestrutível, mas em contínua mutação, obedecendo à evolução e ao progresso sob os processos mais variados e complexos.

A sabedoria divina dotou os seres vivos de dois instintos opostos: o de destruição e o de conservação. Ambos funcionam como princípios da Natureza. Pelo primeiro os seres se destroem reciprocamente, visando diferentes fins, entre os quais a alimentação com os despojos materiais.

•

O homem tem papel preponderante diante dos demais seres vivos, ao dizimar, em larga escala, os demais seres da criação, seja buscando alimentar a crescente população humana, seja aproveitando os despojos animais e vegetais em inúmeras indústrias de transformação, que lhe proporcionam múltiplas utilidades.

Para a utilização da carne e do leite, como alimentos, do couro, da lã e de diversos outros subprodutos, são criados imensos rebanhos de bovinos, ovinos, caprinos, suínos, aves diversas. Às atividades de criação junta-se a pesca, visando-se especialmente a transformação dos animais em alimentos ou em fontes de produtos consumidos pelas indústrias.

Os alimentos de origem vegetal também são produzidos em larga escala em culturas espalhadas por cerca de 25% da superfície sólida do Globo.

O homem e os animais estão condicionados pela Natureza a buscarem nos outros seres vivos sua alimentação. Essa contingência mostra-nos objetivamente quão atrasado é o nosso mundo.

Há necessidade de criar e dizimar milhões de animais, em ciclos continuamente repetidos, para prover a sustentação das populações. De outro lado, as culturas de alimentos vegetais são cada vez mais vastas para atender a fome dos homens e dos animais.

A necessidade, no ensino dos Espíritos, deve ser o fundamento e a limitação da destruição, necessidade que se enfraquecerá à proporção que o Espírito for predominando sobre a matéria.

Entretanto, por ignorância, irresponsabilidade, imcompreensão e crueldade, o homem ultrapassa os limites impostos pela lei moral, incidindo em abusos condenáveis sob todos os pontos de vista.

•

Vejamos alguns abusos, individuais e coletivos do homem, que só poderão ser combatidos pela educação, especialmente a de ordem moral, dando aos indivíduos noção de sua responsabilidade perante as leis divinas.

A título de sustentação de preços de mercado, teóricos economistas, há algumas décadas, sustentavam a vantagem da destruição de produtos e colheitas, como aconteceu no Brasil, na década de 1930, quando milhares e milhares de toneladas de café foram queimadas, numa demonstração inequívoca de insensibilidade, de egoísmo e de ignorância dos responsáveis por tais desmandos. Enquanto se estendiam os campos de queima de café no Sul do país, em estúpida destruição, populações inteiras do Nordeste e do Norte não tinham meios de adquirir café para sua alimentação. Na República Argentina, na mesma época, destruíam-se imensos rebanhos de carneiros, ao passo que países da civilizada Europa despejavam nos rios toneladas de vinho, em nome do mesmo princípio "econômico".

Felizmente, essa prática irracional e cruel tende a desaparecer, diante da predominância do bom senso em um mundo em que a fome é um dos graves problemas a resolver.

Outros abusos que têm provocado a reação e os protestos das populações esclarecidas de todo o Planeta, por sua profunda repercussão no relacionamento entre os seres vivos e o meio ambiente, são os problemas ecológicos. Relativamente recente tem sido a conscientização das populações para esse tipo de destruição, que o homem, consciente ou inconscientemente, vem provocando na terra, nas águas e na atmosfera.

O crescimento em progressão geométrica da população do Globo é, sem dúvida, a maior causa da degradação das condições de vida, principalmente nos grandes conglomerados humanos das megalópolis.

Não se pode deixar de reconhecer que os novos processos tecnológicos, aliados à enorme proliferação dos estabelecimentos fabris, sem os necessários cuidados capazes de evitar a poluição, vão causando a destruição da vida animal nos rios, lagos e mares, com o contínuo lançamento de dejetos e resíduos industriais nas águas, ao mesmo tempo que fábricas e máquinas de toda espécie contribuem para poluir a atmosfera.

Some-se a tudo isso a destruição contínua das florestas e de muitas espécies animais e ainda a ameaça das bombas, usinas e lixo atômico e tem-se um quadro sombrio das condições materiais do mundo contemporâneo, agravando-se pelo descuido, imprevidência e deseducação, gerando o desequilibrio mesológico e perspectivas pouco animadoras.

Por vezes, o instinto de destruição apresenta-se sob aspectos dos mais perigosos, quando o homem, cuidando de defender interesses reconhecidamente justos, qual o do desenvolvimento material, com a criação de trabalho e emprego para muitos indivíduos, e a produção de bens úteis e necessários, descuida, todavia, de defender a qualidade da vida no Planeta, relegando a segundo plano o equilíbrio e a defesa do meio ambiente, sem o qual poderão ficar comprometidos a saúde, o bem-estar e a vida de todos.

•

Coexiste o instinto de conservação, comum a todos os seres vivos, ao lado dos agentes de destruição.

Destes, alguns são flagelos decorrentes da própria natureza e constituição do nosso orbe, tais como as erupções vulcâncias, os terremotos e maremotos, os furacões, as inundações e tempestades, as grandes secas etc. Outros são flagelos resultantes da ignorância do homem ou da deficiente organização social no mundo, tais as endemias e epidemias, a fome, a miséria, os problemas vitais da ecologia, como a poluição em geral e as devastações vegetais sem critério.

A tecnologia pode perfeitamente cooperar na solução de muitos desses desafios. Flagelos naturais ou provocados pelo homem podem ser minorados em sua ação devastadora pelo melhor conhecimento, pelo progresso das ciências em geral, especialmente da Medicina e da Higiene, pelas grandes obras da engenharia, pelo aperfeiçoamento da agricultura e da indústria e, finalmente, pela melhor compreensão e solidariedade humanas, através da prática do amor e da caridade, recalcando o egoísmo.

Estão estreitamente correlacionadas, na Terra, as transformações, naturais ou provocadas, e a problemática da dor. Não será possível acordar para os elevados domínios do conhecimento e das soluções, nesse vastíssimo campo, sem atentar-se para o sofrimento evitável, o sofrimento que decorre de nossa incúria, nosso egoísmo, nossa ignorância. A esses podemos evitar, ou minorar suas conseqüências dolorosas. O que não podemos é fugir das correções gerais ou particulares, decretadas pela Providência, em função dos nossos débitos ou em decorrência de nosso atraso.

•

Como conseqüência do transbordamento das paixões humanas, desde tempos imemoriais a Humanidade convive com dois flagelos difíceis de serem controlados: a guerra e a violência individual. Ambas são manifestações da violência e são a negação da lei divina do Amor.

Na guerra, violência coletiva organizada, extravasam os indivíduos, muitas vezes investidos do poder de mando e de decisão, as mais ignóbeis paixões — ambição desmedida, orgulho, vaidade, fanatismo — levando legiões de criaturas a sofrimentos físicos e morais que podem ultrapassar a duração de uma existência, projetando-se em vidas futuras.

Alguém já afirmou, com certa razão, ser a História da Humanidade a narração de uma sucessão de guerras.

Difícil será encontrar um períoso da trajetória do homem sobre a Terra em que não haja alguma disputa violenta entre povos e nações, já que foram catalogadas cerca de 15.000 lutas armadas através dos tempos, algumas com duração de mais de um século.

A Doutrina Espírita explica que, embora constituindo-se num mal, a Providência Divina, dentro dos princípios da lei de destruição, retira desse flagelo bárbaro os proveitos e lições capazes de promover o progresso e a liberdade dos povos.

Outro flagelo humano é a violência, individualmente considerada. Todos nós retemos alguma violência interior, desde que ainda não conseguimos viver dentro do padrão evangélico da mansidão, da paz, da doçura, da tolerância, da paciência, da compreensão, máxime diante da provocação ou da agressão de nossos semelhantes.

Da violência individual decorre a maior parte dos crimes que atentam contra a vida, a saúde, a honra e a liberdade, o domicílio e a família, o patrimônio, os costumes, a paz pública e todas as modalidades criminosas relacionadas nos códigos humanos.

Modernamente, lutam as sociedades contra uma das formas de violência organizada mais tristes e degradantes, porque conjuga a maldade, a crueldade, a insensatez e a frieza: o terrorismo. É o crime favorecido pelo instrumental tecnológico, mais sofisticado, agindo o indivíduo, ou o grupo de que faz parte, de forma aparentemente insensível a todo apelo à racionalidade. O terrorismo é um dos meios radicais de inconformação com as estruturas da sociedade consumista e pragmatista de nossos dias, como o são também a subcultura das drogas, a fuga através de novas e estranhas seitas religiosas e o ativismo contestatório inconseqüente. São os monstros criados pela sociedade materialista que se voltam contra ela. Nem a pena de morte atemoriza esses pobres espíritos desnorteados, que comumente confessam contar com ela na execução de seus desatinos.

•

Se, no mundo em que habitamos, há flagelos destruidores que escapam ao controle humano, outros muitos decorrem da maldade, da ignorância e da indiferença do homem. Cumpre-nos a todos o esforço educativo e auto-educativo para a transformação do clima moral e intelectual do mundo e, nesse campo, a Doutrina Espírita tem papel saliente, pelos esclarecimentos e conhecimentos novos oferecidos a toda a Humanidade.

Especialmente no terreno moral, revivendo todos os ensinamentos do Cristo, os Espíritos transviados, revoltados, desiludidos e indiferentes aos sofrimentos alheios, encontram no Espiritismo um novo e forte alento capaz de fazê-los reencontrarem-se e convencê-los a substituir seu instrumental negativo pelo Amor, a força da Vida, sem a qual jamais sairão da roda da inferioridade.

Vale ressaltar aqui a acuidade do Codificador e a sabedoria dos Espíritos Reveladores, focalizando na questão 784 de "O Livro dos Espíritos" a maldade humana, na sua aparência irreversível tão impressionante:

P. — "Bastante grande é a perversidade do homem. Não parece que, pelo menos do ponto de vista moral, ele, em vez de avançar, caminha aos recuos?

R. — Enganas-te. Observa bem o conjunto e verás que o homem se adianta, pois que melhor compreende o que é mal, e vai dia a dia reprimindo os abusos. **Faz-se mister que o mal chegue ao excesso, para tornar compreensível a necessidade do bem e das reformas.**" (Destaques nossos.)

"A Humanidade progride. Esses homens, em que o instinto do mal domina e que se acham deslocados entre pessoas de bem, desaparecerão gradualmente, como o mau grão se separa do bom, quando este é joeirado. Mas, desaparecerão para renascer sob outros invólucros." (Ob. cit. — questão 756.)

Os Espíritos reafirmam, nessas sucintas palavras, as lições de esperança e de otimismo, nosso refúgio e sustentação diante dos flagícios do mundo.

CAPÍTULO **36**

MALES E VICISSITUDES

Tornou-se lugar-comum a crítica às mazelas do mundo, à decadência dos costumes, à indiferença das criaturas, à insensibilidade moral. Violência, terrorismo, corrupção, tráfico e uso de drogas, aborto indiscriminado, vícios de toda ordem, sensualismo exagerado são alguns sintomas degradantes presentes no organismo das sociedades humanas, trazendo aos homens sofrimento e desesperança.

Os governos constituídos, as instituições civis e religiosas, o poder repressor, a legislação civil e penal, todos se esforçam procurando sanar e reprimir males que ameaçam expandir-se.

Qual a causa de tantas aflições?

Educadores, sociólogos e religiosos apontam ora a ignorância, ora a miséria e a inconformação, ou a falta de religiosidade como as principais geratrizes da degradação humana, desembocando nos mais variados crimes e transgressões contra as leis humanas e divinas.

Coerentemente com suas teses, os educadores apontam a educação e a instrução de todos como o melhor preventivo contra os desvios morais.

Sociólogos, filósofos e homens práticos situam nas condições econômicas do indivíduo e da sociedade o móvel essencial a guiar o homem nas suas reações perante a vida. O "homem econômico" é, para eles, o fator primordial a ditar o procedimento individual. Daí a necessidade de se estabelecerem sistemas econômicos e políticos que satisfaçam às aspirações de todos.

Já os representantes das instituições religiosas tradicionais vêem os desregramentos individuais e coletivos como conseqüência da falta da religião, gerando toda sorte de desrespeito a Deus e à própria sociedade.

Com efeito, não existe uma única causa geradora do atraso e comprometimento no mal de grande parcela da Humanidade,mas concausas convergentes no homem, umas atuais, visíveis, outras remotas, mas atuantes.

Nas Idades Moderna e Contemporânea cresceu muito o interesse pela educação do povo. Confundia-se, entretanto, e ainda se confunde, **instrução** com **educação.**

Instruir é dar ou transferir conhecimento de letras, de números, de ciências.

Educar é aperfeiçoar física, intelectual e moralmente.

Portanto, a instrução, de todos os graus, sumamente necessária ao homem, é um dos componentes da educação. A educação é muito mais ampla, na sua abrangência.

A escola, no mundo, tem-se ocupado principalmente com a instrução.

O Espiritismo vem propor uma obra de educação integral.

A escola procura preparar o indivíduo para os embates do mundo, transmitindo-lhe conhecimentos importantes para a vida de relação e para que cada um, através da introspecção, possa aprofundar-se neles, tendo em vista a multiplicidade das atividades humanas.

Ninguém poderia negar o papel importantíssimo da escola. Todavia, bem ponderados os fundamentos em que se baseia, a conclusão inelutável é a de que ela permanece sob a influência da escolástica e do materialismo. O sistema escolástico da Idade Média, no qual predominam Aristóteles e S. Tomás de Aquino, como autoridades incontestadas, marcou-lhe sulcos muito profundos, que somente os séculos de reeducação espiritual do homem conseguirão alterar. Por sua vez, embora se contrapondo quanto aos princípios filosóficos, o materialismo alia-se à escolástica no tocante aos objetivos a alcançar.

No que concerne à educação filosófica e moral, o Espiritismo, partindo da verdade de que o homem é essencialmente um Espírito, que já existia antes do nascimento e continuará a viver após a morte do corpo, com renascimentos múltiplos em corpos diferentes, não poderá aceitar as proposições atuais prevalecentes na escola.

Sua obra reeducativa, feita predominantemente nos lares e nos Centros Espíritas, cedo ou tarde há de chegar à escola, reformulando suas bases, quando sua influência conseguir convencer os homens de que não basta desenvolver a inteligência, através da transferência de conhecimentos exteriores, mas será necessário conhecer-se a si mesmo para que o Espírito possa aperfeiçoar-se intelectual e moralmente. No conhecimento de si mesmo o Espírito terá a plena consciência de seu futuro, com seu destino projetando-se além da vida corpórea, como saberá também que provém de vidas anteriores, com todc o acervo positivo e negativo constituindo sua bagagem. Essas simples noções serão suficientes para alterar profundamente os currículos escolares, possibilitando desdobramentos educacionais hoje desconhecidos da generalidade das escolas, educadores e professores.

A educação na era do Espírito afastará as teorias negativistas, os dogmas e doutrinas superados pelas realidades comprovadas, os mistérios e superstições e todos os desvios da verdade, em última análise, responsáveis, em grande parte, pelos descalabros de que nos queixamos na atualidade.

E os sistemas econômicos e políticos vigentes no mundo? Serão eles fatores decisivos, por si sós, a causa principal da infelicidade das criaturas, e dos problemas complexos que se avolumam nas sociedades modernas?

Também aí predominam as utopias resultantes da visão unilateral de filósofos materialistas e de sociólogos preocupados apenas com a satisfação das exigências existenciais dos indivíduos, encaradas na dimensão de uma única vida, com todo o complexo de suas necessidades imediatas, prementes, inadiáveis.

Seja qual for o sistema econômico adotado pela sociedade, não será alcançado nenhum paraíso na Terra enquanto o homem for imperfeito, egoísta, ignorante das verdades eternas.

Nenhuma ordem social tornar-se-á perfeita enquanto composta de homens imperfeitos.

As sociedades humanas já experimentaram a escravidão dos fracos e vencidos, o poder do mais forte, o poder monárquico absolutista, a democracia grega, o império, a aristocracia, o poder dos príncipes, as corporações, as repúblicas antigas e modernas, a ditadura, o socialismo multiforme. São tentativas político-econômicas na busca de soluções dos problemas humanos — sociais, individuais e coletivos —, sob determinada visão, unilateral ou plurilateral, mas nunca abrangente e realística do que é o homem, com suas necessidades materiais, morais e espirituais extremamente complexas.

Tais problemas não devem ser encarados somente sob determinados ângulos, com predominância dos interesses materiais e imediatistas, quando a essência do ser humano é de natureza espiritual e eterna.

Partindo-se de premissas falsas de uma só vida da alma na Terra; de que essa alma é criada no momento do nascimento do ser e de que terá de decidir de seu destino imortal nos atos de uma única vida, por vezes de ínfima duração; ou simplesmente ignorando-se a existência do Espírito e de seu Criador, como querem os materialistas, para atentar-se apenas na ocorrência dos instintos, dos sentidos físicos, dos desejos e apetites variados como aspiração e ideal de vida, só se poderia chegar a soluções enganosas, inteiramente divorciadas das realidades e das necessidades verdadeiras do homem.

O indivíduo não pode ser transformado simplesmente em um "ser econômico", com abstração de tudo o mais que ele representa. As teorias econômicas que imperam nos diferentes tipos de sociedades humanas têm função importante no atendimento dos problemas materiais enquanto o Espírito está vivendo no corpo físico; mas as soluções apresentadas não poderão esquecer outras necessidades, de natureza moral e espiritual, que superando por vezes as materiais, em importância, estão presentes tanto nesta vida quanto na sua fase posterior a esta, desde que o Espírito continuará sua jornada depois da morte física.

No futuro, os regimes políticos, as teorias econômicas, os governos e as instituições em geral, conhecendo o homem na sua natureza verdadeira, não mais se restringirão a soluções parciais, por isso mesmo não satisfatórias. Na era do Espírito, há de predominar o Espírito.

As diferentes concepções religiosas representam no homem o ideal da própria elevação. Em todas há princípios verdadeiros, ao lado dos símbolos e dos ritos de seus cultos exteriores.

Crenças e religiões são caminhos da ascensão humana, gradações sucessivas na imensa escala dos valores morais e espirituais. São fatores de crescimento espiritual.

As revelações gradativas atenderam às necessidades do conhecimento crescente do gênero humano.

Entretanto, na nossa Era, as concepções religiosas mais avançadas tornaram-se insuficientes à satisfação das indagações tormentosas sobre Deus, a alma imortal, seu destino. O materialismo negativista tornou-se sinônimo de ignorância e insensatez, diante do espetáculo grandioso da Criação Universal.

O Consolador, nova fase da Revelação Divina, é a resposta generosa aos que não mais se satisfazem com as antigas idéias. É o Cristo de volta, aclarando e completando os próprios ensinos.

É por ele que se há de reeducar o homem, extirpando-se-lhe o feroz egoísmo e indicando-se-lhe a religião do Amor.

> **"O único meio de pôr termo à desordem social, às fermentações e revoltas populares, assim como aos abusos do despotismo dos príncipes e das multidões, é enobrecer o homem."**

Este o pensamento de Pestalozzi, o notável educador do princípio do século passado, que via na educação o processo de aperfeiçoamento dos indivíduos e da sociedade.

Kardec, seu discípulo, guardou as lições recebidas do mestre suíço, expressando assim seu pensamento, mais tarde:

> **"O princípio do melhoramento está na natureza das crenças, porque estas constituem o móvel das ações e modificam os sentimentos. Também está nas idéias inculcadas desde a infância e que se identificam com o espírito; está ainda nas idéias que o desenvolvimento ulterior da inteligência e**

da razão pode fortalecer, nunca destruir. É pela educação, mais do que pela instrução, que se transformará a Humanidade." (Destaques nossos.) ("Allan Kardec" — I vol. — Z. Wantuil e F. Thiesen, pág. 140, 2ª ed. FEB.)

O processo educativo integral — Evangelho-Espiritismo — será o grande fator na transformação dos hábitos humanos, carregados de egoísmo e de orgulho, em novos hábitos com fulcro na fraternidade, na solidariedade, na caridade e na compreensão.

Atingida essa etapa, terão desaparecido as mazelas da Humanidade, que tanto nos infelicitam.

CAPÍTULO **37**

DIVULGAÇÃO DA DOUTRINA

Nos domínios da ciência e da filosofia, como no terreno religioso, quem tem a convicção de haver descoberto uma parcela da Verdade automaticamente toma o compromisso irrecusável de torná-la conhecida de outrem. Assim se justifica por que razão o espírita convicto e sincero sente necessidade de difundir a Doutrina dos Espíritos, repositório de tantas verdades que têm permanecido veladas através de séculos e milênios.

"Brilhe a vossa luz" — o formoso ensino evangélico — tem clara correlação com a propagação da Doutrina. A luz deve ficar no velador, resplandecente para todos.

Por isso todo espírita devotado à grande causa do esclarecimento do homem tende a tornar-se um trabalhador da divulgação, mesmo que tão-somente pela exemplificação, pela vivência.

As claridades recebidas do Alto não se destinam ao uso exclusivo de um indivíduo, ou de um grupo; devem ser partilhadas com todos, de acordo com a possibilidade de percepção de cada um, mas para tanto os raios luminosos precisam penetrar em todas as direções.

Em função do compromisso com a verdade e do dever de torná-la conhecida, os discípulos do Mestre Incomparável, obedecendo ao "Ide e pregai", lançaram-se nos caminhos do mundo antigo levando a Boa Nova à Roma dos Césares e a todas as províncias do Império Romano. Com atos e palavras, com franqueza e boa-fé, não mediram sacrifícios para torná-la conhecida pelas massas.

Cada época tem seus costumes e suas necessidades.

Hoje, outras são as condições do mundo, outros os recursos disponíveis, mas o devotamento à grande Causa, de ontem e de hoje, reclama obreiros decididos e devotados.

Atos e palavras são instrumentos de qualquer tempo. Testemunhos e exemplos continuam estimulando os ávidos de mudanças, os cansados de experiências repetidas sem aproveitamento.

Guardados o bom senso, a prudência e o discernimento, tão necessários no procedimento humano, cada adepto da Doutrina pode ser seu disseminador natural, quando não pela pregação ostensiva, ao menos pela vivência de seus princípios morais.

A marcha do Espiritismo, na época atual, assemelha-se, de alguma forma, à difusão do Cristianismo nos tempos primitivos.

Ambos buscam sustentar uma nova verdade capaz de reformular crenças arraigadas, corrigir velhos erros, substituir estruturas carcomidas.

A origem dessa verdade nova está na mensagem do Cristo, registrada pelos evangelistas, agora sob nova roupagem, límpida, clara, acrescida de revelações transcendentes, porém sempre reportando-se à mesma fonte espiritual.

O homem moderno, demasiadamente preocupado com os problemas da vida material, tornou-se presa fácil do materialismo avassalador. O cepticismo ocupou, na maioria dos seguidores das religiões tradicionais, o lugar da crença sincera, embora carregada de superstições e erros dogmáticos.

Substituir esse quadro da atualidade é o objetivo do Espiritismo. Tarefa gigantesca a se espraiar por tempo indefinido. Seus executores serão os homens e os Espíritos, a serviço do Cristo. A medida que o homem sente necessidade de novos conhecimentos, pela deficiência dos que já domina, o curso do tempo e as sucessivas experiências reencarnatórias proporcionam-lhe novas oportunidades evolutivas. Ao lado da boa-vontade, do esforço individual, do amadurecimento espiritual, a Luz que vem de Cima, o Consolador, complementa as aspirações justas. Ao mesmo tempo que avança pela aplicação no sentido do bem, cada ser vai auxiliando outros, na vida de relação. E uma interação constante, embora lenta, aproveitada nos divinos desígnos da Providência na marcha evolutiva da Humanidade.

O cepticismo e o materialismo, como aliados, respondem, em grande parte, pelo estado de perplexidade a que chegaram as populações do Planeta, diante de problemas complexos, agravados dia a dia pelo vertiginoso aumento populacional.

O cepticismo apagou a fé de muitas criaturas de formação religiosa, diante dos muitos erros cometidos em nome de religiões tradicionais, que teimam em sustentar dogmas em evidente contradição com verdades demonstradas pela Ciência.

O materialismo, por sua vez, embora insustentável diante do conhecimento atual da matéria e do Espírito, encontra sua sustentação no imediatismo das criaturas despreparadas, formando imensas massas humanas preocupadas, antes de tudo, com a satisfação de instintos e desejos, sem orientação de ordem espiritual reeducativa.

A esperança para o mundo desarvorado e perplexo está no direcionamento educativo que represente a síntese do conhecimento antigo, que foi capaz de enfrentar — e a elas subsistir — as mais duras provas diante das novas evidências, conjugada com o conhecimento advindo das Novas Revelações, sobressaindo o Espírito eterno, com suas angústias e necessidades, suas aspirações e seus ideais e sobretudo seu destino glorioso traçado pelo Criador, a ser atingido mediante condições que deve cumprir.

O Espiritismo, doutrina capaz de proporcionar aos homens os meios para sua libertação das amarras da ignorância, do atraso moral e espiritual e das superstições, só poderá atingir suas finalidades tornando-se conhecido e praticado em seus postulados e princípios, levando a Humanidade à certeza de que o homem é, na essência, uma alma eterna, com muitas etapas evolutivas a transpor. O conhecimento de si mesmo, velha recomendação de um dos precursores do Cristo, levará fatalmente cada criatura ao encontro do Criador. Despertado o ser de sua letargia e indiferença espirituais, nascerá o interesse inevitável pelas indagações filosóficas e religiosas, como decorrência natural da necessidade do aperfeiçoamento de cada um, num processo educativo e auto-educativo gigantesco, através do qual será possível a modificação profunda do triste panorama atual deste orbe.

Todos nós, espíritas convictos, estamos empenhados nessa obra imensa de despertamento do homem para as realidades da vida, que constitui a seara do Mestre. Fazer conhecido o Espiritismo é um dos primeiros passos da grande jornada.

Torna-se interessante frisar que é o próprio Codificador quem reconhece, em recente mensagem recebida por ocasião da comemoração do Centenário da Federação Espírita Brasileira, que estamos apenas no começo da grande tarefa, quando afirma:

> "Contudo não vos apresento, na solenidade de profundo significado espiritual para tantos corações, senão o **estandarte das vitórias parciais até aqui alcançadas,** o qual empunharemos com dignidade e respeito, consciência e bom ânimo, prosseguindo disciplinados em nosso desiderato, rumo ao futuro de sublimadas metas." (Destacamos.)

O desdobramento dessa obra, iniciada pelo Cristo, agora impulsionada pelo Consolador, comporta inúmeras etapas, com preparação de obreiros, esforços, repetições, retificações, no que diz respeito à participação dos homens.

Na fase atual, recomeça-se a tentativa de engajar o maior número de Espíritos encarnados e desencarnados que aceitam as lições do Mestre e procuram segui-las.

Pouco mais de um século de afirmação no mundo representa apenas o preâmbulo do que compete ao Espiritismo realizar. Basta lembrar e comparar: a etapa anterior, que não se dissocia da atual, durou cerca de dois milênios e ainda não está encerrada.

E preciso difundir. O considerável contingente de obreiros que já aceitaram a Nova Revelação e que se esforçam por praticar seus ensinos são os trabalhadores atuais e do futuro. A divulgação atingirá novos redutos, novas áreas, ampliando sempre seus objetivos.

Os meios para a divulgação são fornecidos pelo progresso e pela tecnologia — a imprensa, o livro, a tribuna, o rádio, a televisão, o teatro, a música e as artes em geral —, mas se apóiam também na mediunidade, com sua variada fenomenologia, e sobretudo na exemplificação e na vivência dos princípios divulgados.

A Espiritualidade Superior aproveita os elementos disponíveis no mundo para propulsar a divulgação da Doutrina dos Espíritos, dentro de um contexto amplo e sábio, nem sempre perceptível aos nossos limitados sentidos.

Chegou o momento histórico de retificar velhos erros nascidos de interpretações enganosas das escrituras sagradas; de demonstrar aos cépticos que há firmes razões para uma crença baseada em realidades e não em dogmas ultrapassados; e de mostrar aos materialistas que já não bastam e não satisfazem ao homem tão-somente as impressões dos sentidos físicos.

O Espiritismo é o vasto sistema científico-filosófico-religioso capaz de dar respostas convincentes aos cristãos de qualquer denominação, desde que despidos de prejudiaciais preconceitos.

Aliando o conhecimento científico à fé raciocinada, ele mostra ao céptico e ao materialista a limitação de suas concepções, desvendando, com fatos e com verdades incontestáveis, que o homem é muito mais que um conglomerado de células e moléculas associadas ao acaso: é um Espírito imortal, subsistindo à destruição do corpo físico e dirigindo seu próprio destino na continuação da vida, sob outras formas.

A potencialidade dessa Doutrina, fundamentada na verdade revelada, demonstrada experimentalmente a cada dia e que reconhece no Amor emanado do Criador a grande força que propulsiona todas as criaturas, autoriza seus profitentes a manter viva a esperança na transformação do quadro geral da Humanidade.

O elemento ético-religioso de uma convicção ardente e firme, que a Doutrina encerra, sem os vícios e erros das religiões tradicionais, auxiliará os crentes de todas elas a reforçarem suas crenças na imortalidade e na evolução contínua, escoimando-as dos prejuízos que tanto têm entravado o progresso espiritual de criaturas propensas ao bem.

Será através da Doutrina do Consolador que se afastarão os erros teológicos dominantes no passado e no presente, responsáveis pelo afastamento do Cristianismo da Ciência, por se tornarem incompatíveis, quando o verdadeiro Cristianismo é dinâmico e progressivo e não estratificado no tempo.

A grande corrente do progresso caminha sempre, mesmo quando determinadas circunstâncias detêm transitoriamente seu curso.

O Governador deste orbe detém o plano geral de condução da Humanidade ao seu destino.

A nós, os pequenos obreiros, agraciados pelo conhecimento de transcendentes verdades, incumbe torná-las conhecidas de nossos companheiros, através da divulgação e da vivência da Doutrina.

CAPÍTULO 38

O CRISTO E O MUNDO

Apesar de vinte séculos decorridos, a Humanidade ainda não tem a compreensão exata do que representa o Cristo de Deus.

A figura excelsa do Emissário do Criador, o Messias tão esperado de que falam antigas profecias desde setecentos anos antes de sua chegada, passaria quase despercebida nos fastos da História, não fossem os registros dos evangelistas inspirados, como marcas indeléveis de uma planificação superior.

O próprio povo no seio do qual apareceu, na Terra, que tanto se preparara para recebê-Lo, não o identificou como competia, num lamentável equívoco da raça.

Sua mensagem não foi aceita senão por uns poucos discípulos que se incumbiram de divulgá-la pelo mundo.

Mas o mundo cedo a desvirtuou, não a compreendendo no seu justo sentido.

As igrejas cristãs ainda hoje apresentam o Cristo sob uma visão distorcida, enquanto as religiões e seitas não cristãs, por ignorância ou indiferença, incorrem em grande erro a respeito de sua personalidade e de sua missão.

Diante dessa realidade, seria necessária a presença do Consolador prometido, para ensinar coisas novas e restabelecer a verdade, recordando tudo quanto fora dito pelo Mestre Incomparável:

"Mas aquele Consolador, o Espírito Santo, a quem o Pai enviará em meu nome, esse vos ensinará todas as coisas, e vos fará lembrar de tudo quanto eu vos tenho dito." (João, 14:26.)

Que entenderam e propagaram as religiões ditas cristãs a respeito de Jesus?

Baseadas em algumas passagens evangélicas, interpretadas isoladamente e segundo a letra, tomaram a figura do Messias como o próprio Deus feito homem, apesar das muitas advertências de que Ele, o Mestre, era o Filho de Deus e seu enviado. Os Evangelhos são repetitivos nessa advertência de suma importância, mas a Igreja Romana, estribada nos primeiros versículos do Evangelho de João e na exclamação de Tomé, chamando-o Deus e Senhor, proclamou-o Deus, instituindo o dogma da Santíssima Trindade, de tão difícil entendimento.

A partir de então, generalizou-se a crença no Deus-Pai, no Deus-Filho e no Espírito Santo, a divindade trinitária, concepção semelhante à de outras crenças orientais.

Por erro de entendimento da mensagem crística, erigiu-se o mistério como solução interpretativa, contrariando, ao mesmo tempo, os ensinamentos do Mestre e a razão humana esclarecida.

Prevaleceu o dogma, criação humana, através dos séculos, contra a realidade imanente da Revelação.

A reposição da verdade é obra que cabe à Doutrina dos Espíritos, nova etapa da Revelação.

Milhões de inteligências, influenciadas pela crença ministrada por intermédio das religiões tradicionais, têm dominado os organismos do mundo, estendendo-se o engano ao plano invisível em que habitam essas almas.

Agora chegou o tempo das retificações, sempre trabalhosas e difíceis quando se trata da modificação de conceitos profundamente arraigados no imo dos seres. É trabalho que demanda paciência e perseverança, obra de reeducação envolvendo muitas gerações.

O Espiritismo, o Consolador, conta para tanto com a força da verdade e com a sabedoria dos planos divinos, executados sem pressa mas inexoravelmente, de conformidade com as leis superiores que regem os destinos das criaturas e do mundo.

Os instrumentos serão os próprios homens chamados à colaboração com o Cristo, usando dos recursos inesgotáveis que o progresso contínuo vai proporcionando, nas idas e vindas das vidas sucessivas.

É permanente o processo reeducativo, decorrência natural da lei de evolução. Variável de criatura para criatura, nem sempre se torna perceptível no curso de uma existência na Terra, eis que por vezes toma a aparência da estagnação, tais os obstáculos erguidos contra o determinismo evolutivo da Lei Divina.

Os óbices são criados pelos Espíritos, encarnados e desencarnados, nas múltiplas atividades de que se ocupam: nas ciências e nas religiões, quando, fugindo às suas altas finalidades de auxiliares do progresso material e moral, deixam-se dominar pela intolerância, pelo preconceito e pelo dogmatismo; na política e na administração, instituídas para realizar o bem comum, quando descambam para a tirania, as intrigas e a corrupção; nas atividades comerciais, desenvolvidas para o suprimento das necessidades individuais e coletivas, através das trocas consagradas desde remotas eras, quando se transformam em fontes de egoísmo e ambição; nas indústrias, tão necessárias à multiplicação dos recursos naturais, e no trabalho organizado e útil, lei da vida, quando se desviam nos descaminhos das fabricações dos artefatos de guerra e de corrupção, ou quando transformam a força de trabalho em agente da perversão e do crime; nas letras e nas artes, veículos naturais para a elevação espiritual, quando se deixam contaminar pela extravagância e pela insensatez, nos atentados contra o bem, o bom e o belo.

O homem, nos seus desvarios resultantes do uso prejudicial da liberdade de que é portador, respeitada pela Lei Divina, mostra, por vezes, tristes sinais de invigilância, mesmo quando bafejado pelas mais belas claridades do Alto.

Exemplos dessa invigilância encontramos até mesmo nas fileiras espiritistas, quando companheiros se deixam iludir por sutilezas e enganos revestidos de falsa ciência, conduzindo-os a combater o Evangelho do Mestre, a sublime fonte do Espiritismo, da qual não se pode desvincular, sob pena de desnaturação e aniquilamento.

Como resultante, deparamos com o triste paradoxo de ver-se contraditada a Doutrina da libertação, luzeiro para toda a Humanidade, por alguns de seus adeptos, por certo não os mais simples e humildes, mas os dominados pelo orgulho e pelo personalismo deprimente, a indagar, como na passagem evangélica: "Que temos a ver com o Cristo?"

Enquanto o ateísmo e o materialismo, as clássicas formas de manifestação da descrença nos altos valores espirituais, vão perdendo terreno diante das doutrinas espiritualistas, especialmente diante das novas verdades evidenciadas pelo Espiritismo, alguns contraditórios adeptos da Doutrina dos Espíritos atravancam sua trajetória luminosa no mundo das formas, distorcendo sua índole profundamente cristã, reeditando o procedimento de outros, no passado, ao mutilarem o Cristianismo primitivo.

•

Neste Orbe cheio de iniqüidades, onde seus habitantes lutam contra as próprias imperfeições, manifestadas sob múltiplas formas, sempre foi difícil a aceitação das luzes do Céu.

Muitos foram os mensageiros do Cristo, em todas as épocas e no seio de todos os povos e raças da Terra. Suas missões, como alavancas de progresso moral e espiritual, foram sempre árduas, diante do atraso moral e da rebeldia dos homens.

Jesus-Cristo, o Filho de Deus, testemunhou em pessoa, perante a Humanidade, a misericórdia do Pai para com seus filhos da Terra, deixando-lhes a mensagem sublime da redenção humana.

Todavia, uma parcela imensa dos terrícolas permanece indiferente, mergulhada no primitivismo dos interesses imediatistas.

Os que conseguiram vislumbrar alguma luz, além do véu da matéria, por sua vez lutam com os deslumbramentos da inteligência desperta e da inquietude dos programas transitórios, enquanto os que, aquinhoados por crenças herdadas do passado, mas limitados por uma fé cega, continuam enleados, em sucessivas reencarnações, pelas conseqüências de erros conceptuais cristalizados, de difícil correção.

O Cristo continua, assim, o grande desconhecido para uma enorme parcela de seu próprio rebanho.

Os trabalhadores da última hora, a serviço do Consolador, diante desse quadro gigantesco de carências, estão sobrecarregados de responsabilidades.

Além da realização do trabalho de espalhar por toda parte as verdades evangélicas e de divulgar as coisas novas, reveladas pelos Espíritos, precisam oferecer o testemunho da excelência da exemplificação do que pregam. Muitos precisam conviver com resgates de débitos. Outros não se podem furtar aos ataques da ignorância, da má-fé, dos interesses contrariados, tanto de César e de Mamon, quanto dos seguidores de religiões e filosofias equivocadas.

Dentro das próprias fileiras espíritas surgirão os desviados da estrada reta e estreita do dever perante o Mestre, colocando-se a serviço do personalismo.

> **"Guardai-vos dos falsos profetas que vêm ter convosco cobertos de peles de ovelha e que por dentro são lobos rapaces." (Mateus, VII, 15.)**
>
> **"Levantar-se-ão muitos falsos profetas que seduzirão a muitas pessoas; — e porque abundará a iniqüidade, a caridade de muitos esfriará. — Mas aquele que perseverar até ao fim se salvará." (Mateus, XXIV — 11 a 13.)**

Na luta entre a luz e a treva, a verdade e a mentira, o amor e o ódio, o trabalhador sincero ver-se-á muitas vezes acossado pela calúnia, pelo ridículo, pela impiedade e pela maldade, armas a que terá de opor a coragem, o estoicismo, a certeza da verdade, a fé raciocinada, a caridade, a humildade.

Será taxado de visionário, quando não de lunático, como já tem ocorrido tantas vezes, porque para muitos, ainda em nossos dias, "Espiritismo é coisa de loucos".

Estejamos advertidos, os trabalhadores de boa vontade, das dificuldades da tarefa. Não é fácil restabelecer a verdade e a pureza do Código da Vida deixado pelo Cristo, deturpadas por séculos de obscurantismo e dogmatismo, servindo a interesses mundanos.

Apesar das transformações trazidas pelo progresso incessante, firmando-se as liberdades contra as tiranias, tornando impraticável a imposição religiosa das maiorias, com a iníqua inquisição, as perseguições e o derramamento de sangue em nome do Cordeiro de Deus, ainda existem muitas consciências retardatárias, incapazes de reconhecer os novos tempos, cristalizadas nó vício do "crê ou morre" e na necessidade das "guerras santas".

A era do Consolador caracteriza-se como reformista, não no sentido do grande movimento renovador do século XVI, iniciado como protesto contra a mercância de indulgências e sacramentos pela Igreja Romana, mas como programa de reeducação do homem, para que possa **conhecer-se a si mesmo.**

Agora, não haverá derramamento de sangue, porque os novos cristãos-espíritas têm noção plena de suas responsabilidades. Desejam tornar conhecida a verdade para a libertação das consciências, edificando-as retas e dignas.

Há séculos o Governador do Planeta vem orientando os planos e preparando a deflagração da campanha da liberdade com responsabilidade para os Espíritos que fazem sua ascensão neste Orbe. As grandes descobertas marítimas, a invenção e o rápido aperfeiçoamento da Imprensa, a Reforma, as liberdades políticas, com o reconhecimento dos direitos do homem, a revolução industrial e o incrível progresso científico e tecnológico são alguns pontos desse programa, cada qual no devido tempo, que possibilitam a atuação do Consolador prometido por Jesus.

> **"Aproxima-se o tempo em que se cumprirão as coisas anunciadas para a transformação da Humanidade. Ditosos serão os que houverem trabalhado no campo do Senhor, com desinteresse e sem outro móvel, senão a caridade! Seus dias de trabalho serão pagos pelo cêntuplo do que tiverem esperado. Ditosos os que hajam dito a seus irmãos: "Trabalhemos juntos e unamos os nossos esforços,**

a fim de que o Senhor, ao chegar, encontre acabada a obra", porquanto o Senhor lhes dirá: "Vinde a mim, vós que sois bons servidores, vós que soubestes impor silêncio às vossas rivalidades e às vossas discórdias, a fim de que daí não viesse dano para a obra!" Mas, ai daqueles que, por efeito das suas dissensões, houverem retardado a hora da colheita, pois a tempestade virá e eles serão levados no turbilhão."

....

"Deus procede, neste momento, ao censo dos seus servidores fiéis e já marcou com o dedo aqueles cujo devotamento é apenas aparente, a fim de que não usurpem o salário dos servidores animosos, pois aos que não recuarem diante de suas tarefas é que ele vai confiar os postos mais difíceis na grande obra da regeneração pelo Espiritismo. Cumprir-se-ão estas palavras: "Os primeiros serão os últimos e os últimos serão os primeiros no reino dos céus." — O Espírito de Verdade **(Paris, 1862)** In **"O Evangelho segundo o Espiritismo", 91ª ed. FEB, págs. 329/330.**

Aquele a quem o Pai "constituiu herdeiro de tudo, por quem fez também o mundo" (Paulo, Hebreus), conta com seus trabalhadores sinceros, os que já compreenderam sua grandeza, na obra ingente e paciente de transformação do homem e do mundo.

Livros da Federação Espírita Brasileira

Juvanir Borges de Souza

NOVOS TEMPOS

Jesus – o Modelo, capítulo I deste livro, é a exemplificação maior para quantos se esforçam na busca da iluminação para suas vidas.

O autor, nas diversas crônicas em que se desdobra o livro, procura mostrar a importância dos sentimentos – Esperança, Fé, Amor, Justiça, Caridade, Compreensão, Solidariedade, Sensibilidade – e de todas as virtudes, ligadas à Inteligência e à Razão, na reeducação individual.

O Espiritismo é Luz que se destina a iluminar o nosso mundo áspero de expiações e provas; é tarefa de todos os espíritas sinceros, na medida das possibilidades de cada um, vivenciar os conteúdos morais e divulgar os princípios da Doutrina Consoladora e Esclarecedora.

No silêncio das páginas de cada capítulo, o leitor encontrará apelos constantes para direcionar-se no caminho do Bem.

Newton Boechat

IDE E PREGAI

Belo livro, que desperta no leitor sentimentos elevados de crença e esperança. Seu Autor — Newton Boechat — foi conhecido tribuno e didata espírita; mais do que tribuno e didata, em realidade um autêntico e convicto espírita-cristão, que pôde penetrar toda a beleza e grandeza da doutrina que veio provar a sobrevivência da alma e possibilitar a exata compreensão da Justiça Divina. Com intuição superior que lhe proporciona assimilação natural das verdades reveladas pelos Espíritos Superiores, em 25 artigos ou crônicas, num estilo absolutamente próprio, simples e atraente, objetiva Newton Boechat comunicar ao leitor a certeza da sobrevivência, narrando fatos de manifestações e identificação de Espíritos vivenciados por ele em seu convívio operoso e fraterno em Instituições Espíritas e com médiuns tais como Francisco Cândido Xavier, Francisco Peixoto Lins (Peixotinho) e outros.

Incidentemente, tece o autor considerações valiosas sobre a ética espírita-cristã, ressaltando sempre a inegável vinculação entre o Espiritismo e o Evangelho de Jesus.

Richard Simonetti

PARA VIVER A GRANDE MENSAGEM

O Autor, já bem conhecido por suas apreciadas páginas em "Reformador" e outros órgãos do Espiritismo, escreve para você, para mim, para todos, numa linguagem fácil e fluente.

Como que conversando com o leitor, Simonetti sabe transmitir as lições consubstanciadas na "Grande Mensagem" de amor e paz que o Cristo nos legou.

Capítulos como "Medicina Pioneira", "Deus", "Ante o desajuste alheio", "Profilaxia da indolência", "O bem todos os dias", "Estranha obsessão", "A tragédia de Austin", "Para evitar a deserção", "O que os pais devem saber", "Fantasia e realidade", e outras muitas páginas bem escritas, constituem um deleite para a inteligência, ao mesmo tempo que ensinam a arte de bem viver.

Não exageramos ao afirmar que o livro de Simonetti é excelente e moderno compêndio que educa, orienta, consola e edifica.

Martins Peralva

ESTUDANDO O EVANGELHO

Está de parabéns a literatura evangélica do Espiritismo com esta obra do apreciado escritor Martins Peralva.

Cinqüenta e oito pequenos conceitos e frases do Novo Testamento — dos Evangelhos em sua maioria — recebem luminosos comentários ou racionais interpretações à luz da Doutrina Espírita, ganhando beleza e utilidade multiplicadas.

Não há quem não se edifique ante as inspiradas lições que o Autor nos oferece, visando, sobretudo, a transformá-las em alimento, bálsamo e diretriz para as nossas almas.

É realmente uma obra que agradará a todos, satisfazendo cérebro e coração!

Richard Simonetti

A VOZ DO MONTE

O autor oferece alguns comentários em torno do Sermão da Montanha, considerado por Gandhi a mais bela página da Humanidade.

Não existe orientação mais segura, nem terapla mais eficiente para os desequilíbrios do comportamento humano do que a aplicação do código magistralmente sintetizado por Jesus no Sermão da Montanha.

Usando uma linguagem simples, direta, fluente, Simonetti vai apreciando a palavra do Cristo, em mais de 30 capítulos, com esclarecimentos e desdobramentos que ampliam o entendimento do incomparável código moral legado aos homens.

ESPIRITISMO, UMA NOVA ERA

O ilustrado autor toma como roteiro de sua obra o folheto da campanha FEB/CFN — Conheça o Espiritismo, uma Nova Era para a Humanidade — que ele considera "oportuna e sugestiva síntese doutrinária".

Em 19 capítulos ele desenvolve passo a passo os pontos fundamentais tratados no folheto, de uma forma simples, inteligente e agradável, quase que coloquial, de quando em vez ilustrando seus ensinos com histórias e fatos pitorescos do cotidiano.

Nos comentários que Richard Simonetti escreve, é sempre salientada a visão grandiosa proporcionada pela Doutrina Espírita, com o revelar conceitos novos sobre o homem e tudo o que o cerca.

Hernani T. Sant'Anna

AMAR E SERVIR

"Amar e Servir", livro mediúnico recebido por Hernani T. Sant'Anna, é uma coletânea de mensagens de Espíritos devotados à causa de Jesus, iluminando consciências e sensibilizando corações. As vinte primeiras mensagens provêm do amoroso Espírito Letícia, em notas de elevada e enternecedora harmonia.

Apresentam-se depois poesias de Olavo Bilac, M. M. B. du Bocage, Nina, João de Deus, Augusto dos Anjos, Carmen Cinira, Jorge de Lima, Castro Alves, Hermes Fontes, Moacir de Almeida, Olegário Mariano, Valadão Rosas, Emílio de Menezes, Amaral Ornellas e Antônio Francisco Lisboa (o Aleijadinho), que edificam pela grandeza moral. A última página é do próprio Hernani, com versos em que ressumbram emotividade elevada, grande encantamento e esperanças.